Michael N. Kahn ist Leiter der Technischen Analyse bei BridgeNews, einem Geschäftsbereich von Bridge Information Systems, dem führenden amerikanischen Anbieter von Finanzinformationen und Dienstleistungen für die Abwicklung von Finanztransaktionen.

Michael N. Kahn

Financial Times Börsenpraxis Technische Analyse

Mit Charts Kurstrends rechtzeitig erkennen

Aus dem Englischen
von Jürgen Ulrich Lorenz

FINANCIAL TIMES
DEUTSCHLAND

FINANCIAL TIMES PRENTICE HALL

München • Amsterdam • Hong Kong • Kapstadt
London • Madrid • New York • Paris • San Francisco
Singapur • Sydney • Tokio • Toronto

Die Deutsche Bibliothek – CIP-Einheitsaufnahme

Ein Titeldatensatz für diese Publikation ist bei
Der Deutschen Bibliothek erhältlich.

Die englische Originalausgabe erschien 1999 bei Financial Times Prentice Hall
unter dem Titel *Technical Analysis Plain & Simple*.

Umwelthinweis:
Dieses Buch wurde auf chlorfrei gebleichtem Papier gedruckt.
Die Einschrumpffolie – zum Schutz vor Verschmutzung – ist aus
umweltverträglichem und recyclingfähigem PE-Material.

10 9 8 7 6 5 4 3 2 1

03 02 01

ISBN 3-8272-7029-4

Für die deutsche Ausgabe:
© 2001 by Financial Times Prentice Hall,
ein Imprint der Pearson Education Deutschland GmbH,
Martin-Kollar-Straße 10–12, D-81829 München/Germany
Übersetzung: Jürgen Ulrich Lorenz, Wiesbaden
Redaktion: Jan W. Haas, Berlin
Lektorat: Michael Schickerling, mschickerling@pearson.de
Herstellung: Claudia Bäurle, cbaeurle@pearson.de
Einbandgestaltung: DYADEsign, Düsseldorf
Titelabbildung: Mauritius, Mittenwald
Satz: text&form GbR, Fürstenfeldbruck
Druck und Verarbeitung: Kösel, Kempten (www.KoeselBuch.de)
Printed in Germany

Inhaltsverzeichnis

Vorwort

Die technische Analyse der Finanzmärkte wird immer noch von vielen Kapitalanlegern und Wirtschaftswissenschaftlern bestenfalls als unwichtige Ergänzung der Kapitalmarktanalyse betrachtet. Im ungünstigsten Fall wird sie als Kaffeesatzleserei oder als sich selbst erfüllende Prognose bezeichnet. Diese kritischen Formulierungen erwecken den Eindruck, als ob der technische Analyst die zukünftige Kursentwicklung an den Börsen mit der Wünschelrute bestimmen würde. Nichts liegt ferner von der Wahrheit.

Anhänger der Fundamentalanalyse beurteilen Aktien aufgrund ihrer Analyse von Jahresabschlüssen der betreffenden Unternehmen, ihrer Gespräche mit Branchen- und Firmenkennern sowie der Entwicklung der Gesamtwirtschaft und der betreffenden Branche. Diese Recherchen sind notwendig, um beurteilen zu können, ob die Existenz eines Unternehmens gesichert ist, und um prognostizieren zu können, wie sich das Unternehmen künftig entwickelt. Zweifellos bestehen die Fundamentaldaten jedoch nicht nur aus »harten« Fakten, sondern stellen zumeist Plandaten oder Vermutungen dar. Deshalb ist kritisch zu fragen, wie sich Kapitalanleger im Rahmen ihrer Anlageentscheidungen allein auf Fundamentaldaten verlassen können, wenn Umsatz- und Gewinnprognosen der Unternehmen immer wieder nach unten korrigiert werden und manchmal sogar Zwischenabschlüsse nach der Veröffentlichung korrigiert werden müssen.

Die technische Analyse analysiert die Kursentwicklung und die Börsenumsätze von Aktien. Dies sind harte und eindeutige Fakten. Die Beurteilung und Auswahl von Aktien beruht auf aktuellen Kursen, dem vorhersagbaren Verhalten der Marktteilnehmer und der Interdependenz zwischen den Märkten.

Im Mittelpunkt der technischen Analyse steht die Trendanalyse. Börsentrends entstehen, weil die Informationen über das Börsengeschehen und die Tätigkeit der Unternehmen die Marktteilnehmer unterschiedlich schnell erreichen. Da die Marktteilnehmer auf der Grundlage unterschiedlicher Informationen handeln, verändern sich die Märkte. Die Märkte verändern sich so lange, bis die letzten Marktteilnehmer gehandelt haben oder ein externer Einfluss wie zum Beispiel bestimmte Nachrichten den Trend beenden. Dies erinnert an die Gesetze der Physik: Ein sich bewegender Körper bleibt in Bewegung.

Ein Hauptelement der technischen Analyse ist die Analyse des Verhaltens der Marktteilnehmer anhand von Chartformationen und Indikatoren, weil sich Kapitalanleger bei vergleichbaren Marktverhältnissen ähnlich verhalten.

So ist die Börsenkursentwicklung zum Beispiel ziemlich stabil, wenn Käufer und Verkäufer ihre Portfolios bereinigen, um ihre spezifischen Kriterien für Kapitalanlagen zu erfüllen. Dann kann der Kurs einer Aktie zum Beispiel wochenlang im Bereich zwischen 50 und 52 Euro schwanken. Ist die Aktie oder das Unternehmen positiv zu bewerten? Börsenanalysten und Kapitalanleger können diese Frage nicht beantworten. Sie wissen nur, dass sowohl die Hausse- als auch die Baissespekulanten der Auffassung sind, dass die Aktie in der kleinen Bandbreite marktgerecht bewertet ist. Auf diesen Sachverhalt lassen sich die Gesetze der Physik übertragen: Ein ruhender Körper bleibt in Ruhe.

Plötzlich kauft ein Anleger ein großes Aktienpaket. Warum? Die technische Analyse kann diese Frage nicht beantworten und, was noch wichtiger ist, sie interessiert sich nicht einmal dafür. Sie muss nur wissen, dass Geld in den Markt geflossen ist und die Nachfrage nach dieser bestimmten Aktie erhöht hat. Denn um vorherzusagen, was nun geschehen wird, genügt ein Blick auf die Grundlagen der Volkswirtschaftslehre: Wenn die Nachfrage steigt, muss der Preis – also der Börsenkurs – steigen, um Verkäufer zu veranlassen, in den Markt zu kommen und das Gleichgewicht durch eine Vergrößerung des Angebots wiederherzustellen.

Wenn die Nachfrage gestiegen ist, nimmt die Marktaktivität zu, um das Angebot zu erhöhen. Das Marktverhalten ändert sich auch, weil die Marktteilnehmer versuchen, das Börsengeschehen zu verstehen. Zwei wesentliche Bestimmungsfaktoren des menschlichen Verhaltens sind bekanntlich Furcht und Habgier. Einige Marktteilnehmer werden denken, dass sich etwas geändert hat und die Aktie jetzt unterbewertet ist. Der Grund für die Kurssteigerung könnte darin bestehen, dass das Unternehmen ein neues Produkt entwickelt hat oder die Materialkosten sinken. Vielleicht investieren ausländische Kapitalanleger in die Aktie. Oder die Aktie selbst ist knapp. Was auch immer der Grund für die Kurssteigerung ist, einige Marktteilnehmer wissen oder glauben zu wissen, dass sich die Zukunftsperspektiven des Unternehmens verbessert haben. Daher kaufen sie diese Aktie. Der Kurs bricht schließlich aus der bisherigen Kursbandbreite aus und veranlasst andere Anleger, ebenfalls zu kaufen. Der Umfang der Kurssteigerung und die Höhe der Börsenumsätze ähnelt häufig früheren Marktbewegungen, als der Kurs aus einer ähnlichen Bandbreite ausbrach. Dieses Marktverhalten kann gemessen und prognostiziert werden.

Der Begriff »technische Analyse« ist eine unglückliche Bezeichnung. Treffendere Begriffe wären vermutlich »Analyse der Kursreaktion« oder »Angebots-, Nachfrage- und Reaktionsanalyse«. Im Jahr 1998 wurden auf dem Gebiet der *Behavioral Finance* (psychologische Aspekte von Anlageentscheidungen) große Erkenntnisfortschritte erzielt. Auch dieser Begriff ist eine sehr treffende Bezeichnung für das, was die »technische Analyse« untersucht.

Ein Hauptziel der technischen Analyse ist die Erklärung des Unterschieds zwischen dem Börsenkurs und dem Buchwert (oder Ertragswert) je Aktie. Warum wird eine Aktie an der Börse zum Kurs von 90 Euro gehandelt, wenn ihr Ertragswert auf Grund diskontierter Cashflows und unter Berücksichtigung des prognostizierten Wachstums und der Wirtschaftslage nur 75 Euro beträgt? Der Unterschied liegt in der Auffassung der Kapitalanleger, die den Kurs über den Ertragswert hinaus hochgetrieben haben. Die technische Analyse kann dies sehr gut berücksichtigen. Wenn sich die Auffassung der Anleger ändert, kann die technische Analyse dies umgehend erkennen. So schnell kann man nicht reagieren, wenn man Aktien allein mithilfe der Fundamentalanalyse beurteilt.

Sollten Sie als Kapitalanleger daher die Fundamentalanalyse aufgeben und sich ausschließlich auf die technische Analyse stützen? Auf keinen Fall. Zweifellos sind die Erfolge institutioneller Anleger oft auf die konsequente Anwendung der technischen Analyse zurückzuführen. Aber als Privatanleger haben Sie kein Interesse und keinen Anlass, Ihre Anlageentscheidungen ausschließlich auf die technische Analyse zu stützen. Sehr wahrscheinlich lesen Sie dieses Buch, weil Sie ihre Gesamtrendite aus prozentualer Kurssteigerung und Aktienrendite steigern wollen, und nicht, weil sie eine völlig neue Methode zur Vorbereitung Ihrer Anlageentscheidungen suchen. Vielleicht werden Sie die technische Analyse eines Tages ausschließlich einsetzen, aber das geht über den Rahmen dieses Buches hinaus.

Hier möchte ich Sie dazu bewegen, Ihre bisherigen Methoden der Aktienbewertung durch die technische Analyse zu ergänzen. Die Fundamentalanalyse beschreibt Unternehmen, die technische Analyse analysiert die Kursentwicklung von Aktien. Halten Sie sich vor Augen, dass Sie schließlich Aktien kaufen, keine Unternehmen.

Danksagung

Bei der Ausarbeitung des Manuskripts und im Rahmen der Drucklegung dieses Buches habe ich vielfältige Hilfe und Unterstützung erfahren.

Zunächst möchte ich meiner Frau Susan danken. Ohne ihr Entgegenkommen und ihre Motivationshilfen hätte ich dieses Buch weder schreiben noch termingerecht abschließen können.

Ich danke meinem Freund Mark Davidson, der unermüdlich Korrektur las und mir zahlreiche Tipps gab, die mir halfen, mich konsequent auf die Zielgruppe dieses Buches zu konzentrieren. Debbie Stillman danke ich für die Beratung in rechtlichen Fragen.

Mein Dank gilt auch Brian Goldstein, Marilyn Koretz und meiner Mutter Natalie Kahn, die bei der Auswahl von Aktien stets unglaublich erfolgreich war, ohne irgendeine der nachfolgend vorgestellten Techniken zu kennen. Ich habe viel von ihnen gelernt.

Ich danke Bridge Information Systems und anderen institutionellen Anlegern, dass ich ihre Charts und Daten veröffentlichen kann.

Ich danke auch meinen früheren und gegenwärtigen Kollegen auf dem Gebiet der technischen Analyse für ihre Arbeit, die die Grundlage für die hier vorgestellten Instrumente und Methoden bildete.

Mein abschließender Dank gilt den Mitarbeitern von Financial Times Prentice Hall.

Einleitung

Wenn Sie nur Chinesisch sprächen und Shakespeare lesen wollten, dann müsste der Text in Ihre Sprache übersetzt werden. Das ist genau der Grund, warum ich dieses Buch geschrieben habe. Ich stelle Ihnen die technische Analyse in Ihrer Sprache und in der Reihenfolge vor, die für Sie als Kapitalanleger zweckmäßig ist. Dieses Buch richtet sich an Kapitalanleger, die ihre Arbeitsweise bei der Analyse, Bewertung und Auswahl von Aktien überprüfen und optimieren wollen. Anders als in einem herkömmlichen Lehrbuch ist die Darstellung daher stets an praktischen Erfordernissen orientiert.

Ich habe mein gesamtes Berufsleben im Bereich der Finanzdienstleistungen verbracht. Dabei war ich meistens als »Übersetzer« tätig. So habe ich die Ergebnisse der Analyseabteilungen in Anlageempfehlungen für Anlageberater »übersetzt«. Ich sprach mit Kapitalanlegern und »übersetzte« ihre Informationsbedürfnisse in Programmanforderungen. Aus den fertigen Programmen wiederum erstellte ich Lehrmaterial für den Vertrieb. Dieses Buch stellt eine logische Fortsetzung dieser Arbeit dar. Die Zielsetzung dieses Buches besteht darin, eine oft missverstandene, doch wichtige Analysetechnik in einfache Analyseinstrumente zu »übersetzen«, die jeder Kapitalanleger sofort anwenden kann, ohne Abstriche an der Qualität der Analyse zu machen.

Die Hauptthemen dieses Buches

Als Kapitalanleger müssen Sie vorsichtig sein, weil Sie das Verhalten des Marktes nicht beeinflussen können – selbst wenn es allen Börsenkennzahlen zufolge »falsch« ist. Der Markt kann Verlustpositionen länger halten als Sie oder selbst die Zentralbank Ihres Landes. Daher sollten Sie auf den Markt hören. Er wird Ihnen verraten, wohin er geht, sodass Sie mit Ihren Anlageentscheidungen den Trend mitnehmen können.

Wenn Sie die technische Analyse für die Analyse, Bewertung und Auswahl von Aktien anwenden, dann werden Sie im ungünstigsten Fall bei einem unechten Ausbruch ein schlechtes Geschäft abschließen. Die technische Analyse erlaubt Ihnen aber, auf den Markt zu hören und ihren Fehler sofort zu erkennen, sodass Sie Ihre Verluste begrenzen können.

Im günstigsten Fall trägt die technische Analyse der Finanzmärkte dazu bei, dass Sie große Veränderungen immer erkennen. Das gilt nicht für Gesetzesänderungen, Naturkatastrophen oder Firmenübernahmen. Wenn ein Markt jedoch einen anhaltenden Auf- oder Abwärtstrend zeigt, wird die technische Analyse es Ihnen ermöglichen, rechtzeitig ein- beziehungsweise auszusteigen. Es wird wahrscheinlich nicht am Anfang oder Ende des Trends sein, aber Sie werden sich weitgehend am Aufschwung beteiligen und aussteigen können, bevor Sie einen bedeutenden Teil Ihrer Kursgewinne wieder verlieren.

Aktien zuverlässig bewerten

Aktien, deren Börsenkurs steigt, sind selbstverständlich eine gute Kapitalanlage. Sie sollten sich aber nicht nur für die bekannten Unternehmen interessieren, sondern vielmehr im breiten Markt nach Börsentiteln suchen, für die die Nachfrage größer als das Angebot ist.

In diese Titel hat das kluge Kapital bereits in der Anfangsphase ihrer Kurssteigerung investiert. Ideale Kandidaten für die Kapitalanlage sind Aktien mit steigenden Kursen bei zunehmendem öffentlichen Interesse. Diese Konstellation können Sie in der Chartanalyse anhand entsprechender Indikatoren erkennen.

In diesem Zusammenhang habe ich Fundamentaldaten absichtlich nicht erwähnt. Erfolgreiche Unternehmen haben eine gesunde Bilanz und erzielen Gewinnsteigerungen. Man sollte also meinen, dass sich hieraus für die Zukunft eine gewisse Kursbandbreite errechnen ließe.

In Wirklichkeit ist der Buch-, Substanz- oder Ertragswert je Aktie nur die eine Komponente des Börsenkurses. Die andere besteht aus den Auffassungen der Kapitalanleger, die auf dem Verhältnis von Angebot und Nachfrage, der wirtschaftlichen Lage, dem politischen Umfeld und irrationalem Verhalten (Furcht und Habgier) gründen. Daher kann der Börsenkurs über oder unter dem Buch-, Substanz- oder Ertragswert je Aktie liegen. Die technische Analyse analysiert die Kursentwicklung und den Trend, sie stützt sich nicht auf eine Bewertung der Fundamentaldaten »nach Aktenlage«.

Wann ist eine Aktie eine gute Kapitalanlage? Eine Aktie ist kaufenswert, wenn sie mindestens drei der folgenden Kriterien erfüllt:

- *Ein steigender Börsenkurs*, da mehr und mehr Anleger investieren.
- *Steigende Börsenumsätze*, da die Kapitalanleger aggressiv kaufen.

- *Starke, aber nicht übertriebene Kurssteigerungen.* Überhöhte Kurssteigerungen deuten an, dass Angebot und Nachfrage nicht im Gleichgewicht sind.
- *Eine starke Branche.* Wenn es der Branche gut geht, begünstigt dies alle Aktien dieser Branche.
- *Ein starker Markt,* das heißt ein steigender Aktienindex (wie zum Beispiel der DAX). Hier gilt das alte Sprichwort: Die Flut hebt alle Boote.
- *Ein günstiges Umfeld,* also niedrige Materialkosten, hohe Verkaufspreise, eine günstige Kostenstruktur, ein günstiges Angebot und eine starke Nachfrage nach Produkten der Branche.

Alle diese Informationen können Sie Börsencharts entnehmen.

Die Analyse des Umfeldes beschäftigt sich mit der Interdependenz der Märkte und wird als Intermarket-Analyse bezeichnet. Ein kleines Beispiel soll dies veranschaulichen. Elektrizitäts-Versorgungsunternehmen haben im Allgemeinen hohe Materialkosten und arbeiten mit einem hohen Fremdkapitalanteil. Sinkende Preise für Erdöl und Gas in Verbindung mit niedrigen Zinsen bei Anleihen deuten zum Beispiel ein günstiges Umfeld für die Aktien von Versorgungsunternehmen an.

Die richtigen Analyseinstrumente einsetzen

Für die unterschiedlichen Analyseaufgaben bietet die technische Analyse eine Vielzahl an Analyseinstrumenten an:

- *Charttechnische Analyse:* Sie untersucht den Kursverlauf nach bestimmten Chartformationen und dem Trendverlauf. Die Kurse können als fortlaufende Kursnotierung, Tages-, Wochen- oder Monatskurse dargestellt werden.
- *Markttechnische Analyse:* Diese ergänzt die charttechnische Analyse durch die Berechnung von Indikatoren.
- *Stimmungsanalyse:* Ist die Börsenstimmung gut, sind die Kurse hoch. Ist die Stimmung schlecht, sind die Kurse niedrig. Mithilfe von Indikatoren wird versucht, überhitzte und unterkühlte Kurse herauszufiltern.

Der Leser wird sich sicherlich hauptsächlich für jene Analyseinstrumente interessieren, die beziehungsweise deren Börsendaten privaten Anlegern öffentlich zugänglich sind.

Den Markt flexibel analysieren

Als Kapitalanleger sollten Sie aufmerksam *zuhören,* was der Markt sagt – unabhängig davon, was Sie vorher gedacht haben. *Beobachten* Sie, wie sich Chartformationen entwickeln. Seien Sie *sensibel* für die Börsenstimmung. Als weitere Verstärkung Ihrer sinnlichen Wahrnehmungen können Sie Ihre Gewinne *riechen* und Ihren Erfolg *schmecken*.

Eine strenge Auslegung der Regeln der technischen Analyse ist selbstverständlich der beste Weg, um die Möglichkeiten der technischen Analyse kennen zu lernen. Dieses Buch klammert sich aber nicht dogmatisch an die Beschreibung der Analyseinstrumente, sondern zeigt, wie Sie diese Instrumente im Rahmen Ihrer Anlageentscheidung wirkungsvoll einsetzen können. Dies ermöglicht es Ihnen, sich genau mit den Analyseinstrumenten zu beschäftigen, die Sie gerade interessieren oder die Sie gerade benötigen, ohne sich an den starren Aufbau eines Lehrbuches halten zu müssen.

Was dieses Buch leisten möchte

Die Zielsetzung dieses Buches besteht darin, den Leser so in die technische Analyse einzuführen, dass er bei Anwendung dieser Technik

- seine Gesamtrendite aus prozentualer Kurssteigerung und Aktienrendite steigern,
- schlechte Börsengeschäfte vermeiden sowie
- Risiken und Wahrscheinlichkeiten berücksichtigen kann.

Steigerung Ihrer Rendite

Dieses Buch ist bewusst so konzipiert, dass die vorgestellten Instrumente und Konzepte Ihre bisherigen Methoden zur Aktienanalyse und Vorbereitung Ihrer Anlageentscheidungen nicht ersetzen, sondern ergänzen und optimieren. Ihr Hauptaugenmerk sollte darauf gerichtet sein, das System zur Vorbereitung Ihrer Anlageentscheidungen zu verbessern. In diesem Buch lernen Sie neue Analyseinstrumente kennen und Sie erfahren, wie Sie das richtige Analyseinstrument für eine bestimmte Aufgabenstellung im Rahmen Ihrer Anlageentscheidung auswählen.

In den folgenden Kapiteln wird das Geheimnis der technischen Analyse gelüftet. Der Markt, das große, unbekannte Wesen, wird tatsächlich aus dem Verhalten der einzelnen Marktteilnehmer gebildet. Daher kann er mit Instrumenten analysiert werden, die das Verhalten der Marktteilnehmer und die unvollständige Verbreitung von Informationen messen. Wird damit zu viel versprochen? Nein, weil Charts mit zusätzlichen Indikatoren dies ohne weiteres leisten. Außerdem sollte nicht übersehen werden, dass grafische Darstellungen tatsächlich mehr sagen als tausend Worte.

Vermeidung schlechter Börsengeschäfte

Wenn Sie als Kapitalanleger Ihre Rendite steigern wollen, dann müssen Sie die besten Aktien kaufen. Die technische Analyse zeigt Ihnen, ob eine Aktie zu weit von ihrem Fundamentalwert abweicht und daher keine gute Kapitalanlage ist. Sie meldet auch, dass ein Börsentitel eine problematische Anlage ist, wenn er auf gute Nachrichten (zum Beispiel die Steigerung des Gewinns, die Einführung eines neuen Produkts durch das betreffende Unternehmen oder ein besseres wirtschaftliches Umfeld) nicht positiv reagiert. Wenn eine Aktie bei guten Nachrichten nicht im Kurs steigt, kann das bedeuten, dass es keine Haussespekulanten mehr gibt. Sie haben die Aktie vielleicht bereits gekauft und daher besteht keine Nachfrage mehr.

Berücksichtigung von Risiken und Wahrscheinlichkeiten

Die technische Analyse berücksichtigt Risiken und Wahrscheinlichkeiten. In vergleichbaren Situationen verhalten sich Menschen im Allgemeinen gleich, aber dafür gibt es keine Garantie. Eine genaue Analyse liefert Ihnen die Wahrscheinlichkeit, dass Ihre Kauf- oder Verkaufsentscheidung richtig ist, oder zeigt Ihnen sofort, wenn Sie eine falsche Anlageentscheidung getroffen haben.

Selbst wenn Ihre Aktienanalyse und Ihre Anlageentscheidung absolut richtig waren, ändert sich der Markt. Die Chartanalyse warnt Sie, dass Sie Ihr Engagement überprüfen müssen.

Womit sich dieses Buch nicht beschäftigt

Sie brauchen nicht zu befürchten, schwierige Analysen lesen und so denken zu müssen wie ein Daytrader. Jedes Thema wird leicht verständlich behandelt.

Sie müssen keine langatmigen Ausführungen durcharbeiten, die Ihnen erklären, wie der Markt funktioniert oder wie Sie Ihre persönlichen Finanzen verwalten sollten. Es wird angenommen, dass Sie das bereits wissen. Dieses Buch beschäftigt sich ausschließlich damit, wie Sie mit Kapitalanlagen Geld verdienen können.

Umsätze, Gewinne, Bilanzstrukturen oder andere Fundamentaldaten werden hier nicht explizit diskutiert. Wichtig ist allein zu wissen, dass Fundamentaldaten den Börsenkurs in der Tat langfristig beeinflussen. Sie können die Fundamentaldaten berücksichtigen, aber Sie sollten Ihre Entscheidung über die Aktienauswahl nicht direkt auf Fundamentaldaten stützen.

Wie Sie dieses Buch optimal nutzen

Dieses Buch richtet sich an private Kapitalanleger, die ihre Technik zur Aktienauswahl verbessern wollen, und an Mitarbeiter institutioneller Anleger oder Finanzdienstleister, die ihr Analyseinstrumentarium erweitern möchten. Dieses Buch erklärt, wie man Börsencharts liest und wann man Aktien kaufen oder verkaufen sollte – unabhängig davon, ob Sie nun Ihre Investitionsentscheidung allein oder in einem Investmentclub treffen.

Lesen Sie zunächst den ersten Teil, um die Grundlagen der technischen Analyse zu verstehen. Arbeiten Sie dann die einzelnen Kapitel durch und beurteilen Sie, wie sich die Erkenntnisse anwenden lassen. Überprüfen Sie einige Ihrer letzten guten Aktienkäufe daraufhin, ob die technischen Bedingungen für einen Kauf sprachen. Ebenso sollten Sie einige schlechte Kaufentscheidungen der Vergangenheit daraufhin überprüfen, ob die technische Analyse Sie davon abgehalten oder Ihnen zumindest schnell aufgezeigt hätte, dass Ihre Aktienauswahl falsch war.

Verlassen Sie sich nicht ausschließlich auf das, was Sie hier lernen. Die technische Analyse ist sowohl eine Kunst als auch eine Wissenschaft. Sie kann zwar gründlich getestet werden, hängt aber trotzdem von der Erfahrung des Analysten ab, Feinparameter und Risikotoleranzen zu setzen. Verwenden Sie die in diesem Buch vorgestellten Analysetechniken, um Ihre gegenwärtige Aktienanalyse zu verbessern. Jetzt geht es darum, Ihre Rendite als Kapitalanleger zu steigern. Mit zunehmender Erfahrung können Sie später die Feinheiten der technischen Analyse kennen lernen.

Werfen Sie Ihre bisherigen Methoden zur Aktienauswahl nicht über den Haufen

Der Schwerpunkt dieses Buches liegt auf der Ergänzung Ihrer gegenwärtigen Methoden der Aktienauswahl. Sie brauchen daher nicht auf die Empfehlungen Ihres Anlageberaters, auf Anlageberatungsdienste oder Online-Anlageempfehlungen zu verzichten. Sie werden vielmehr lernen, Anlageempfehlungen daraufhin zu beurteilen, ob sie unter den Gesichtspunkten der technischen Analyse begründet sind und ob der Zeitpunkt für eine Kapitalanlage günstig ist. Sie werden auch Ihr gegenwärtiges Portfolio auf mögliche Hinweise für drohende Kurseinbrüche überprüfen können. Mit anderen Worten, Sie werden mehr von Ihren Kursgewinnen realisieren können, weil Sie rechtzeitig Verkaufssignale erhalten.

Wenn die Chartanalyse in Bezug auf eine Anlageempfehlung ungünstig ausfällt, sollten Sie den Kauf dieses Börsentitels verschieben. Die technische Analyse liefert Ihnen Erkenntnisse, die in den Fundamentaldaten noch nicht enthalten sind. Wenn niemand die Aktie kauft, steigt der Kurs nicht – ohne Rücksicht darauf, was die Fundamentaldaten sagen. Der Börsenkurs eines Unternehmens kann stark von dem Buch- oder Ertragswert je Aktie abweichen, und die technische Analyse zeigt Ihnen, wann das der Fall ist. Auf dem Aktienmarkt können Aktien durchaus unterbewertet sein, selbst wenn ein Unternehmen Marktführer in einer Wachstumsbranche ist und rentabel arbeitet. In diesem Fall mag das Unternehmen großartig sein, die Aktie ist es nicht.

Wenden Sie die technische Analyse auch auf andere Märkte an

Die technische Analyse lässt sich auf alle Finanzmärkte anwenden, das heißt auf Aktien- und Rentenmärkte, Warenbörsen und Devisenmärkte.

Märkte können sich auf dem Höhepunkt anders als in der Talsohle verhalten. Jeder Markt und jede Aktie kann auch eine ganz spezifische Verhaltensweise an den Tag legen. Im Rahmen unserer Basisanalyse spielen diese Feinheiten allerdings keine Rolle.

Zeiträume von drei bis neun Monaten werden auf der Grundlage von Tageskursen analysiert. Bei längeren Zeiträumen werden Wochen- oder Monatskurse zugrunde gelegt. Daytrader benötigen eine stündliche oder laufende Kursnotierung. Sie lesen dieses Buch jedoch nicht, um Daytrader zu werden.

Mit der technischen Analyse können Sie im Gegensatz zur Fundamentalanalyse alle Finanzmärkte abdecken. Das bedeutet, dass Sie ohne Schwierigkeiten sowohl die Aktien von Hightech-Unternehmen, Einzelhandelsunternehmen und Finanzdienstleistern wie auch die Renditeentwicklung von Anleihen oder die Ölpreisentwicklung analysieren können.

Bei richtiger Anwendung der technischen Analyse verwenden Sie für jede Aufgabenstellung eine spezifische Analysetechnik. Ihr Ziel besteht darin, mit Kapitalanlagen Gewinne zu erzielen – und nicht, Fachkenntnisse über Analysetechniken zu erwerben. Lassen Sie ruhig die Fachmedien im Börsenjargon schwelgen, und lesen Sie derweil dieses Buch, um als Kapitalanleger Geld zu verdienen.

Teil I

Vor dem Start: Die Grundlagen

1
Wie die Börse tickt: Ein kurze Einführung in das Börsengeschehen

Bevor wir mit der Erläuterung der technischen Analyse beginnen, wollen wir im Folgenden zunächst einige allgemeine Aspekte des Börsengeschehens betrachten.

Aus der Vergangenheit lernen

»Wer die Vergangenheit nicht kennt, ist dazu verdammt, sie zu wiederholen.« Das sagte George Santayana, ein amerikanischer Philosoph.

Die Bedeutung von Vergangenheitsdaten

Zur Vorbereitung ihrer Anlageentscheidungen analysieren institutionelle Anleger häufig Fundamentaldaten wie zum Beispiel die wirtschaftliche Lage, das politische Umfeld, die demografische Struktur oder andere. Sie analysieren die Daten der Vergangenheit, um die zukünftige Entwicklung möglichst genau prognostizieren zu können.

Das bedeutet nicht, dass sie ein magisches Orakel befragen, sondern sie setzen die technische Analyse zur Analyse der Börsenkursentwicklung ein. Dabei steht ihnen ein nahezu unerschöpfliches Reservoir an exakten Daten zur Verfügung, das bereits für die computerbasierte Nutzung aufbereitet ist.

Die technische Analyse der Finanzmärkte bezieht sich auf das menschliche Verhalten, aber sie ist keine psychologische Analyse. Kapitalanleger und Spekulanten reagieren auf bestimmte Ereignisse immer wieder gleich, und dies spiegelt sich in der Börsenkursentwicklung wider. Wenn die Kursentwicklung grafisch dargestellt wird, lassen sich typische Chartformationen erkennen. Einige dieser Formationen haben Standardcharakter, während andere von Börsenanalysten aufgrund ihrer eigenen Beobachtungen und Berechnungen ermittelt werden. In beiden Fällen sind Vergangenheitsdaten erforderlich, um die Theorie zu testen und ihre Parameter abzustimmen.

Wenn Devisenhändler zum Beispiel Yen kaufen wollen, betrachten sie die Kursentwicklung des Yen über ein Jahr in einem Chart, um beurteilen zu können, ob der kürzliche Kursanstieg noch anhält oder bereits abgeebbt ist. Die grafische Darstellung lässt sich schnell analysieren. Wenn sie die Kursentwicklung über mehrere Jahre analysieren, können die Devisenhändler feststellen, wann der Yen-Kurs stieg und was danach passierte.

Marktverhalten wiederholt sich

Typische Kursentwicklungen wiederholen sich häufig. Wenn Kurse steigen und nach einiger Zeit nur noch geringe Ausschläge zeigen, kann anhand der Form und Größe der Bandbreite der Kursausschläge beurteilt werden, wie lange der Kurs noch steigen wird. Dabei handelt es sich nicht um eine Vermutung, sondern um eine sehr wahrscheinliche Marktsituation (das heißt eine Reaktion der Marktteilnehmer), die sich auf Tausende von ähnlichen Beobachtungen in der Vergangenheit stützt. Je mehr Vergangenheitsdaten ein Anleger analysiert, desto sicherer kann er die zukünftige Kursentwicklung beurteilen und eine richtige Kauf- oder Verkaufsentscheidung treffen. Daher ist es zum Beispiel zweckmäßig, Daten über die Kursentwicklung in einer Datenbank zu speichern.

Die starke Preiserhöhung eines Rohstoffs könnte zum Beispiel als Hausse-Signal verstanden werden. Wird aber ein längerer Zeitraum betrachtet, dann zeigt sich vielleicht, dass der Preis in den letzten sechs Monaten ständig fiel. Vor diesem Hintergrund könnte die Preiserhöhung tatsächlich ein Signal zum Verkauf statt zum Kauf sein.

Einer der stärksten Einwände gegen die technische Analyse der Finanzmärkte lautet, dass sie eine sich selbst erfüllende Prognose sei. Der Standpunkt »Wir wollen Geld verdienen und keine Prognosen erstellen« überzeugt jene, die gerne früh einsteigen. Wenn wir diesen Aspekt einen Augenblick zurückstellen, müssen wir zugeben, dass diese Kritik manchmal durchaus berechtigt ist.

Wenn ein Kurs plötzlich nach oben ausbricht, dann sollte einer Regel der technischen Analyse zufolge diese Aktie oder dieser Rohstoff gekauft werden. Kurzfristig orientierte Kapitalanleger erkennen dies und kaufen. Aufgrund der erhöhten Nachfrage steigt der Kurs weiter.

Beim ersten Kursanstieg funktioniert dies gut, da neue Käufer angezogen werden. Wenn es jedoch keine weiteren technischen Faktoren gibt, die für einen Kursanstieg sprechen, bricht er zusammen und die Prognose tritt nicht ein. Der Kurs kann nur dann nachhaltig steigen, wenn es eine steigende Nachfrage und eine zunehmende Zahl von privaten und / oder institutionellen Anlegern gibt. Echte Kursausbrüche werden in der Regel durch eine Änderung der zugrunde liegenden technischen Bedingungen angezeigt, haben beim plötzlichen Kursanstieg bestimmte bestätigende Eigenschaften und werden von sich verbessernden technischen Indikatoren gefolgt.

Die Kritik an der technischen Analyse als sich selbst erfüllende Prognose wird dadurch widerlegt, dass sich in der Kursentwicklung immer wieder typische Chartformationen bilden, da sich die Marktteilnehmer in bestimmten Marktsituationen im Allgemeinen gleich oder zumindest ähnlich verhalten. Wenn die Kursausschläge abnehmen und sich auf dem Chart ein Dreieck bildet, dann werden Käufer und Verkäufer in zunehmendem Maße unsicher, weil sie nicht wissen, wie sie sich verhalten sollen. Sie kaufen und verkaufen mit geringerem Vertrauen, da sie auf einen äußeren Einfluss warten, der die nächste Kursänderung nach oben oder unten auslöst. Diese Perioden zunehmender Unsicherheit sind nicht immer gleich zu beurteilen, da in der Chartanalyse zwischen fünf verschiedenen Formen von Dreiecken unterschieden wird.

Welche Schlussfolgerungen lassen sich aus diesen Überlegungen ziehen? Meistens lohnt es sich, den Grundregeln des Marktverhaltens zu folgen, und Anleger müssen schnell reagieren, wenn die tatsächliche Kursentwicklung von der erwarteten abweicht.

Wiederholungen und Abweichungen

Hat eine Hausse immer die gleiche Länge und werden immer die gleichen Kurssteigerungen erzielt? Mark Twain sagte: »Geschichte wiederholt sich nicht. Aber sie entwickelt bestimmte Muster.« Gleichgültig, ob und wie der heutige Markt einem früheren Markt ähnelt, Sie können sich nicht hundertprozentig darauf verlassen, dass er weiterhin so reagiert wie früher. Der Kurs steigt vielleicht, aber nicht so schnell wie früher, oder er stabilisiert sich in einer engen Bandbreite.

Da die Marktentwicklung von mehreren Variablen abhängig ist, spielt die Frage, ob nun 80 oder 90 Prozent dieser Variablen in dieselbe Richtung zeigen, wahrscheinlich keine Rolle für die Entscheidung über Kaufen, Abstoßen oder Halten. Ein solcher Unterschied könnte die Richtung oder die Höhe der Steigerung beeinflussen, nicht aber die Entscheidung des Kapitalanlegers über Kauf und Verkauf.

Markttheorie als Grundlage der technischen Analyse

Die meisten Menschen haben kaum eine Vorstellung davon, wie ein Auto funktioniert, aber trotzdem können sie fahren und wissen, wann sie es in die Werkstatt bringen müssen. Die Markttheorie, die den Regeln der technischen Analyse zugrunde liegt, geht auf jahrzehntelange Erfahrungen zurück. Wenn man mit der technischen Analyse beginnen will, muss man diese Regeln nicht alle kennen, aber man muss wissen, wie man den »Schlüssel« benutzt.

Der Schlüssel besteht darin, ein Chart nicht nur grafisch, sondern vor allem psychologisch zu interpretieren. Dies soll an zwei Beispielen veranschaulicht werden. An der Unterstützungslinie haben die aggressiven Verkäufe der Baissespekulanten genügend abgenommen, um durch die zunehmende Kaufbereitschaft der Haussespekulanten ausgeglichen zu werden. An der Widerstandslinie sind die aggressiven Käufe der Haussespekulanten genügend zurückgegangen, um durch die Verkaufsbereitschaft der Baissespekulanten ausgeglichen zu werden.

Grundlagen der technischen Analyse

Chartformationen bilden das Verhalten der Marktteilnehmer ab und beruhen auf tatsächlichen Transaktionen. Da sich die Zusammensetzung der Marktteilnehmer im Lauf der Zeit kaum ändert und Kapitalanleger in bestimmten Situationen immer wieder gleich reagieren, können Chartformationen zur Prognose der Kursentwicklung verwendet werden.

Nicht alle Marktteilnehmer haben zum gleichen Zeitpunkt Zugriff auf die gleichen Informationen, und sie reagieren nicht mit der gleichen Schnelligkeit, wenn sie Informationen erhalten. Aus diesem Grund bieten die Märkte Chancen.

Wenn alle Marktteilnehmer zum gleichen Zeitpunkt erführen, dass ein Unternehmen die Einführung eines neuen Produkts beabsichtigt, und alle gleich reagierten, dann würde der Börsenkurs dieses Unternehmens bei der Produktankündigung schlagartig steigen. Anschließend würde der Börsenkurs bis zur nächsten Nachricht keine großen Schwankungen zeigen. Weil sich Nachrichten langsam verbreiten und die Marktteilnehmer unterschiedlich darauf reagieren, bilden sich Trends.

Da der Markt aus den Marktteilnehmern besteht, ist er für Schwankungen von übertriebenem Optimismus zu Pessimismus und umgekehrt anfällig. Mithilfe der technischen Analyse können diese Schwankungen gemessen werden.

Marktpsychologie

Es würde den Rahmen dieses Buches sprengen, die Grundzüge der Marktpsychologie zu beschreibçn. Darum wollen wir uns hier darauf beschränken, einige Basiskonzepte zu skizzieren, die sich direkt auf die Analyse von Aktien oder Märkten beziehen und die in den Charts indirekt enthalten sind.

Die Einschätzungen der Kapitalanleger

Der Börsenkurs einer Aktie weicht häufig von ihrem Ertragswert ab. Auf einem Markt, auf dem Menschen und nicht Computer den Kurs bestimmen, entspricht der Kurs nicht dem Wert des Unternehmens, sondern den subjektiven Bewertungen der Anleger.

Wie könnte sonst das phänomenale Wachstum der Internet-Aktien erklärt werden? 1998 und 1999 verdreifachte sich der Kurs dieser Aktien nach ihrer Börseneinführung, als die Umsatzerwartungen noch unbestimmt waren und sie noch keine Gewinne erzielten. Wie konnte im Börsencrash 1987 der Börsenkurs aller Aktien an einem Tag fast um ein Drittel fallen, ohne dass etwas Gravierendes geschehen war?

Vor dem Börsencrash ignorierten die Anleger so wichtige Faktoren wie steigende Zinsen und die Gefahren der vorherrschenden »Wir-kaufen-alles«-Mentalität. Als man die Realität erkannte, brachen die Börsenkurse zusammen.

Zusammenfassend können wir feststellen, dass der Aktienmarkt und jeder andere Markt nie den wahren Wert widerspiegelt, sondern die subjektiven Bewertungen der Kapitalanleger beziehungsweise der Käufer.

Das Individuum und die Masse

Menschen glauben gern, dass sie unabhängig denken und Entscheidungen rational treffen. Allenfalls geben sie zu, dass andere vielleicht eine stichhaltigere Meinung haben.

Wenn die rational denkenden Individuen Teil einer Masse sind, dann passen sie sich im Allgemeinen der Mehrheit an. Es ist unbequem, eine abweichende Meinung zu haben – selbst wenn der Standpunkt des Einzelnen begründet ist. Als Teil einer Masse denkt jeder, dass die Masse hundertprozentig Recht hat. Da ist kein Platz für abweichende Meinungen. Fakten, die der Mehrheitsmeinung nicht entsprechen, werden ignoriert.

Denken wir noch einmal an den Börsencrash von 1987 zurück. Die meisten Anleger wollten Aktien kaufen, und die Kurse stiegen. Die wenigen Andersdenkenden wurden als Wachstumspessimisten bezeichnet, obwohl es schon Anzeichen für einen bevorstehenden Börsencrash gab.

Das Gleiche gilt, wenn die Aktienkurse im Keller sind. Die Masse nimmt nur die schlechten Nachrichten zur Kenntnis, und die Kurse fallen ständig. Sich verändernde Bedingungen werden wie 1982 ignoriert, als sich die größte Hausse aller Zeiten ankündigte.

Die technische Analyse bietet dem Kapitalanleger die Möglichkeit, Ebbe und Flut zu folgen und gegebenenfalls auch anders als die Mehrheit zu handeln.

Dichtung und Wahrheit

Wir haben bereits erwähnt, dass gegen die technische Analyse typischerweise eingewendet wird, sie sei eine sich selbst erfüllende Prognose, leite die zukünftige Kursentwicklung aus Daten der Vergangenheit ab und sei schlichte Kaffeesatzleserei. Die sich selbst erfüllende Prognose kann manchmal eintreten. Wenn der Kurs einer Aktie plötzlich steigt, werden neue Käufer angezogen. Sie treiben den Kurs weiter nach oben und diese Kurssteigerung zieht weitere Käufer an.

In dieser Erklärung wird allerdings die kurz- und langfristige Betrachtung mit einem einmaligen Ereignis vermischt. Die kurzfristige Analyse hätte kurzfristig orientierten Anlegern empfohlen, vor dem Kursanstieg zu kaufen. Wenn sich die technischen Bedingungen nach dem plötzlichen Kursanstieg weiter verbesserten, dann würde die langfristige Analyse den Kursausbruch auf der Basis überzeugender Kurssteigerungen und hoher Börsenumsätze bestätigen. Die Stimmung der Anleger würde steigen, da allgemein bekannt würde, dass sich die Fundamentaldaten verbessert hätten.

Kritiker der technischen Analyse beanstanden, dass die zukünftige Kursentwicklung aus Vergangenheitsdaten abgeleitet wird. Wenn die Kurse sich zufällig bildeten, könnten sie nicht prognostiziert werden. Aber Kurse beziehungsweise Preise bilden sich nicht zufällig, sondern beruhen auf dem wahrgenommenen Nutzen beziehungsweise auf dem kalkulierten Wert. Dieser ist von den Bewertungen der Käufer abhängig. Anhand der wirtschaftlichen Lage und der Situation des einzelnen Unternehmens lässt sich die zukünftige Kursentwicklung prognostizieren.

Wie sich die Bewertungen ändern, kann zwar nicht berechnet werden, aber sie können anhand der Käufe und Verkäufe gemessen werden. Da sich die Marktteilnehmer in bestimmten Situationen gleich verhalten, kann prognostiziert werden, wie sich der Markt entwickeln wird.

Die Kursentwicklung wird nicht aufgrund von Daten der Vergangenheit prognostiziert, sondern das zukünftige Angebot und die zukünftige Nachfrage werden aus dem gegenwärtigen Verhältnis von Angebot und Nachfrage, den Börsenumsätzen und der Erfahrung bestimmt, wie sich Kapitalanleger in ähnlichen Marktsituationen verhalten haben.

Auch Anhänger der Fundamentalanalyse können profitieren

»Der größte Fehler, den ein Anhänger der Fundamentalanalyse machen kann, besteht darin zu denken, dass eine Aktie und ein Unternehmen das Gleiche sind. Der größte Fehler, den ein Anhänger der technischen Analyse machen kann, besteht darin zu denken, dass eine Aktie und ein Unternehmen etwas Unterschiedliches sind.« (Phil Roth, Leiter der Technischen Analyse, Morgan Stanley Dean Witter)

Selbst der begeistertste Anhänger der Fundamentalanalyse könnte von der Anwendung der technischen Analyse profitieren, weil sich mit ihrer Hilfe ermitteln lässt, wann Wertpapiere ge- oder verkauft werden sollten. Wenn günstige Nachrichten über ein Unternehmen verbreitet werden, ist es vielleicht schon zu spät, um diese Aktien zu kaufen, weil der Kurs aufgrund der Nachricht oder von Gerüchten bereits gestiegen ist. So hingen beispielsweise die Kursgewinne bei den Internet-Aktien ebenfalls nicht mit entsprechenden Entwicklungen bei den Fundamentaldaten zusammen.

Mit der technischen Analyse lässt sich feststellen, ob der Kurs bereits einen Extremwert erreicht hat. Der Börsenkurs wird von den Fundamentaldaten entkoppelt.

Selbst Anhänger der Fundamentalanalyse, die die technische Analyse ablehnen, verwenden einige technische Informationen wie zum Beispiel die Kursentwicklung über 52 Wochen.

Dieses Buch will Sie nicht veranlassen, auf die Fundamentalanalyse zu verzichten, sondern Ihre Aktienanalyse durch Charts zu ergänzen. Ich bin zwar überzeugter Anhänger der technischen Analyse, aber Sie brauchen das nicht zu sein.

2
Was bedeutet überhaupt »technische Analyse«?

Die Bezeichnung für diese Form der Marktanalyse ist missverständlich. Die technische Analyse ist so technisch wie Singen. Elektronische Schaltkreise zu entwerfen ist zweifellos eine technische Disziplin, aber die Marktanalyse als technische Aufgabe zu beschreiben ist problematisch.

Sicherlich verwendet die technische Analyse zahlreiche Fachbegriffe, und auch mathematische Modelle spielen gelegentlich eine Rolle. Doch im Grunde ist die technische Analyse nur ein Werkzeug, mit dessen Hilfe Börsenanalysten und Kapitalanleger feststellen können, ob ein Zeitpunkt günstig ist, um Aktien, Anleihen, Devisen oder Rohstoffe zu kaufen oder zu verkaufen.

Die technische Analyse umfasst ein Instrumentarium von Analysetechniken, Chartformationen und Regeln, das durchaus mit einem Werkzeugkasten verglichen werden kann. So wie der Tischler einen Nagel mit dem Hammer einschlägt, nicht mit dem Schraubenzieher, so wird in der technischen Analyse das Momentum und nicht die Regressionsanalyse verwendet, um die Stabilität des Marktes zu beurteilen. Beide Instrumente sind gut, aber jedes hat seinen spezifischen Anwendungsbereich.

Anwender der technischen Analyse gehen nicht davon aus, dass sie immer richtige Entscheidungen treffen. Eine Erfolgsquote von 60 Prozent bei ruhiger und bedachter Vorgehensweise genügt bereits, um sich weit von der Masse der Anleger abzusetzen. In der Technik (wie zum Beispiel der Flugsicherung) wird eine höhere Erfolgsquote erwartet. Mit anderen Worten, Technik muss perfekt funktionieren, Marktanalyse nicht.

Inwiefern kann die technische Analyse mit Singen verglichen werden? Für beide gilt, dass jeder es betreiben kann. Die meisten werden zwar zunächst wenig erfolgreich sein, aber mit Training und zunehmender Erfahrung ändert sich das.

Singen kann in die Komponenten Atmen, Haltung und Atemkontrolle aufgegliedert werden. Psychologen weisen vielleicht auf die Dominanz der rechten Gehirnhälfte oder angeborenes musikalisches Talent hin. Abgesehen von den Top-Künstlern analysieren Sänger diese Komponenten zumeist nicht, sondern begnügen sich damit, die Grundlagen des Singens zu kennen, und wenden diese zum Spaß an. Diese Einstellung möchte ich Ihnen mit diesem Buch vermitteln. Sie brauchen nicht jede Analysetechnik anzuwenden, die Top-Börsenanalysten einsetzen, weil Sie ja kein professioneller Analyst werden wollen. Sie werden sich freuen, wenn Sie feststellen, dass sich Ihre Börsenergebnisse verbessern. Vielleicht sind Sie von Charts begeistert und entschließen sich, die technische Analyse ständig einzusetzen. Vielleicht nicht. Denken Sie daran, dass Sie sich nicht über Nacht aus einem Karaoke-Sänger in Frank Sinatra verwandeln können.

Die technische Analyse hat eher einen diagnostischen als einen technischen Charakter.

Elemente der technischen Analyse

Technische Analyse ist die Kunst, in einer relativ frühen Phase Wendepunkte des Marktes zu erkennen. Die meisten Kapitalanleger wollen so weit wie möglich an einem Trend partizipieren. Sie verzichten bewusst auf den Versuch, die absoluten Hochs und Tiefs zu erwischen.

Das Chart

Das Chart ist die Grundlage der technischen Analyse. Je nach gewünschtem Detaillierungsgrad der Analyse enthält das Chart alle relevanten Daten und stellt sie in einem logischen Format dar. Die wichtigste Information ist stets, wie sich der Markt bis zu einem bestimmten Zeitpunkt entwickelt hat. Wie sich der Aktienkurs im Zeitablauf entwickelt, verrät etwas über das Verhältnis von Angebot und Nachfrage, die Stimmung der Kapitalanleger und das Kurssteigerungspotenzial.

Betrachten Sie zum Beispiel eine Aktie, deren Kurs monatelang in einer engen Bandbreite schwankt. Die Börsenumsätze sind gering und es gibt kaum Neuigkeiten. Kurzum, der Markt ist langweilig. Wenige Anleger halten es für lohnend, ihn zu verfolgen.

Eines Tages verdoppeln sich die Börsenumsätze plötzlich. Weil die normalen Börsenumsätze so gering sind, wird diese Umsatzsteigerung von der Öffentlichkeit nicht bemerkt. Nur die Anleger, die an dem Tag kauften, wissen, dass etwas vor sich geht.

Aus welchem Grund auch immer die Nachfrage zunimmt, der Kurs bricht aus seiner bisherigen Bandbreite aus und steigt. Häufig werden gute Nachrichten, die einen derartigen Ausbruch verursachen, nun der Öffentlichkeit mitgeteilt und die Hausse beginnt.

Sind dies Insiderinformationen? Nein. Denken Sie daran, dass der Informationsfluss nicht perfekt ist. Manche Anleger verfügen frühzeitig über gewisse Informationen oder wetten darauf, dass ein bestimmtes Gerücht wahr ist. Wenn die Informationen allen Kapitalanlegern zum gleichen Zeitpunkt zur Verfügung stünden, dann gäbe es keine Hausse oder Baisse. Die Kurse würden sofort vom einen zum nächsten Gleichgewicht springen. Mithilfe der technischen Analyse kann festgestellt werden, wie weit die Verbreitung von Informationen in einem Markt fortgeschritten ist, um zu beurteilen, ob er am Anfang, in der Mitte oder in der Endphase eines Trends steht.

Ergänzende Indikatoren

Auf einem Chart können ergänzend folgende Indikatoren abgebildet werden: Momentum (das Ausmaß der Kursänderung), Börsenumsatz und die Stimmung der Anleger.

Die vollständige technische Analyse einer Aktie kann auch Fundamentaldaten wie zum Beispiel Gewinne und Dividenden beinhalten. Wenn festgestellt wird, dass ein Unternehmen seine Dividende über 20 Quartale hinweg stetig erhöht hat, bedeutet das, dass der Dividendentrend ständig steigt. Wenn die Gewinne zunehmend steigen, deutet dies an, dass der Börsenkurs auch bald steigen wird.

In diesem Buch will ich die Diskussion von Analysen auf ein Minimum beschränken. Das Ziel dieses Buches besteht darin, die Vorbereitung Ihrer Anlageentscheidungen zu verbessern – und nicht darin, alle Instrumente der technischen Analyse vorzustellen. Dafür gibt es schließlich Spezialbücher.

Was ist eigentlich »der Markt«?

Genauso wie Sie es in jedem Einführungkurs in die Volkswirtschaftslehre hören werden, besteht der Markt für Aktien, Anleihen, Devisen oder Rohstoffen aus Käufern und Verkäufern. Der Preis bildet sich entsprechend dem Verhältnis von Angebot und Nachfrage.

In der folgenden Aufzählung wird der Marktmechanismus weiter aufgegliedert. Wie Sie sehen können, werden Märkte hauptsächlich durch die Stimmung der Marktteilnehmer bewegt.

- Der Markt besteht aus Käufern und Verkäufern.
- Der Preis bildet sich nach dem Verhältnis von Angebot und Nachfrage.
- Angebot und Nachfrage werden durch die Aggressivität der Hausse- und Baissespekulanten bestimmt.
- Hausse- und Baissegeschäfte entstehen aus den subjektiven Bewertungen der Marktteilnehmer.

Die technische Analyse analysiert die Unterschiede zwischen Prognosewerten und tatsächlichen Bewertungen.

Herdenmentalität

Die Massenpsychologie, auch als Herdenmentalität bezeichnet, ist ein wichtiger Teil der technischen Analyse. Kapitalanleger wollen im Allgemeinen akzeptiert werden, und sie folgen der Mehrheit, um sich psychologisch sicher zu fühlen.

Stellen Sie sich eine Zebraherde in Afrika vor, die sich vor einer Gruppe von Löwen fürchtet. Als die Zebraherde die Bedrohung erkennt, beginnt sie zu laufen. Alle Zebras bleiben zusammen, um mit einer Nebelwand aus schwarzen und weißen Streifen die Löwen zu beeindrucken. Genauso funktioniert ein Trend. Solange die Herde in Bewegung ist, bewegen sich die einzelnen Zebras mit ihr und betrachten sich als sicher. Auch hier gilt die bekannte Redensart: »Der Trend ist dein Freund.«

Stellen Sie sich jetzt vor, dass die Herde so mit dem Laufen beschäftigt ist, dass sie vergisst, auf die sich verändernde Landschaft zu achten. Vor ihr liegt nun eine tiefe Schlucht. Hier, am Ende des Weges, ist der Trend nicht mehr ihr Freund. Um den sicheren Tod zu vermeiden, sollte das einzelne Zebra versuchen, aus der Herde auszubrechen. Sich gegen die Herde beziehungsweise Masse zu stellen, ist sowohl für Zebras als auch für Investoren ein unbequemer Gedanke. Das Zebra muss berücksichtigen, ob der Löwe noch da ist. Der Investor muss das psychische Unbehagen, allein zu stehen, mit der finanziellen Unannehmlichkeit abwägen, der Masse über das Ende der Hausse hinaus zu folgen.

Was ist also der Markt? Er ist das Konglomerat von Handlungen und Auffassungen der Marktteilnehmer. Er entwickelt sein eigenes Bewusstsein, ähnlich wie Millionen von Nervenzellen im Gehirn. Wie ein lebendiger Organismus ist keine einzige Zelle wichtiger als das Ganze. Daher müssen wir uns als einzelne Zellen an unseren Platz erinnern. Der Markt kann nie irren.

3
Was ist ein Chart?

Charts sind allgemein gebräuchlich. Wir verwenden sie in allen Lebensbereichen, wie zum Beispiel zur Darstellung des Wachstums unserer Kinder, der demografischen Struktur einer Bevölkerung oder der Wettervorhersage für die nächsten fünf Tage. Immer wenn wir zeigen wollen, wie sich etwas entwickelt oder aufgliedert, verwenden wir Charts. Bei Aktien wird in einem Chart der Kursverlauf grafisch dargestellt. Damit beginnt die technische Analyse.

Ein Bild sagt mehr als tausend Worte

Um zu wissen, wie sich die Aktienkurse künftig entwickeln, müssen wir die Kursentwicklung in der Vergangenheit analysieren. Je mehr Daten uns vorliegen, desto schwieriger wird es, diese Daten zu analysieren, weil man im Kopf nur eine bestimmte Informationsmenge verarbeiten kann.

Hier ist ein Chart hilfreich. Durch Eintragung der Schlusskurse von Aktien oder Wertpapieren können Sie mit einem Blick die Kursentwicklung erkennen.

Wozu das alles?

Wenn Sie wissen, ob die Kurse steigen oder fallen, können Sie jene Werte kaufen, bei denen die Indikatoren für weitere Kurssteigerungen sprechen. Auf allen Märkten – seien es Finanz-, Grundstücks- oder Nahrungsmittelmärkte – steigen die Preise, wenn die Nachfrage größer als das Angebot ist. Es ist besser, eine Aktie zu kaufen, wenn die Nachfrage größer ist als das Angebot, als bei der umgekehrten Konstellation.

Das Chart von Micron Technology für 1995 und Anfang 1996 (siehe Abbildung 3.1) veranschaulicht dies. Angesichts positiver Nachrichten und steigender Kurse war es eine gute Anlagestrategie, bei hohem Kurs zu kaufen und bei höheren Kursen zu verkaufen. Ende 1995 war der Kurs jedoch um 25 Punkte gefallen, das Chart zeigt an dieser Stelle eine kleine Kurserholung an. Viele Anleger dachten nun, ein Kurs von 70 müsse doch angesichts eines Hochs von über 90 ein glatter Kaufkurs sein. Wie sich im weiteren Verlauf herausstellte, war selbst ein Kurs von 50 noch kein guter Kaufkurs.

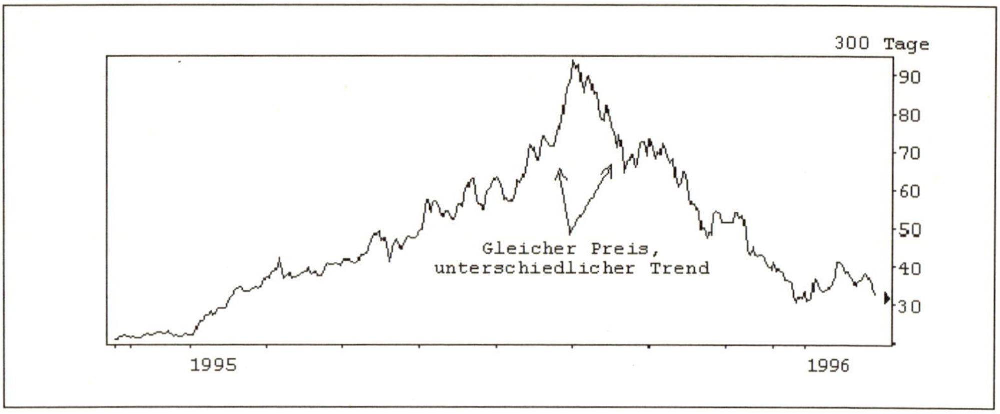

Abb. 3.1: Kursentwicklung von Micron Technology

Die technische Analyse verfügt über zahlreiche Instrumente, die man auf Charts anwenden kann. Viele von ihnen sind nicht allgemein verfügbar. Die meisten derjenigen Instrumente, die frei anwendbar sind, werden allerdings selten eingesetzt.

Jeder Kapitalanleger ist in der Lage, seine Rendite zu steigern, wenn er die technische Analyse anwendet. Das Ziel lautet aber nicht, der beste Anleger aller Zeiten zu sein, sondern die Portfolio-Rendite in einer Weise zu steigern, dass sie den Bedürfnissen und der Risikobereitschaft des Anlegers Rechnung trägt.

Kaffeesatzleserei?

Wenn Sie einen Anhänger der technischen Analyse beleidigen wollen, müssen Sie ihn nur fragen, was er heute in der Kristallkugel oder im Kaffeesatz gefunden hat. Selbstverständlich können Anhänger der technischen Analyse nicht in die Zukunft schauen, sondern es geht ihnen um Massenpsychologie und Wahrscheinlichkeiten. Das Chart zeigt einfach die gegenwärtige Situation. Seine Analyse liefert die Wahrscheinlichkeiten für verschiedene mögliche Ergebnisse.

Das Motto der technischen Analyse lautete immer, dass sich Geschichte wiederholt. Die neueste Fassung dieser Redensart lautet: Geschichte wiederholt sich nicht, doch sie folgt bestimmten Mustern. Ereignisse treten nicht jedes Mal gleich ein, aber die Wahrscheinlichkeit ist ziemlich hoch, dass sich Ähnliches ereignet.

Abbildung 3.2 zeigt wiederum die Kursentwicklung von Micron Technology, doch ergänzt durch die Trendlinie. Der Aufwärtstrend wurde im November 1995 nach unten durchbrochen. Die allgemeine Erfahrung besagt, dass der Kurs unter diesen Bedingungen weiter fallen wird. Wer einen Monat zuvor zu einem Kurs von 70 gekauft hatte, musste erkennen, dass dies ein schlechtes Geschäft war.

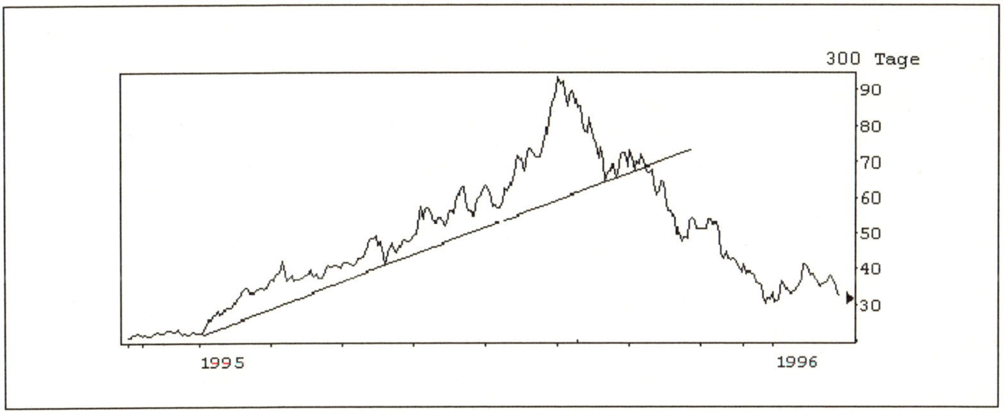

Abb. 3.2: Kursentwicklung und Trend von Micron Technology

Die technische Analyse hat selbstverständlich nicht immer Recht, aber sie zeigt sehr schnell auf, wenn eine Entscheidung falsch war. Selbst wenn wir bei 60 Prozent unserer Kapitalanlagen falsch liegen, werden wir immer noch sehr reich. Die technische Analyse unterstellt, dass der Anleger der alten Regel folgt, Verluste zu begrenzen und Gewinne zu steigern. Vier Geschäfte, die Ihnen jeweils einen Gewinn von 10 Euro einbringen, werden Sie sechs Verlustgeschäfte von je 1 Euro schnell vergessen lassen. Auf diese Weise kann man Geld verdienen. Langfristige Kapitalanleger sollten auf aggressives Verhalten verzichten und auf die langfristige Kurssteigerung ihres Portfolios achten. Entscheidend ist allerdings, dass der Anleger keine Angst vor einem Verlust hat. Eine disziplinierte Anlagestrategie gleicht kurzfristige Verluste aus.

Was ist mit Gewinnen?

Wenn ein Unternehmen Gewinne erzielt, spiegelt sich das selbstverständlich im Unternehmenswert wider. In der technischen Analyse werden Gewinne, Bilanzen, Neuigkeiten und Materialkosten allerdings nicht direkt berücksichtigt. Sie nimmt vielmehr an, dass sich alle diese Informationen im gegenwärtigen Börsenkurs niedergeschlagen haben. Man kann auch sagen, dass der Kurs das Ergebnis des Verhaltens aller Marktteilnehmer ist. Manche folgen den Gewinnen und kaufen oder verkaufen entsprechend Aktien. Andere verfolgen die Nachrichten, um von Entwicklungen zu erfahren, die sich auf das Unternehmen auswirken. Wieder andere verfolgen die Entwicklung der Rohstoffpreise. Wenn der Preis von Äpfeln und Weizenmehl steigt, sinkt der Deckungsbeitrag der Bäckereien und Konditoreien. Das ist technische Analyse.

Auf den Kreditmärkten ist stets das Argument zu hören, dass die Zinsen von der Politik der Zentralbank und der Inflationsrate beeinflusst werden. Wenn die Zentralbank den Diskontsatz über die letzten anderthalb Jahre hinweg gesenkt hat, zeigt das Chart einen Abwärtstrend. Was passiert, wenn der Lebenshaltungskostenindex steigt? Auch dies kann grafisch dargestellt werden und beide Aspekte können der Zinsentwicklung gegenübergestellt werden. Ein Chart mit der Zinsentwicklung spiegelt das Verhalten jener wider, die sich an diesen Fundamentaldaten orientieren. Die meisten Anleger wenden die technische Analyse bereits an, ohne es zu wissen.

Schlussfolgerungen

Charts sind nicht rätselhaft. Sie sind Instrumente, die es Kapitalanlegern ermöglichen, das Börsengeschehen zu verfolgen und schnell zu erkennen, wann die Anlagestrategie geändert werden muss. Ein Kurschart prognostiziert nicht in engerem Sinne die Zukunft, aber es gibt an, mit welcher Wahrscheinlichkeit es zu einem bestimmten Zeitpunkt ratsam ist, ein Wertpapier zu kaufen, zu halten oder zu verkaufen.

4
Einige Fachbegriffe, die Sie kennen sollten

Im Folgenden werden die wichtigsten Grundbegriffe der technischen Analyse erläutert.

Balkencharts

Das Balkenchart ist das wichtigste Instrument zur Marktanalyse und ein unverzichtbarer Bestandteil der technischen Analyse. In Ostasien ist das so genannte Kerzenchart (siehe Kapitel 28) das wichtigste Instrument, aber beide verwenden die gleichen Daten.

In einem Balkenchart mit Tageskursen werden der Eröffnungs-, Höchst, Tiefst- und Schlusskurs pro Tag dargestellt (siehe Abbildung 4.1).

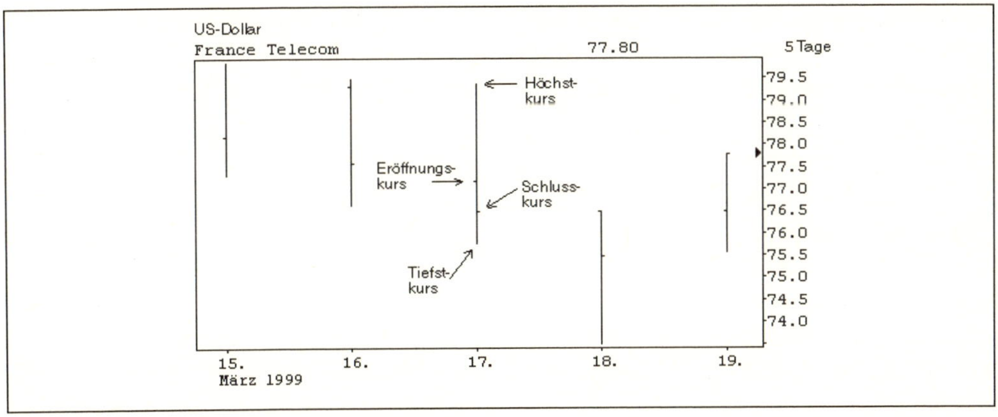

Abb. 4.1: Balkenchart von France Telecom

Abbildung 4.1 zeigt ein 5-Tage-Balkenchart von France Telecom. Der Höchst- und Tiefstkurs eines Tages werden jeweils senkrecht verbunden und bilden den Balken. Der Eröffnungskurs ist der kleine Strich auf der linken Seite, der Schlusskurs der Strich auf der rechten Seite des Balkens.

Unterstützungs- und Widerstandslinien

Unterstützungs- und Widerstandslinien stellen eine Kurshöhe dar, bei der der Kurs nicht weiter fällt beziehungsweise steigt. Ein marktgerechter Kurs ist der, auf den sich Hausse- und Baissespekulanten geeinigt haben. Wenn Haussespekulanten glauben, dass der Kurs niedrig ist, werden sie weiterhin kaufen. Dies erhöht wiederum die Nachfrage, und die Kurse steigen. Wenn die Kurse steigen, verhalten sich die Haussespekulanten weniger aggressiv und die Baissespekulanten werden aggressiver. An einem gewissen Punkt gleicht sich die Aggressivität der Hausse- und Baissespekulanten aus, und dieser Kurs wird die Widerstandslinie.

Das Umgekehrte gilt für die Unterstützungslinie: Bei fallenden Kursen nimmt die Aggressivität der Baissespekulanten ab und die Aggressivität der Haussespekulanten steigt. Wenn sich die Aggressivität der Hausse- und Baissespekulanten ausgleicht, fällt der Kurs nicht weiter und die Unterstützungslinie ist erreicht.

Beachten Sie, dass sich die Aggressivität der Hausse- und Baissespekulanten stets ausgleicht. Angebot und Nachfrage entsprechen sich bei jedem Kurs, weil ein Abschluss getätigt wurde. Weil sich die Märkte an frühere Unterstützungs- und Widerstandslinien erinnern, können sie als Kursziele dienen, wenn sich die Märkte von ihnen entfernt haben. Mit anderen Worten, wenn eine Kurssteigerung vor einem Jahr endete, wird der Höchstkurs dieser Aufwärtsbewegung die Widerstandslinie für die nächste Kurssteigerungsphase. Der Markt erinnert sich, dass Hausse- und Baissespekulanten dort ein Gleichgewicht erreichten. Vermutlich werden Kapitalanleger daran denken. Vielleicht ist diese Kurshöhe der Auslöser für ein wirtschaftliches Ereignis, das die Kurssteigerungsphase stoppt, wie zum Beispiel ein bestimmter Rohölpreis neue Explorationen und damit ein größeres Ölangebot auslöst.

Abbildung 4.2 zeigt die Kursentwicklung des Nikkei-Index in Japan für sechseinhalb Jahre mit der Unterstützungs- und Widerstandslinie. Der Zwischenraum zwischen diesen beiden Linien wird als Trendkanal bezeichnet.

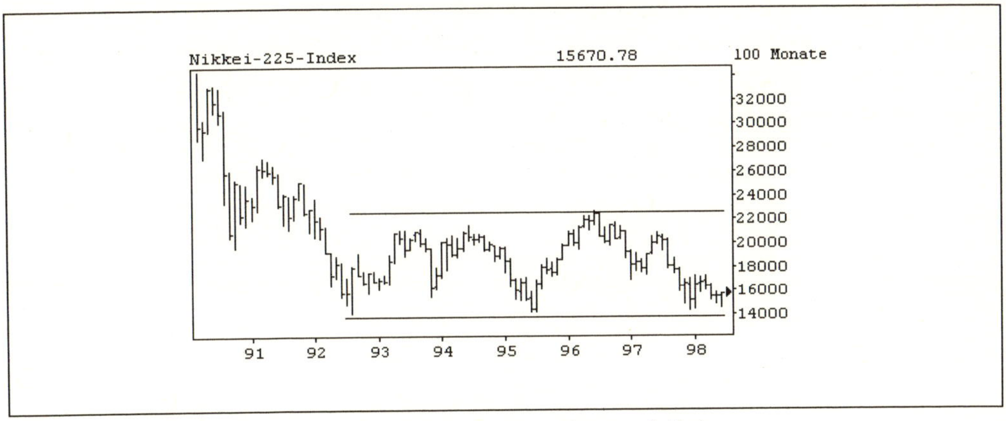

Abb. 4.2: Trendkanal mit Unterstützungs- und Widerstandslinie

Trends

Die technische Analyse zielt darauf, die Richtung und die Stärke eines Trends zu bestimmen. Je früher dies gelingt, desto mehr Gewinn kann man erzielen. Den Trend zu kennen ist genauso wichtig wie schlechte Börsengeschäfte zu vermeiden. Anlagestrategien wie zum Beispiel die gezielte Suche nach Aktien, die sich in einem Zwischentief befinden, funktionieren gut, wenn sich der Trend wie erwartet fortsetzt. Wenn nicht, dann ist das Risiko höher und der potenzielle Gewinn niedriger.

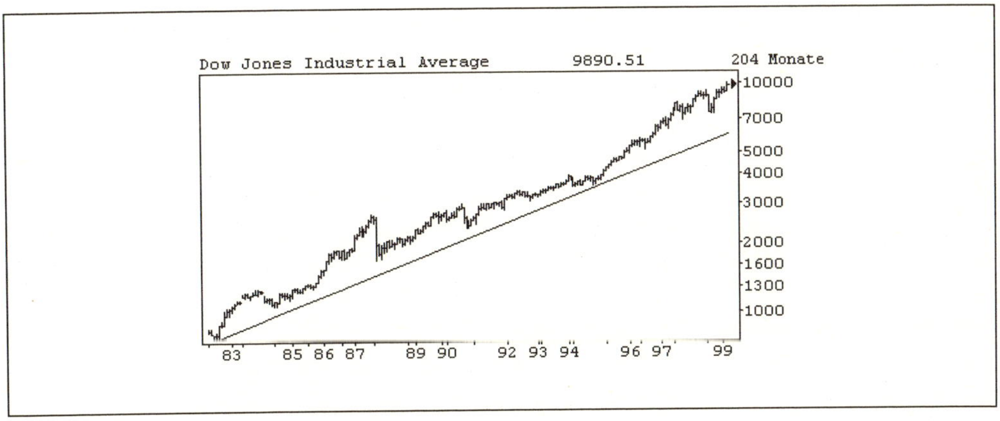

Abb. 4.3: Langfristiger Trend des Dow-Jones-Index

Abbildung 4.3 zeigt, wie lange ein Trend anhalten kann. Der langfristige Trend für den Dow-Jones-Index ist seit 16 Jahren ungebrochen. Kürzere Trends kamen und gingen, aber der langfristige Trend blieb ungebrochen. Abbildung 4.4 zeigt den Mehrjahrestrend des Goldpreises.

Abb. 4.4: Langfristiger Trend des Goldpreises (in US-$ pro Unze)

Konsolidierung, Korrektur

Diese beiden Begriffe beschreiben das gleiche Ereignis auf den Märkten. Nach einer Kurssteigerungsphase entscheidet ein Teil der Haussespekulanten, dass die Kurse über dem marktgerechten Wert liegen. Sie nutzen diese Situation, um ihre Gewinne durch Verkauf der Aktie mitzunehmen. Gleichzeitig erkennt selbst der ängstlichste Baissespekulant, dass der Kurs zu attraktiv ist, um nicht eine Short-Position einzugehen. (Dabei werden Aktien verkauft, die man auf Kredit gekauft hat, mit dem Ziel, diese später zu niedrigeren Kursen zurückzukaufen.) Diese Kombination ändert das Marktgleichgewicht; sie erhöht das Angebot, und die Kurse fallen.

Während dieses Kurseinbruchs werden Portfolios angepasst, Nachrichten werden verarbeitet und Anleger betreten und verlassen den Markt. Wie dies geschieht, bestimmt den Kursverlauf. Konsolidierung und Korrektur sind Begriffe, die auf jeden Zeithorizont angewendet werden können – von laufender Kursnotierung über Tages- und Wochen- bis zu Monatskursen. »Korrektur« scheint dabei ein relativer Begriff zu sein, da die Korrektur eines langfristigen Trends vielleicht kurzfristig als Baisse betrachtet wird.

Jeder Markt, der keinen Auf- oder Abwärtstrend zeigt, kann mit einem dieser Begriffe bezeichnet werden. Dies wird in den Kapiteln 5 bis 11 detailliert behandelt.

Ausbruch

Zu einem gegebenen Zeitpunkt wird ein Kurs aus seinem bisherigen Trendkanal ausbrechen. Ein solcher Ausbruch (siehe auch Kapitel 14) vollzieht sich, wenn der Kurs die Unterstützungs- oder Widerstandslinie durchbricht.

Bestimmte Nachrichten oder Marktereignisse verändern die Auffassung der Hausse- und Baissespekulanten, und die eine oder andere Seite verhält sich aggressiver als bisher. Wenn die Haussespekulanten aggressiv gestimmt sind, steigen die Kurse. Sind hingegen die Baissespekulanten aggressiv gestimmt, sinken die Kurse. Der Börsenumsatz steigt in der Regel und die Kurse schwanken im Tagesverlauf stärker als zuvor.

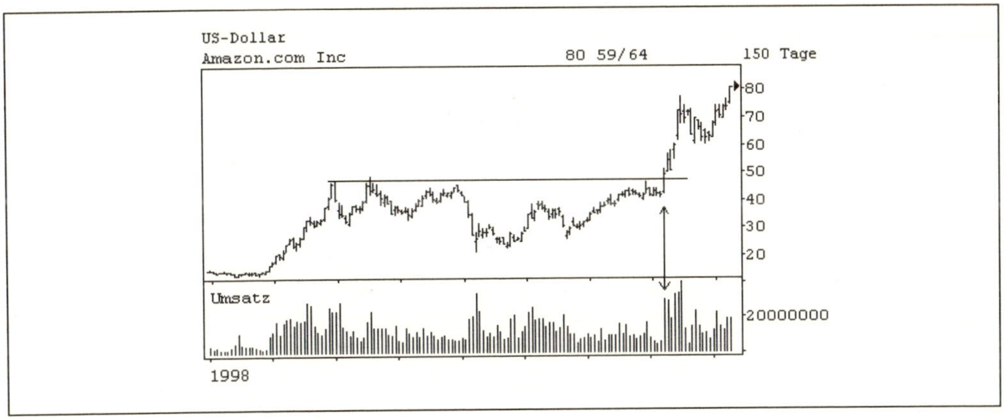

Abb. 4.5: Beispiel für einen Kursausbruch

Trendbestätigungsformationen

Eine Trendbestätigungsformation ist eine Konsolidierungszone, die anzeigt, dass der Trend eine Erholungspause einlegt. Nachdem Hausse- und Baissespekulanten ihre Positionen und Portfolios überprüft haben, setzt sich der bisherige Trend fort (siehe Kapitel 8).

Trendumkehrformationen

Eine Trendumkehrformation (siehe Kapitel 9) ist eine Konsolidierungszone, die anzeigt, dass sich der Trend ändert. Hausse- und Baissespekulanten überprüfen wiederum ihre Positionen, aber dieses Mal ändern sich die Bewertungen und es findet ein Rollentausch zwischen Hausse- und Baissespekulanten statt. Wie kann man eine Umkehr- von einer Bestätigungsformation unterscheiden? Antwort: Man untersucht dazu Form und Lage der Position im Rahmen des bisherigen Trends. Entscheidend ist jedoch die Frage, ob der Kurs letztlich nach oben oder unten ausbricht.

Gleitende Durchschnitte

Ein gleitender Durchschnitt (siehe Kapitel 7) ist der Durchschnittskurs einer Aktie in einem bestimmten Zeitraum. Auf dem Aktienmarkt wird ein 200-Tage-Durchschnitt zur Beschreibung eines langfristigen Trends verwendet. Er glättet die kurzfristigen Schwankungen. Zur Bestimmung des kurzfristigen Trends werden Durchschnitte der letzten 30 oder 90 Tage verwendet.

Der Begriff »gleitend« bezieht sich auf die Berechnung des Durchschnitts. Ein gleitender Durchschnitt über 200 Tage wird jeden Tag auf Basis des Tageskurses und des Kurses der 199 vorhergehenden Tage berechnet.

Momentum

Der Schwung (Momentum) auf Märkten kann mit dem Schwung in der Physik verglichen werden: Sich verändernde Märkte bleiben im Allgemeinen in Bewegung und ruhende Märkte verharren im Allgemeinen im Ruhezustand, wenn keine externe Kraft auf sie einwirkt. Momentum-Indikatoren messen die Geschwindigkeit und Kraft des Trends.

Das Prinzip des Momentum wird leicht verständlich, wenn man an einen Gummiball denkt, der in die Luft geworfen wird. Seine Steigungsgeschwindigkeit nimmt allmählich ab, selbst wenn er weiterhin steigt. Die Momentum-Kurve kann auch fallen, während die Kurse noch steigen, aber über kurz oder lang verliert der Markt genauso wie der Gummiball an Kraft und beginnt zu drehen.

Als Momentum-Indikatoren werden wir später den Index der relativen Stärke (RSI) und den Stochastik-Indikator behandeln (Kapitel 14, 30). In diesem Zusammenhang werden die Begriffe »overbought« (überkauft) und »oversold« (überverkauft) verwendet. Dies sind tatsächlich merkwürdige Begriffe, weil sie auszusagen scheinen, dass zu viel Aktien gekauft oder verkauft wurden. In Wirklichkeit sollen sie zum Ausdruck bringen, dass sich der Markt zu stark und zu schnell verändert hat. Eine Minderheit der Hausse- oder Baissespekulanten hat sich weit von der Mehrheit entfernt, daher kann der Trend nicht aufrechterhalten werden. Wie ein Gummiband, das zu stark gezogen wurde, schnappt der Markt zurück, bis Verhalten und Markteinschätzungen wieder übereinstimmen.

Divergenz

Eine Divergenz (Abweichung) liegt vor, wenn sich der Kurstrend und die Indikatoren in verschiedene Richtungen bewegen (siehe Kapitel 12). Je nach Ausprägung kann sie eine kommende Hausse oder Baisse anzeigen. Momentum und Börsenumsätze werden intensiv im Hinblick auf Divergenzen analysiert.

Teil II

Die Hauptelemente der Chartanalyse

5
Angebot und Nachfrage

Auf dem Markt herrschen Angebot und Nachfrage. Nehmen wir einmal an, ein neues, konkurrenzloses Produkt wird in einem Bericht ausführlich vorgestellt. Die Produktvorteile werden von bekannten Persönlichkeiten bestätigt. Bedeutet dies dann zwangsläufig, dass der Hersteller dieses Produktes mit ordentlichen Gewinnen rechnen kann?

Die Antwort lautet: Das kommt darauf an. Das Unternehmen kann nur Gewinne erzielen, wenn das Produkt auch verkauft wird. Wenn es zu dem Angebotspreis keine Nachfrage nach dem Produkt gibt, werden keine Umsätze erzielt.

Das Gleiche gilt für Finanzmärkte und Warenbörsen. Wenn der Kurs einer Aktie oder der Preis einer Ware zu hoch ist, gibt es keine Nachfrage und keine Käufer. Wenn der Kurs beziehungsweise Preis zu niedrig ist, ist die Nachfrage im Verhältnis zum Angebot zu groß.

Anhand dieses Beispiels können wir wieder einmal feststellen, dass ein Unternehmen nicht das Gleiche ist wie seine Aktie. Selbstverständlich stehen beide in einem engen Zusammenhang. Doch die Nachfrage nach der Aktie ist nicht identisch mit der Nachfrage nach den Produkten des Unternehmens. Der Aktienkurs steigt nur, wenn die Nachfrage größer als das Angebot ist.

Warum werden Unterstützungs- und Widerstandslinien durchbrochen?

Wenn die Unterstützungs- und Widerstandslinie auf Kursen beruhen, zu denen Hausse- und Baissespekulanten mit gleicher Aggressivität kaufen und verkaufen, muss etwas passieren, um die Markteinschätzung zumindest einer Seite zu ändern. Auf dem Aktienmarkt können sich einige Dinge ändern – das Unternehmen, der

Markt oder das Umfeld für Aktien. Entsprechende Nachrichten wirken sich nicht direkt auf die Kurse aus, vielmehr sind es die veränderten Einschätzungen der Hausse- und Baissespekulanten aufgrund dieser Nachrichten, die zu Kursänderungen führen.

Das Unternehmen

Unternehmensnachrichten können zum Beispiel ein neues Produkt, eine gerichtliche Auseinandersetzung, Personalveränderungen, finanzielle Probleme oder die Ausgabe junger Aktien ankündigen. Sind die Nachrichten gut oder schlecht? Sind es neue oder alte Nachrichten? Das hängt vom Betrachter ab.

Produzenten von Maschinen zur Herstellung von Vinyl-Langspielplatten konnte es nach Einführung der CD nicht mehr gut gehen. Informationsdienste mit Datenbanken litten, als das Internet aufkam.

Der Markt

Für den Markt gilt das alte Sprichwort: »Die Flut hebt alle Boote.« Wenn das »Boot« (das Unternehmen) kein Leck hat, steigt es in einer Hausse-Phase mit dem Markt. Ebenso fällt es mit dem Markt in einer Baisse-Phase, wenn es nicht eine außergewöhnliche Qualität aufweist.

Das Umfeld für Aktien

In manchen Branchen profitieren die Aktien von Zinsänderungen, während sich die gleichen Änderungen auf andere Aktien negativ auswirken. Einige Branchen profitieren von steigenden Ölpreisen, während bei anderen die Kosten explodieren. Kurzum, ein beliebiges Umfeld wirkt sich auf unterschiedliche Gruppen von Aktien verschieden aus.

Ein steigender Goldpreis schafft nur für Goldminenaktien Hausse-Bedingungen. Ein Crash auf dem Anleihemarkt treibt die Zinsen nach oben und trifft Unternehmen, die Finanzbedarf haben. Neue gesetzliche Vorschriften können die Gewinne begrenzen oder die Fremdkapitalabhängigkeit einiger Unternehmen erhöhen und dadurch Baisse-Bedingungen schaffen.

Zusammenfassung

»Warum springt der Markt also nicht sofort von einem Gleichgewichtspreis zum nächsten?« Die Antwort lautet, dass der Informationsfluss nicht perfekt ist und die Anleger daher zu unterschiedlichen Schlussfolgerungen kommen. Wenn sich die Masse einem Ausbruch oder Trend langsam anschließt, steigt oder fällt der Kurs, bis er ein Niveau erreicht, bei dem das Überangebot beziehungsweise der Nachfrageüberhang vollständig erschöpft ist. Dieser Kurs wird Unterstützungs- beziehungsweise Widerstandslinie genannt.

Subjektive Einschätzungen sind Realität

Wenn der Kurs zwischen der Unterstützungs- und Widerstandslinie pendelt, passen Käufer und Verkäufer ihr Verhalten an ihre Vorstellungen vom marktgerechten Kurs an. An der Unterstützungslinie ist die Nachfrage so weit gestiegen, dass sie dem Angebot entspricht. Umgekehrt ist die Nachfrage an der Widerstandslinie im Verhältnis zum Angebot so weit gesunken, dass sie dem Angebot entspricht. Diese Gleichgewichtspunkte sind bei jedem Kursniveau verschieden.

Genau wie bei Gerüchten und Werbung gilt: Je häufiger wir etwas hören, desto eher akzeptieren wir es. Je häufiger der Kurs die Unterstützungs- oder Widerstandslinie berührt, desto wichtiger ist dieses Kursniveau. Käufer und Verkäufer gewöhnen sich daran, bei einem bestimmten Preisniveau auf bestimmte Weise zu handeln. Wenn nichts geschieht, das die Bewertungen gegenüber einem Wertpapier ändert, wird der Kurs in dem Bereich zwischen Unterstützungs- und Widerstandslinie verharren.

Lassen Sie uns ein Beispiel auf dem Aktienmarkt betrachten. Die Widerstandslinie für die Aktie der Firma XYZ steht bei 50 Euro. Der Kurs schwankt einige Wochen um diese Schwelle, bis er schließlich steigt. Ob die neuen Käufer auf Gewinnmeldungen, die Inflation oder das Signal eines Handelssystems reagiert haben, spielt keine Rolle. Das Chart zeigt einen Ausbruch über die Widerstandslinie, der andeutet, dass die Aktie nun höher bewertet wird.

Häufig geschieht etwas Interessantes. Wenn der Kurs wieder auf 50 Euro fällt, dann werten Käufer, die den früheren Ausbruch verpasst hatten, dies als zweite Chance zum Einstieg. Der Kurs steigt wieder über 50 Euro, dies ist jetzt die neue Unterstützungslinie, weil sich die Bewertungen im Markt grundsätzlich geändert haben. Was einst als zu hoher Kurs betrachtet wurde, wird jetzt – bei neuem Gleichgewicht von Angebot und Nachfrage – als zu niedrig betrachtet.

Nehmen wir nun an, dass sich Angebot und Nachfrage bei einem Kurs von 55 Euro erneut ausgleichen. Jedes Mal, wenn der Kurs über 55 Euro steigt, werden Verkäufer aktiv, die ihre Chance verpasst haben, ihre Aktien beim früheren Erreichen dieses Kurses zu verkaufen. Sie befürchten, dass sie diesen Kurs nach dem nächsten

Kurseinbruch nicht mehr erleben. Bei einem Kurs von 50 Euro wiederum erkennen die Gierigen, dass sie einige billige Aktien kaufen können, bevor er weiter steigt.

Abbildung 5.1 ist ein gutes Beispiel. Die beiden hervorgehobenen Bereiche zeigen jeweils, wie die Kurse zweimal an einer Widerstandslinie abprallen. Der zweite misslungene Durchbruchsversuch ist auf Verkäufer zurückführen, die die erste Gelegenheit zum Verkauf verpasst hatten.

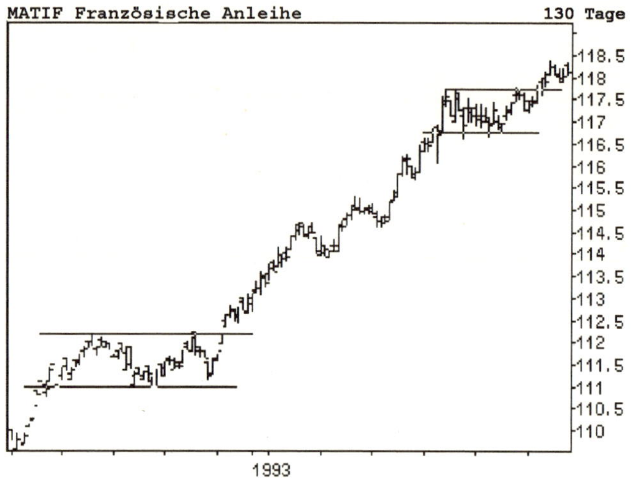

Abb. 5.1: Unterstützungs- und Widerstandslinien I

Unterstützungs- und Widerstandslinien können bei jedem Zeithorizont gefunden werden, also sowohl bei fortlaufender Kursnotierung als auch in Tages-, Wochen- oder Monatscharts. Die Werte 120, 126 und 135 des in Abbildung 5.2 dargestellten Wechselkurses bildeten fünf Jahre lang signifikante Marken. Wenn man größere Trends auf einem Markt analysiert und weit genug zurückgeht, erkennt man Kurse, die in der Vergangenheit wichtige Wendepunkte waren.

Nach seinem scharfen Einbruch im Juli 1992 stieg der DAX verschiedene Male und jedes Mal wurde er bei einem Kurs gestoppt, der einer Unterstützungslinie von 1991 entsprach (siehe Abbildung 5.3).

Unterstützungs- und Widerstandslinien sind in die Erinnerung der Marktteilnehmer eingeprägt. Je jünger sie sind, desto stärker beeinflussen sie den gegenwärtigen Markt. Hüten Sie sich davor, lange zurückliegenden Hochs und Tiefs zu viel Gewicht beizumessen.

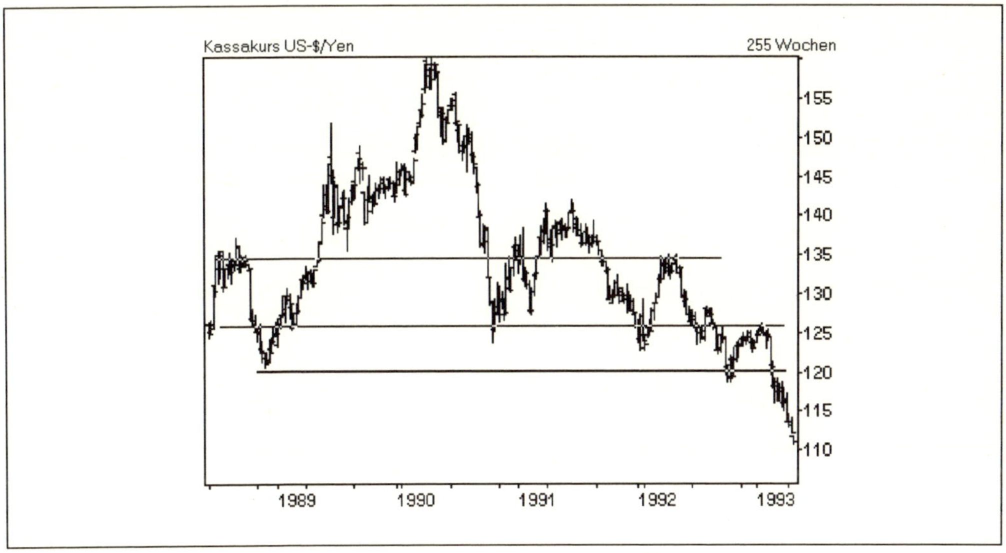

Abb. 5.2: Unterstützungs- und Widerstandslinien II

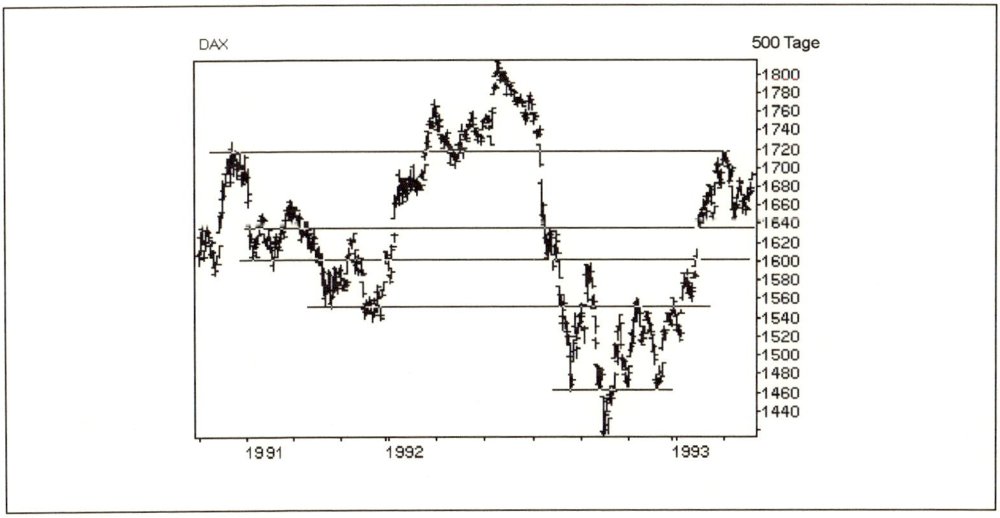

Abb. 5.3: Unterstützungs- und Widerstandslinien III

6
Folgen Sie dem Trend: Die Trendermittlung

Eine alte Börsenweisheit besagt: »Der Trend ist dein Freund.« Warum? Weil Trends sich im Allgemeinen fortsetzen, wenn sie nicht durch außergewöhnliche Ereignisse unterbrochen werden. Wenn Sie einen Trend in seiner Anfangsphase erkennen, können Sie als Kapitalanleger beträchtliche Gewinne erzielen, wenn Sie auf den Trend setzen.

Trendlinien

Wir haben gesehen, dass Unterstützungs- und Widerstandslinien horizontale Kurslinien sind, die die Kursbewegungen nach unten beziehungsweise nach oben begrenzen. Als Trendlinien bezeichnet man schräg verlaufende Unterstützungs- und Widerstandslinien. Normalerweise schwankt der Kurs innerhalb der Bandbreite zwischen Unterstützungs- und Widerstandslinie. Wenn der Kurs den Boden dieser Bandbreite erreicht, ist er niedrig genug, um die Baissespekulanten davon abzubringen, weiterhin aggressiv zu verkaufen. Für Haussespekulanten wiederum ist der Preis niedrig genug, um aggressiv in den Markt einzusteigen. Wenn die Haussespekulanten aggressiver als die Baissespekulanten agieren, steigt der Kurs über die Unterstützungslinie.

In einem Bullenmarkt mit steigenden Kursen treten die Hochs und Tiefs auf immer höherem Niveau auf. Eine steigende Unterstützungslinie kann durch zwei oder mehr dieser steigenden Tiefs gezogen werden, sie wird dann zur Unterstützungslinie für den Kursanstieg. Jedes Mal, wenn der Kurs bis zur Trendlinie fällt, werden die Baissespekulanten weniger aggressiv und die Haussespekulanten aggressiver.

Warum? Die Antwort lautet: Jedes Mal, wenn der Kurs zurückgeht, erhalten die Käufer, die es versäumt haben, früher zu niedrigerem Kurs zu kaufen, eine zweite Kaufchance. Da sie befürchten, die Gelegenheit zu verpassen, kaufen sie früher und der Kurs sinkt nicht auf das vorhergehende Tief. Der Kurs steigt über das alte Hoch, weil die Verkäufer glauben, dass sie einen höheren Kurs erzielen können, wenn sie lange genug abwarten.

Die Grundregel

Terminkontrakte für kanadische Dollars erreichten Ende 1991 ihren Höchststand (siehe Abbildung 6.1), und die Spitze des Balkens für jene Woche dient als Beginn der Trendlinie. Wenn der Kurs eines Wertpapiers sinkt, werden es früher oder später einige Marktteilnehmer als billig (unterbewertet) einstufen. Sie kaufen und veranlassen dadurch den Markt, zu etwas höherem Kurs zu handeln (Korrektur). Dieser dem Trend zuwiderlaufende Aufschwung versandet schließlich, da das allgemeine Bewertungsniveau gegenüber dem Papier immer noch sinkt. Die Baissespekulanten übernehmen wieder die Kontrolle und der Markt setzt seinen Niedergang fort. Die zuletzt eingestiegenen Käufer revidieren ihre Position, weil sie erkennen, dass sie Unrecht hatten, und tragen damit zum Verkaufsdruck bei.

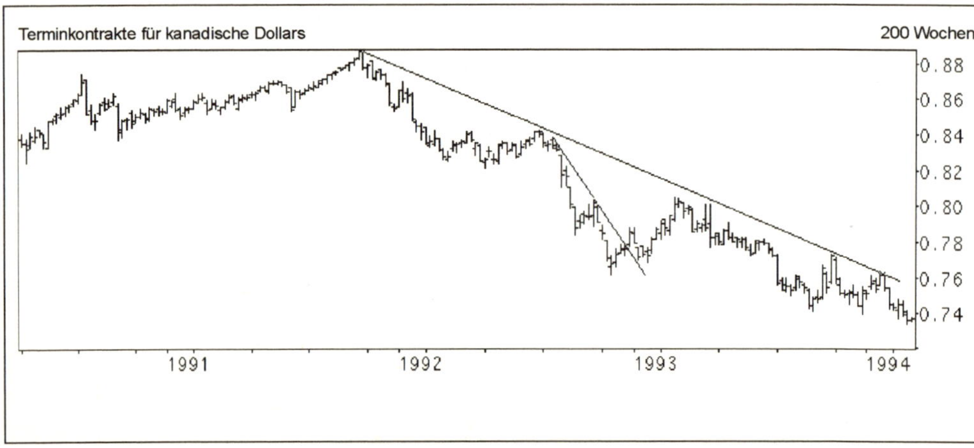

Abb. 6.1: Abwärtstrend mit Zwischenkorrekturen

Dies geschieht an einer Widerstandslinie. Da eine Abwärtstrendlinie eine Widerstandslinie ist, sollte die Trendlinie vom letzten Hoch der Aufwärtsbewegung, das in Abbildung 6.1 Ende 1991 auftrat, zum Hoch der Zwischenkorrektur Anfang August 1992 gezeichnet werden, als die Käufer erkannten, dass ihre Einschätzung hinsichtlich des weiteren Kursverlaufs falsch war. Die Trendlinie fällt von diesem Punkt weiter.

Wie man in Abbildung 6.1 sehen kann, bildet die Trendlinie eine Widerstandslinie gegen alle gegenläufigen Aufschwünge. Sie beschreibt, wo die Baissespekulanten als die aggressiveren Händler wieder die Kontrolle übernahmen.

Für Trendlinien gilt genau wie für Unterstützungs- und Widerstandslinien: Je häufiger der Kurs sie berührt, desto bedeutender werden sie. Je bedeutender die Trendlinie, desto signifikanter ist das Signal, das entsteht, wenn der Kurs sie durchbricht.

Wenn sich ein Trend herausgebildet hat, sollten Sie mit ihm handeln, nicht gegen ihn. Abbildung 6.1 zeigt beispielsweise eine fallende Trendlinie. Zu verkaufen, wenn der Kurs die obere Trendlinie berührt, wäre hier eine Strategie mit nur geringem Risiko. An einem Zwischentief zu kaufen wäre dagegen eine hoch riskante Strategie, weil Sie gegen den Markt kämpfen würden. Überlassen Sie das den professionellen Kapitalanlegern.

Der logarithmische Maßstab

Wenn man die langfristige Entwicklung einer Aktie analysiert, ist es üblich, den Trend und die Kursbilder auf verschiedenen Kurshöhen zu vergleichen. Wenn der Kurs sich nicht stark verändert hat, dann reicht ein normaler linearer Maßstab aus, bei dem jeder senkrechte Abstand die gleiche Kursänderung darstellt. Eurodollar-Terminkontrakte wurden beispielsweise im Zeitraum von 1984 bis 1994 in einer Bandbreite von sieben Punkten bei einem Durchschnittspreis von 93 gehandelt. Prozentual ist diese Bandbreite mit (7 ÷ 93 =) 7,5 Prozent ein sehr kleiner Prozentsatz des Durchschnittskurses.

Wenn sich der Kurs beziehungsweise Preis prozentual stark ändert, können Trendlinien subjektiv und die Analyse unzuverlässig sein. Ein logarithmischer Maßstab überwindet dieses Problem. Anstatt die Kurse auf der senkrechten Achse linear einzuzeichnen, werden sie so notiert, dass man die prozentuale Änderung erkennt. Der senkrechte Abstand bei einer Preisverdoppelung ist dann stets gleich, unabhängig davon, ob das Wertpapier von 5 auf 10 oder von 100 auf 200 gestiegen ist. Ein linearer Maßstab würde bei einer Veränderung von 5 auf 10 den gleichen senkrechten Abstand darstellen wie bei einer Änderung von 100 auf 105.

Die Abbildungen 6.2 und 6.3 zeigen die Kursentwicklung von Microsoft in linearem und logarithmischem Maßstab. Beachten Sie, dass die Kursachsen der Abbildungen 6.2 und 6.3 sehr verschieden sind. Beide beginnen ungefähr bei 1,5 im Jahr 1986 und enden bei 54 im Jahr 1994. Für das Jahr 1987, als der Kurs von 2 auf 4 stieg, zeigt der lineare Maßstab auf der linken Seite jedoch nur eine sehr kleine Veränderung, während der logarithmische Maßstab auf der rechten Seite eine große Veränderung zeigt.

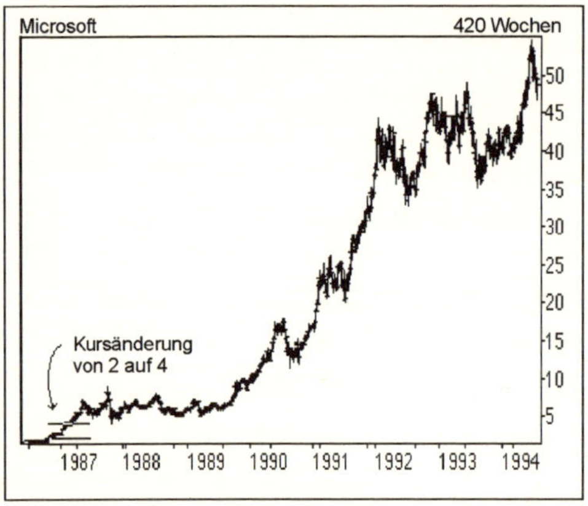

Abb. 6.2: Linearer Maßstab

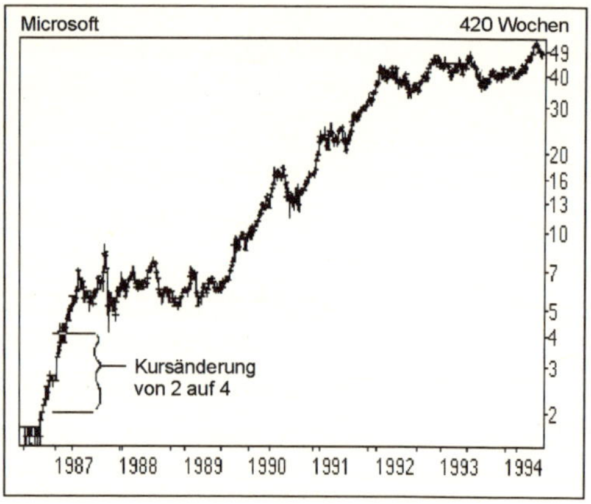

Abb. 6.3: Logarithmischer Maßstab

Bei logarithmischem Maßstab ist der senkrechte Abstand für die Kurssteigerung von 2 auf 4 der gleiche wie für die Kurssteigerung von 20 auf 40. Dadurch sind bei jedem Kursniveau aussagefähige Vergleiche möglich. Die Verwendung eines logarithmischen Maßstabs ermöglicht auch, einen Trend besser zu analysieren. So zeigt sich die Konsolidierungszone von 1988 bis 1989 im logarithmischen Maßstab viel deutlicher als Dreieck. Bei linearem Maßstab erscheint der Zeitraum von 1992 bis 1993 als Phase hoher Volatilität, während der logarithmische Maßstab deutlich zeigt, dass die Volatilität nicht höher ist als während des gesamten 9-Jahres-Zeitraums.

Die Ermittlung des Trends

In den Abbildungen 6.4 und 6.5 wird die Entwicklung des Hang-Seng-Index der Hongkonger Börse in linearem und logarithmischem Maßstab dargestellt. Wenn man in der Abbildung mit dem linearen Maßstab eine Trendlinie zieht, die am Beginn des langen Kursanstiegs ansetzt, dann entfernen sich die Kurse immer mehr von der Trendlinie. Diese Beschleunigung des Kursanstiegs deutet fälschlicherweise an, dass sich der Kurs zu stark und zu schnell verändert und daher mit einer baldigen Korrektur zu rechnen ist. Anfang 1992, nach einem Jahr aggressiver Haussespekulation, beschleunigte sich der Kursanstieg in dieser Darstellung noch. 1993 erhielt der Kurs einen weiteren Schub und entfernte sich von der neuen, steileren Trendlinie. Jeder nervöse Kapitalanleger, der auf diese scheinbar überzogene Kurssteigerung mit einem Verkauf seiner Aktien reagiert hätte, hätte beträchtliche Verluste erlitten.

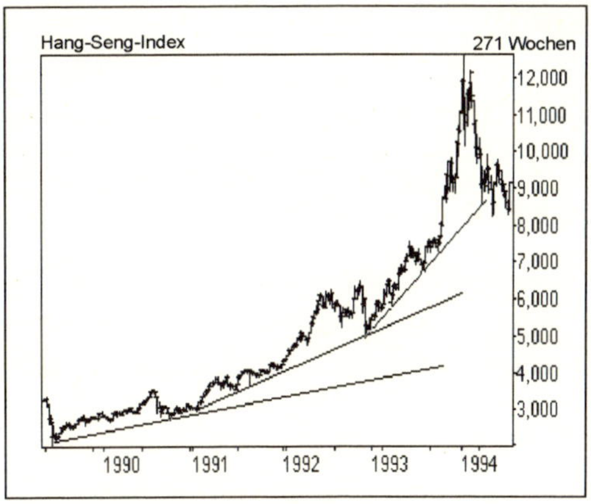

Abb. 6.4: Linearer Maßstab

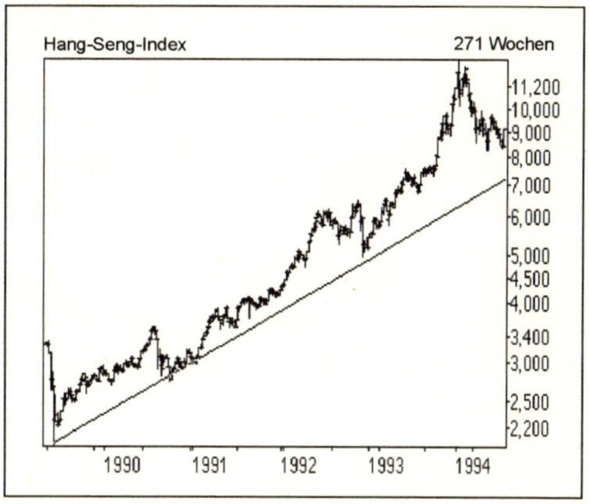

Abb. 6.5: Logarithmischer Maßstab

Ein Kapitalanleger, der den logarithmischen Maßstab in Abbildung 6.5 verwendet, hätte erkennen können, dass der langfristige Trend der Kursentwicklung in Wirklichkeit stabil war, und dies hätte zu einer zutreffenderen Analyse geführt. Während der sehr starke Kurseinbruch im Jahre 1994 in der linearen Darstellung von extremer Volatilität begleitet zu sein schien, hatte er tatsächlich ein geringeres Ausmaß als der Kurseinbruch von Anfang 1990, der prozentual noch stärker ausfiel. Der lineare Maßstab unterschlägt diese Information.

Schlussfolgerungen

Der logarithmische Maßstab wird manchmal treffend als Kennzahlen-Maßstab bezeichnet. Anstatt absoluter Kurse oder Preise stellt er Kurs- beziehungsweise Preisänderungen dar. Nehmen wir an, ein Betrag von zwei Millionen Euro wird zu gleichen Teilen in zwei Aktien investiert, die zum Kurs von 10 Euro beziehungsweise 100 Euro gekauft werden. Beide Kurse steigen um 90 Euro, sodass die erste Aktie nun einen Kurs von 100 Euro und die zweite Aktie einen Kurs von 190 Euro aufweist. Der Börsenkurswert der ersten Aktie ist dabei um das Zehnfache (+ 900 %) auf 10 Millionen Euro gestiegen, während sich der Börsenkurswert der zweiten Aktie nur um das 1,9fache (+ 90 %) auf 1,9 Millionen Euro erhöht hat. Mit anderen Worten, mit der ersten Aktie wurden signifikant höhere Gewinne erzielt, und das Chart sollte das widerspiegeln. Ein logarithmischer Maßstab stellt das prozentuale Ausmaß von Kursänderungen deutlicher dar als ein linearer Maßstab.

Fächerlinien

Wenn man versucht, einen Trend zu ermitteln, stellt man häufig fest, dass der Kurs eine scheinbare Trendlinie schnell durchbricht und einen flacheren Trend ausbildet. Dies kann sich unter Umständen mehrere Male wiederholen, bis sich schließlich ein klarer Trend gebildet hat.

Wenn mehrere Trendlinien vom gleichen Ursprung ausgehen, werden sie als Fächerlinien oder Trendreduktionslinien bezeichnet (siehe Abbildung 6.6). Die letzte Bezeichnung deutet an, dass der erste steile Trend sich abflacht und in einen nachhaltigeren Trend verwandelt.

Dies kann häufig nach einem Ausbruch beobachtet werden, wenn die Euphorie allmählich einer nachhaltigeren Kursentwicklung weicht. Das gleiche Konzept der Fächerlinien kann auf das Ende des Trends angewendet werden. Zu diesem Zeitpunkt ist die Euphorie verflogen und die Marktbeurteilung schwingt langsam in die andere Richtung.

US-Anleihen zeigten 1995 überwiegend einen Aufwärtstrend (siehe Abbildung 6.6). Ein steiler Trend wurde im Juni unterbrochen, aber der Kurs stieg in einem flacheren Winkel weiter an und berührte im gleichen Monat die erste Trendlinie. Da Unterstützungslinien häufig zu Widerstandslinien werden, wenn sie durchbrochen wurden, fiel der Kurs danach wieder. Dieses Szenario wiederholte sich im Juli, bis der Kurs schließlich unter die dritte Trendlinie fiel.

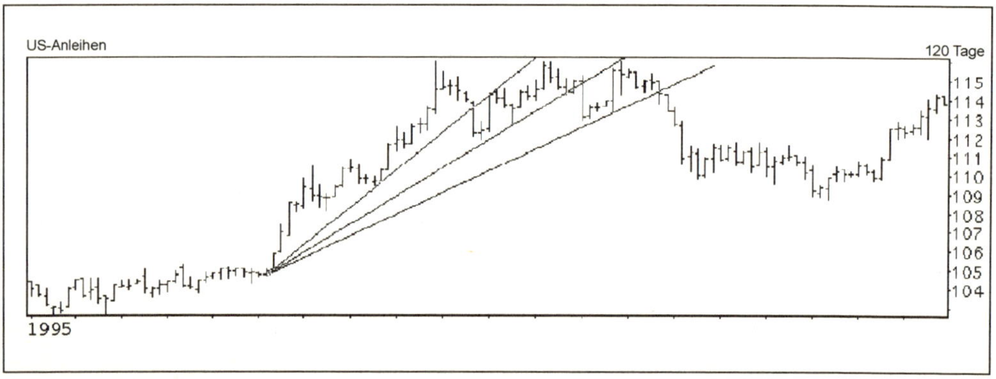

Abb. 6.6: Fächerlinien als Trendreduktionslinien

Die Tatsache, dass nach Durchbruch der dritten Trendlinie eine Trendumkehr erfolgte, ist ein gutes Beispiel für die Bedeutung der Zahl Drei in der technischen Analyse. Fächerlinien bieten Kapitalanlegern, die die erste Gelegenheit zum Kauf oder Verkauf verpasst haben, eine zweite und schließlich eine dritte Chance zum Handeln, da der Kurs wieder auf die Höhe der früheren Trendlinie steigt. Fächerlinien werden als Konsolidierungszonen bezeichnet, da sich Käufer und Verkäufer positionieren. Können Sie in Abbildung 6.6 ein Dreieck erkennen?

Der Test des Trends

Die wirkliche Nagelprobe, die zeigt, ob eine Fächerlinienformation tatsächlich eine Trendumkehr bedeutet, tritt ein, wenn die dritte Trendlinie berührt wird. Wenn diese den Kurs erfolgreich unterstützt oder eine Widerstandslinie bildet, dann ist der ursprüngliche Trend noch intakt.

Der Aktienindex S&P 500 zeigte zu Beginn des Aufschwungs im Jahr 1984 solch einen Verlauf (siehe Abbildung 6.7). Es bildeten sich die klassischen Fächerlinien, aber die dritte Trendlinie hielt. Sie erwies sich als Unterstützungslinie für den Kursaufschwung der nächsten zwölf Monate.

Als Anleger sollten Sie keine Börsengeschäfte tätigen, bevor Sie nicht den endgültigen Trendverlauf kennen. Fächerlinien warnen vor einer möglichen Trendumkehr und geben ein klares Signal, wenn gehandelt werden muss.

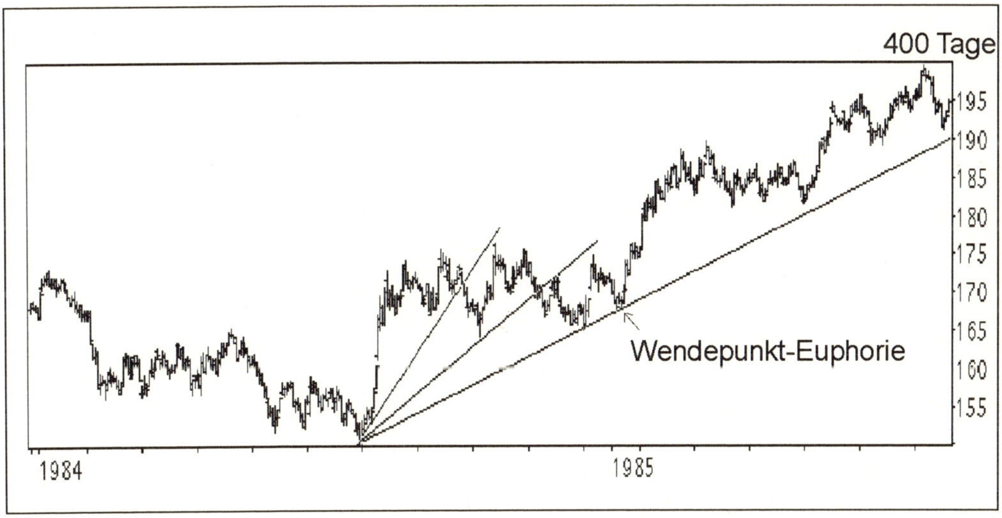

Abb. 6.7: Fächerlinien als Trendreduktionslinien

7
Den Wald und die Bäume sehen: Gleitende Durchschnitte

Die technische Analyse bietet so viele Instrumente, dass man sich leicht verzetteln kann. Um einfache Chartformationen zu erkennen, sind keine großen Datenmengen erforderlich. Die Fülle von Tagesdaten kann verwirren und zu viele Indikatoren können den Trend verdecken, den sie eigentlich ermitteln sollen. Vielmehr ist es erstrebenswert, die Analyse möglichst einfach zu halten, damit die Marktsituation dem Betrachter direkt ins Auge springt.

Weniger ist mehr

Manchmal erschweren die auf einem Chart dargestellten Daten die Analyse. Die Schwankungen, die sogar auf langfristigen Charts zu sehen sind, verdecken den Trend, den der Analyst finden will. Die Auswahl der geeigneten Kursnotierung (zum Beispiel Monats- oder Wochenkurse statt Tageskurse) und die Berechnung gleitender Durchschnitte können als Filter wirken, um den »Wald« sehen zu können, während Sie sich Ihren Weg »durch die Bäume «bahnen.

Liniencharts

Häufig werden für die technische Analyse Balkencharts verwendet (siehe Abbildung 7.1), die pro Handelstag den Eröffnungs-, Höchst, Tiefst- und Schlusskurs ausweisen. Kursbewegungen im Tagesverlauf sind jedoch oft nur reflexartige Reaktionen auf Nachrichten oder Marktverhältnisse und können ignoriert werden, weil sie für den tatsächlichen Trend nicht illustrativ sind. Wenn nur der Schlusskurs dargestellt wird, was in einem Linienchart der Fall ist (siehe Abbildung 7.2), wird das Chart übersichtlicher und Chartformationen sind leichter zu erkennen.

Die Abbildungen 7.1 und 7.2 zeigen die Entwicklung des NASDAQ-Composite-Index von April 1995 bis Dezember 1996 als Balkenchart sowie als Linienchart. Liniencharts weisen eine durchgehende Linie auf, die das Erkennen von Trends erleichtert. Auf dem Balkenchart ist im Zeitraum von August 1995 bis Januar 1996 ein Dreieck als Chartformation zu erkennen. Im Linienchart ist die entsprechende Chartformation ein Rechteck. Um Ihnen den Vergleich beider Darstellungen zu erleichtern, haben wir den Boden des Dreiecks aus dem Balkenchart in das Linienchart eingezeichnet.

Wichtiger als die Form der Chartformation sind die Ausmaße der beiden Zwischenkorrekturen. Bei der Prognose der Kursentwicklung wird die Tiefe (Höhe) dieser Gegenbewegung häufig dazu benutzt, um erste und zweite Kursziele nach einem Ausbruch zu ermitteln. Dies erscheint insofern als zweckmäßig, weil Kapitalanleger dazu neigen, in Bandbreiten zu denken und diese Betrachtungsweise auf das nächste Kursniveau zu übertragen.

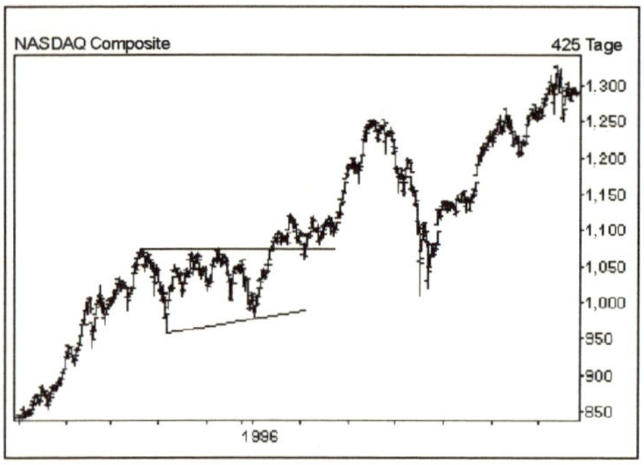

Abb. 7.1: Balkenchart

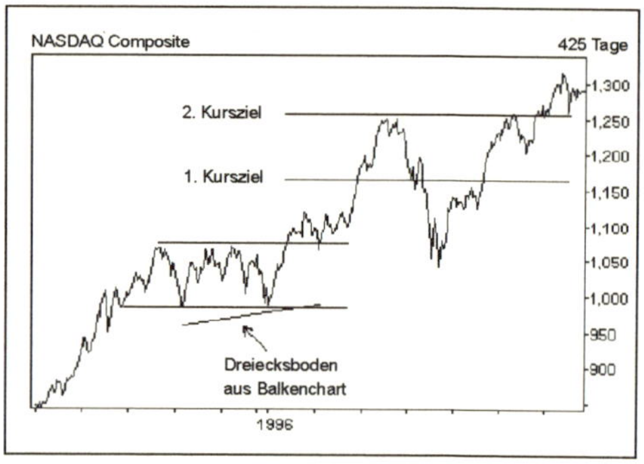

Abb. 7.2: Linienchart

Natürlich handelt es sich hierbei um eine nachträgliche Betrachtung. Konnte man damals wissen, dass ein Linienchart die geeignete Darstellungsform für diese Analyse war? Die Antwort auf diese Frage liefert eine Betrachtung des großen Kurseinbruchs vom 10. Oktober 1995. Im Tagesverlauf brach der Kurs regelrecht ein. Wenn der Markt solche großen Schwankungen zeigt, ist der Auslöser meist ein panikartiges Hinausschießen über das eigentliche Kursziel. Ein Linienchart ignoriert dies und hätte hier daher unbedingt verwendet werden müssen, weil es nur den Schlusskurs berücksichtigt, in dem sich alle Nachrichten und Aktivitäten des Handelstages niedergeschlagen haben.

Unterschiedliche Betrachtungszeiträume

Wenn in der technischen Analyse nur die Zeiträume analysiert werden, die dem Anlagehorizont des Kapitalanlegers entsprechen, kann dies manchmal dazu führen, dass eine Trendänderung nicht erkannt wird. Ein Balkenchart mit Tageskursen für neun Monate könnte zum Beispiel einen starken Aufwärtstrend zeigen, während ein Chart über einen Zeitraum von zwei Jahren vielleicht nur eine große Seitwärtsbewegung zeigt. Sollte man nicht wissen, ob sich die gegenwärtige Kurssteigerung auf dem Boden des Trendkanals vollzieht, gegen die obere Trendkanallinie stößt oder den Trendkanal sogar verlässt? Für Sie als Anleger ist es ungemein hilfreich zu erfahren, ob Ihre kurzfristige Anlagestrategie der langfristigen Kursentwicklung entspricht.

Sie sollten regelmäßig in Ihrer Analyse innehalten, um eine Sicherheitsüberprüfung durchzuführen. Erscheint Ihre Anlagestrategie im Gesamtzusammenhang erfolgversprechend? Falls nicht, müssen Sie die Kursentwicklung genauer beobachten und bereit sein, blitzschnell zu reagieren.

Gleitende Durchschnitte

Obwohl Aktienkurse und Rohstoffpreise Trends folgen, können sie ziemlich stark schwanken. Der langfristige Trend an den Aktienbörsen in den letzten zehn Jahren war zum Beispiel aufwärts gerichtet, aber mittel- und kurzfristige Trends wie zum Beispiel der Börsencrash im Oktober 1987 verliefen in entgegengesetzter Richtung. Um diese Volatilität zu glätten, werden gleitende Durchschnitte verwendet. Häufig können sie Trendlinien ersetzen.

Einfache gleitende Durchschnitte

Es gibt verschiedene Arten von gleitenden Durchschnitten. Der einfachste ist der, der die Kurse beziehungsweise Preise in dem vom Anwender definierten Zeitraum addiert und durch die Anzahl der gemessenen Werte dividiert. Ein 10-Tage-Durchschnitt ist einfach der durchschnittliche Schlusskurs der letzten zehn Tage. Jeder folgende Tag wird auf Basis der jeweils letzten zehn Tage neu berechnet. Auf diese Weise »gleitet« der Durchschnitt. Die Anzahl der zu verwendenden Perioden hängt von dem analysierten Wert ab. Bei Aktien orientiert man sich zum Beispiel oft am vierjährigen Börsenzyklus, bei Rohstoffen zumeist an saisonal bedingten Zykluslängen.

Die Linie der gleitenden Durchschnitte wird in das Kurschart eingezeichnet, und Überlappungen beziehungsweise Schnittpunkte zwischen beiden Linien werden eingehend analysiert. Steigende Kurse liegen in der Regel über dem gleitenden

Durchschnitt. Dies kann insofern erwartet werden, als der Durchschnitt Daten der vorhergehenden Tage mit niedrigeren Kursen enthält. Solange der Kurs über dem Durchschnitt bleibt, ist der Markt als stark zu bezeichnen. Die Käufer sind bereit, für die Aktie oder den Rohstoff mehr zu bezahlen, da der Markt sie ständig höher bewertet.

Wenn der Kurs die gleitende Durchschnittslinie nach unten schneidet, bedeutet das, dass der Markt – zumindest vorübergehend – keine Kurssteigerungen mehr erwartet. Je mehr Marktteilnehmer diese Auffassung teilen, desto stärker ist das Signal. Sie sollten in diesem Zusammenhang berücksichtigen, dass die Bewertung am Markt darauf beruht, was nach Auffassung der Marktteilnehmer in der Zukunft geschieht. Wenn erwartet wird, dass die Kurse steigen, kaufen die Käufer jetzt zu niedrigerem Kurs, was wiederum die Nachfrage erhöht. Steigende Nachfrage bedeutet höhere Kurse, und der Aufschwung wird aufrechterhalten.

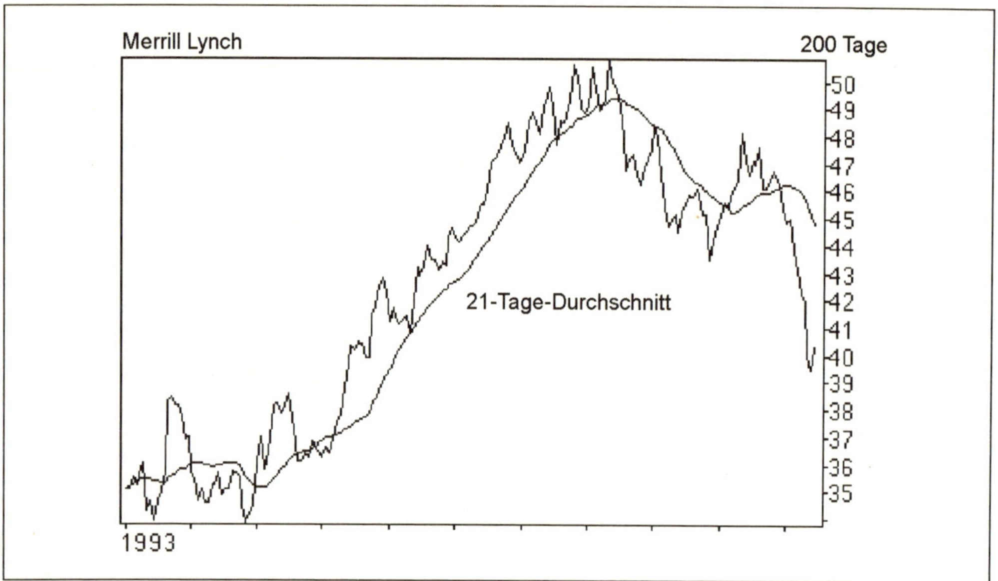

Abb. 7.3: Kursentwicklung und 21-Tage-Durchschnitt

In Abbildung 7.3 ist die Kursentwicklung von Merrill Lynch dargestellt. Der verwendete 21-Tage-Durchschnitt ist typisch für große amerikanische Aktien. Er fungierte Mitte 1993 als Unterstützungslinie für den Aufschwung. Da ein Durchschnitt die Volatilität glättet, dient er als Näherungswert für den Trend. Als der Kurs Anfang Oktober unter den Durchschnitt fiel, war dies ein Warnhinweis auf die Trendumkehr. Zur Mitte desselben Monats, als der gleitende Durchschnitt selbst nach unten drehte, wurde das Warnsignal bestätigt. Beachten Sie, dass der Kurs die Durchschnittslinie mehrfach schnitt, ohne dass der Trend sich umkehrte. Keines dieser falschen Signale wurde durch andere Indikatoren wie zum Beispiel den Index der relativen Stärke (RSI) oder die Börsenumsätze bestätigt.

Gewichtete und exponentiell geglättete Durchschnitte

Gleitende Durchschnitte sind Spätindikatoren, weil sie die Veränderung des Trends erst anzeigen, wenn diese bereits erfolgt ist. Dies hat zwar den Vorteil, die Volatilität zu vermindern und das Risiko zu reduzieren, ein schlechtes Geschäft abzuschließen. Nachteilig ist aber, dass Hochs und Tiefs nicht rechtzeitig erkannt werden.

Um den Verzögerungseffekt des einfachen Durchschnitts zu reduzieren, können neuere Daten stärker als ältere Daten gewichtet werden. Ein gewichteter 10-Tage-Durchschnitt weist dem ersten Tag ein Gewicht von 1, dem zweiten Tag ein Gewicht von 2 zu und so weiter, bis zum letzten Tag, der ein Gewicht von 10 erhält. Die zehn gewichteten Werte werden addiert und die Summe durch die Summe der Gewichte dividiert, die in diesem Fall 55 beträgt.

Exponentiell geglättete Durchschnitte sind ebenfalls gewichtete Durchschnitte, die neuere Daten stärker gewichten. Der Unterschied besteht in der Methode der Gewichtung. Es ist nicht entscheidend, die Details der Formel zu kennen, daher hier nur so viel: Ein gewichteter Durchschnitt stellt eine arithmetische Gewichtung dar, ein exponentiell geglätteter Durchschnitt dagegen eine geometrische Gewichtung. Das bedeutet, dass er schneller als andere Durchschnitte auf Kursänderungen reagiert.

Handelsbänder

Manche Märkte reagieren in einer Hausse anders als in einer Baisse. Für diese ist es zweckmäßig, die gleitenden Durchschnitte anstatt auf Grundlage der Schlusskurse sowohl auf Basis der Höchstkurse als auch der Tiefstkurse zu berechnen. Um zum Beispiel eine neue Hausse zu bestätigen, könnte der Analyst verlangen, dass die Kurse über den gleitenden Durchschnitt auf Basis der Höchstkurse steigen. Dies schafft einen zusätzlichen Filter gegen Volatilität, ohne dass man längere Durchschnittszeiträume verwenden müsste, die weniger empfindlich sind.

Aus den beiden Durchschnittslinien ergibt sich ein Band gleitender Durchschnitte (siehe Abbildung 7.4). Eine Haussetendenz wird angezeigt, wenn der Kurs den höheren Durchschnitt nach oben schneidet. Umgekehrt signalisiert ein Durchschneiden der unteren Durchschnittslinie einen drohenden Kurseinbruch. Im März 1993 wurden Unterschreitungen des oberen Durchschnitts nicht durch Unterschreiten des unteren Durchschnitts bestätigt. Das Band gab kein Verkaufssignal; daher blieben Kapitalanleger, die sich nach diesem Indikator richteten, im Markt und konnten von dem folgenden Aufschwung profitieren.

Eine andere Möglichkeit zur Konstruktion von Bändern besteht darin, den gleitenden Durchschnitt auf Basis der Schlusskurse zu berechnen und dann einen bestimmten Prozentsatz des Durchschnittswertes zu addieren und zu subtrahieren. Bei dem in Abbildung 7.5 dargestellten Beispiel beträgt das Band 2,5 Prozent oberhalb und unterhalb eines 14-Tage-Durchschnitts. Der ausgewählte Durchschnitt stellt ei-

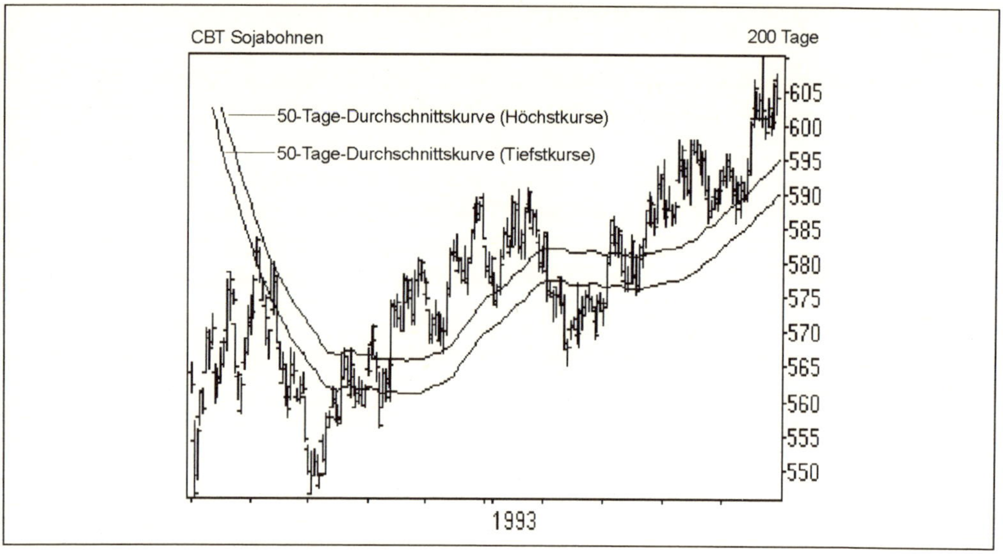

Abb. 7.4: Band gleitender Durchschnitte

nen guten Näherungswert für den kurzfristigen Trend des Rohölpreises dar und die Bandbreite von 2,5 Prozent wird häufig verwendet. Durch Festlegung der Band-Parameter kann der Analyst erkennen, ob die Situation »overbought« (überkauft) oder »oversold« (überverkauft) ist, was der Fall ist, wenn der Preis oder Kurs außerhalb des Bandes liegt. Durch Verringerung der Bandbreite kann die Analyse sensibler gemacht werden.

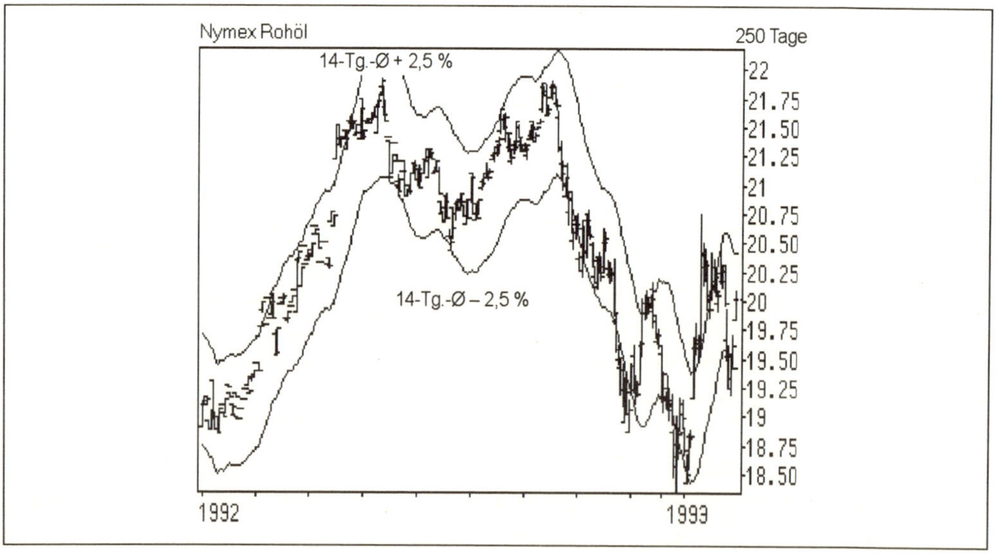

Abb. 7.5: Band gleitender Durchschnitte

8
Wenn der Markt Ruhe braucht: Chartformationen zur Trendbestätigung

Die Kursentwicklung kann nach oben oder unten tendieren, aber sie kann auch durch einen Seitwärtstrend gekennzeichnet sein. Dieses Szenario tritt ein, wenn sich ein allgemein akzeptierter Wert für einen Titel etabliert hat. In diesem Fall werden sowohl Hausse- als auch Baissespekulanten den Wunsch verlieren, aggressiv zu kaufen oder zu verkaufen, und stattdessen auf den nächsten Hinweis des Marktes warten. In diesem Kapitel wird beschrieben, wie man diese Hinweise des Marktes in einem Chart erkennt.

Märkte, die einem Trend folgen, müssen genau wie Autos gelegentlich rasten, um neuen Treibstoff zu tanken. Diese Ruhepausen werden Konsolidierungszonen genannt. Bei diesen Kursniveaus nehmen die Hausse- und Baissespekulanten ihre Gewinne mit oder stellen ihre Verluste glatt und überprüfen ihre Anlagestrategie.

Die meisten Chartformationen bilden sich, wenn der Kurs sich über mehrere Perioden (Minuten, Stunden, Tage) in der gleichen Bandbreite bewegt. Dieser Bereich wird Konsolidierungs- oder Stauzone genannt.

Die Form der Konsolidierungszone gibt Hinweise darauf, wohin sich der Kurs entwickelt, das heißt, ob es zu einer Fortsetzung oder zu einer Umkehr des Trends kommt.

Wenn der Anwender der technischen Analyse eine bestimmte Chartformation erkannt hat, wartet er auf die Bestätigung der Formation durch einen entsprechenden Ausbruch des Kurses aus der Konsolidierungszone, begleitet durch weitere Signale, etwa durch den Index der relativen Stärke (RSI).

Viele dieser Formationen werden als Trendbestätigungsformationen bezeichnet. Sie deuten auf eine wahrscheinliche Fortsetzung des bisherigen Trends nach Abschluss der Formation hin. Diese Chartformationen können Sie ohne Verwendung besonderer Messinstrumente leicht erkennen.

Rechtecke

Ein Rechteck (auch Handelsbereich genannt) beschreibt die Kursbandbreite durch eine untere Unterstützungslinie und eine obere Widerstandslinie. Der Kurs schwankt über mehrere Perioden zwischen diesen beiden Linien.

Abbildung 8.1 zeigt die Kursentwicklung einer Anleihe Ende September 1993. Der Kurs setzte am 24. September zu einer kurzfristigen Aufwärtsbewegung an und begann am 28. September, die Kursgewinne in einem Rechteck zu konsolidieren. Nachdem der Kurs der Anleihe den ganzen Tag in einer Bandbreite von weniger als 20 Punkten geschwankt hatte, brach er am nächsten Tag nach oben aus.

Ein derartiges Rechteck kann auch in längeren Perioden beobachtet werden, wie in Abbildung 8.2 ersichtlich. Hier fiel der US-Dollar ab Mitte 1989, bis er ein Rechteck erreichte. Der letzte Versuch einer Kurssteigerung innerhalb des Rechtecks scheiterte, weil er die Widerstandslinie des Rechtecks nicht erreichte. Dies ist ein Zeichen von Schwäche und ein Hinweis, dass sich der Abwärtstrend fortsetzen wird.

Als Anleger sollte man stets den Abschluss dieser Formation abwarten. Der Markt muss zunächst beweisen, dass das Rechteck tatsächlich ein Trendbestätigungsmuster darstellt, und er tut dies, indem der Ausbruch in Richtung des bisherigen Trends erfolgt. Rechtecke und die anderen nachfolgend beschriebenen Chartformationen enden in der Regel mit einem Ausbruch in Richtung des ursprünglichen Trends – *aber nicht immer.*

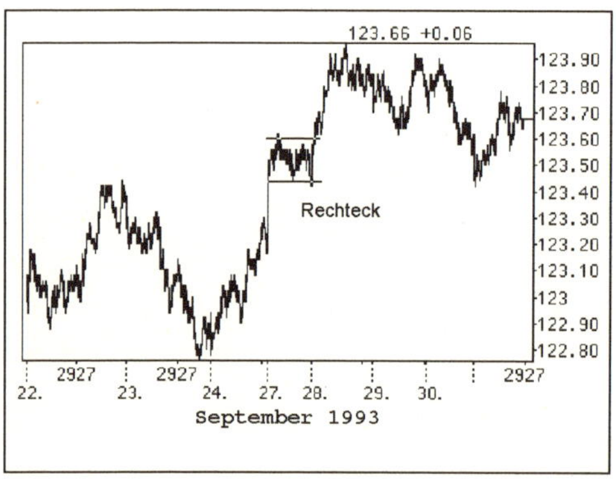

Abb. 8.1: MATIF-Anleihe der Stadt Paris

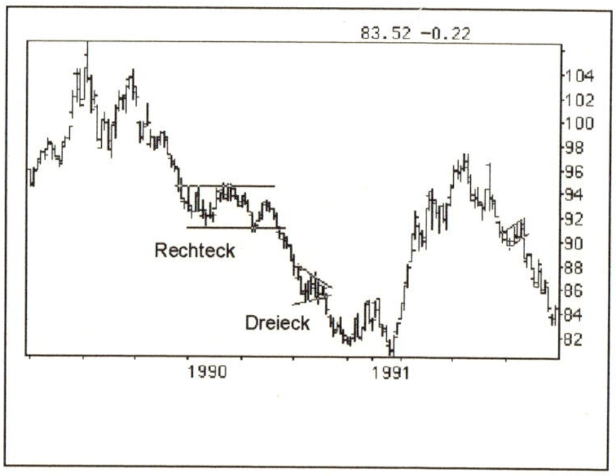

Abb. 8.2: US-Dollar

Dreiecke

Dreiecke zählen ebenfalls zu den Trendbestätigungsformationen. Sie sind durch konvergierende Unterstützungs- und Widerstandslinien gekennzeichnet. Dabei wird die Kursbandbreite immer geringer, bis der Kurs mit großer Kraft ausbricht. Hier geschieht Folgendes: Aufgrund zunehmender Unsicherheit über die weitere Kursentwicklung werden Hausse- und Baissespekulanten immer nervöser. Daher kaufen und verkaufen sie früher, folglich zeigt der Kurs kleinere Ausschläge. Die Unsicherheit nimmt zu und die Spannung wächst, da alle Marktteilnehmer auf neue Hinweise in Bezug auf die weitere Kursentwicklung warten. Wenn der Kurs schließlich ausbricht, wird aufgestautes Angebot oder aufgestaute Nachfrage freigesetzt und der Kurs springt nach oben oder unten.

Der Ausbruch geschieht wiederum in der Regel – aber nicht immer – in der Richtung des ursprünglichen Trends. Das fallende Dreieck in Abbildung 8.2 weist auf einen starken Ausbruch nach unten hin.

Es gibt verschiedene Formen von Dreiecken als Chartformation. Das Dreieck in Abbildung 8.3 weist eine aufsteigende Form auf. Es hat eine relativ flache obere Widerstandslinie und eine steilere untere Unterstützungslinie. Im Gegensatz dazu ist ein absteigendes Dreieck (siehe Abbildung 8.4) durch eine relativ flache untere Unterstützungslinie und eine fallende obere Widerstandslinie gekennzeichnet. Beide Dreiecksformen zeigen in Richtung des wahrscheinlichen Ausbruchs.

Ein Ausbruch aus einem Dreieck ist signifikant, wenn er nach ungefähr zwei Drittel des Abstands von der linken Seite des Dreiecks bis zum Schnittpunkt der beiden Linien geschieht. Wenn der Kurs in der Nähe des Schnittpunktes schwankt, ist ein Ausbruch weniger aussagekräftig, und zur Signalbestätigung sollten andere Indikatoren herangezogen werden.

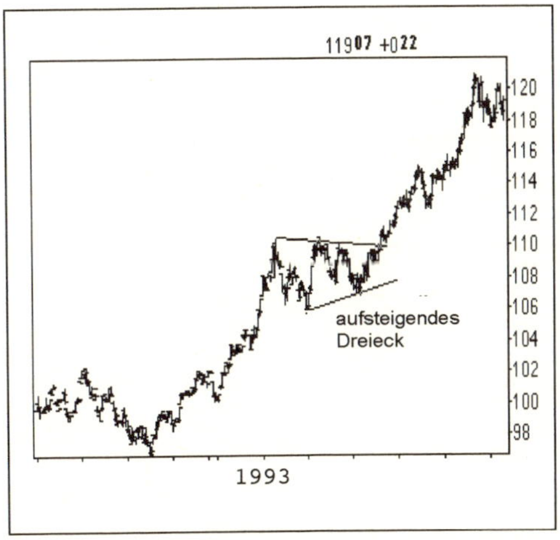

Abb. 8.3: US-Schatzanweisungen (Terminkontrakt per Dezember 1993)

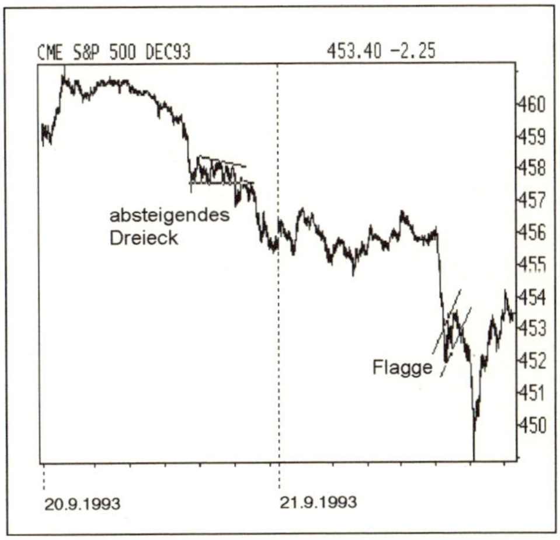

Abb. 8.4: S&P 500 (Terminkontrakt per Dezember 1993)

Flaggen

Die am häufigsten auftretende Trendbestätigungsformation wird »Flagge« genannt, weil sie einer Flagge gleicht, die auf einem Flaggenmast weht. In einem Aufwärtstrend stellt diese Formation eine kurzfristige Gegenbewegung dar, die entsteht, weil einige Haussespekulanten Gewinne mitnehmen. Wenn dies vorüber ist, bricht der Kurs im Allgemeinen in Richtung des ursprünglichen Trends aus, da die Haussespekulanten wieder kaufen und bei den nun attraktiveren Kursen neue Haussespekulanten auftreten.

Der S&P-500-Future brach am 21. September 1993 aufgrund von Nachrichten über politische Unruhen in Russland stark ein (Abbildung 8.4). Der Kurseinbruch wurde gebremst, da einige Baissespekulanten Gewinne mitnahmen und einige Haussespekulanten zu dem niedrigen Kurs kauften, weil der Kurs ihrer Meinung nach weit genug gefallen war. Nach dieser Korrektur brach der Kurs schließlich nach unten aus der Flagge aus und fiel weiter. Im Börsencrash 1987 entwickelte sich der Dow-Jones-Index in ähnlicher Weise.

Tassen mit Henkel

Häufig wird eine Chartformation durch andere Indikatoren bestätigt. Selbstverständlich steigt damit ihre Aussagefähigkeit. Die Formation »Tasse mit Henkel« wird insbesondere auf den Aktienmarkt angewendet.

Das Grundmuster

Nach einer Kurssteigerungsphase beruhigt sich der Kurs in einer abwärts gerichteten Korrekturformation, die in der Regel drei bis sechs Monate anhält. Diese bildet die linke Seite und den Boden der Tasse. Wenn der Kurs erneut ansteigt, nimmt der Börsenumsatz zu, bis die alte Kurshöhe wieder erreicht ist. Diese Phase bildet die rechte Seite der Tasse.

Bisher ist Folgendes geschehen: Der Kurs ist angestiegen und hat dann bei geringeren Umsätzen korrigiert. Niedrigere Umsätze deuten an, dass die Baissespekulanten noch nicht richtig aggressiv geworden sind und den Kurs nicht für überhöht halten.

Abbildung 8.5 zeigt eine klare »Tasse-mit-Henkel«-Formation. Der Boden der Tasse bildet sich bei ungewöhnlich niedrigen Börsenumsätze aus, was die mögliche Auffassung widerlegt, dass der Trend sich geändert hat. In diesem Beispiel beginnt die rechte Seite der Tasse zu dem Zeitpunkt, an dem der Kurs aus dem Handelsbereich am Boden der Tasse ausbricht. Der Börsenumsatz steigt, was genau das Signal darstellt, das ein Formationsende oder auch eine Trendänderung bestätigt.

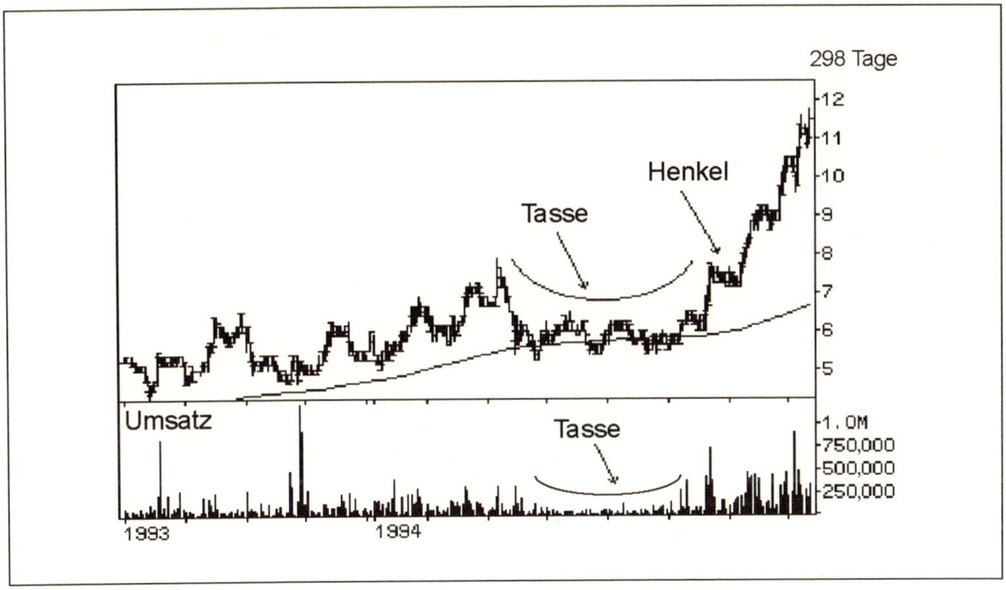

Abb. 8.5: FSI International

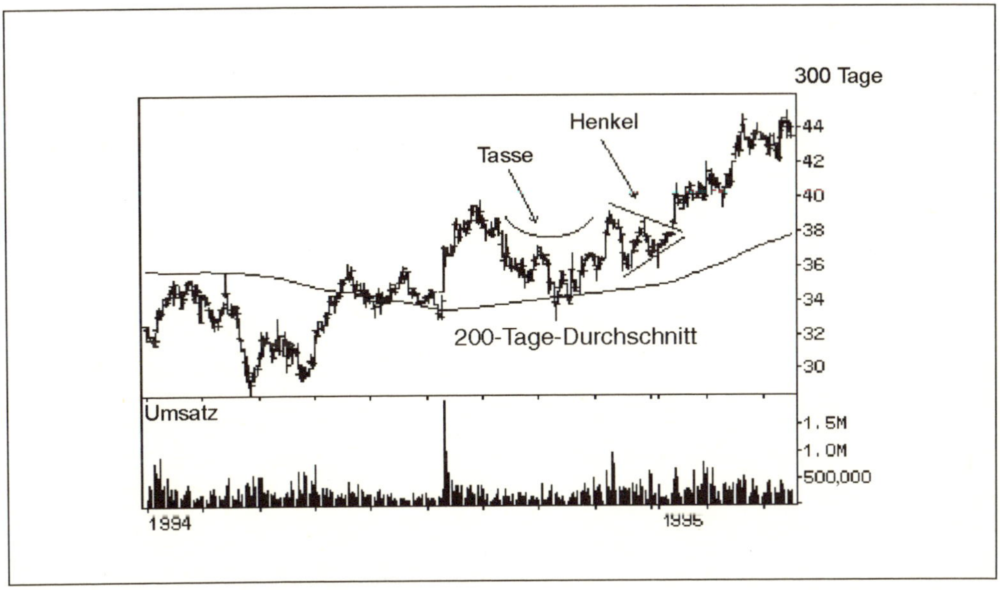

Abb. 8.6: Household International

An den alten Hochs steigt der Verkaufsdruck für jene, die es versäumt haben, zum alten Hoch zu verkaufen, und für jene, die am Tassenboden gekauft haben (und nun Gewinne mitnehmen möchten). Der Kurs durchläuft daher nun eine kleine Korrekturphase, die Griff oder Henkel genannt wird. Die Kurssteigerung vom Tassenboden vollzog sich bei steigenden Börsenumsätzen. Der Henkel stellt dagegen eine normale Korrektur dar. Wenn er gebrochen ist, nehmen die Börsenumsätze wieder zu und der Kurs steigt endgültig an.

Henkel sollten nie zu weit in die Tasse hineinreichen. Sie dauern in der Regel einige Wochen. Tiefe Henkel deuten auf einen längeren Seitwärtsmarkt hin und nicht auf eine kleine Korrektur innerhalb einer Auswärtsbewegung.

In der Realität bildet sich die Tasse mit Henkel nicht immer vollkommen exakt aus. In Abbildung 8.6 sind zwei Abweichungen vom Idealbild zu erkennen. Zum einen erreicht die rechte Seite der Tasse nicht ganz die alte Höhe, und zum anderen hat der Henkel eher die Form eines Dreiecks als die einer Flagge. Solange die anderen Kriterien erfüllt werden, kann diese Abweichung toleriert werden.

In Abbildung 8.5 entstand ein Kaufsignal, als der Kurs nach Ausbruch aus dem Henkel einen neuen Höchststand erreichte. Das Signal in Abbildung 8.6 entstand, als der Kurs die Abwärtstrendlinie, die durch die beiden Hochs gebildet wurde, durchbrach.

Die Spielregeln

Abgesehen von den vorstehend genannten Richtlinien gelten für diese Chartformation noch weitere Regeln. Erstens sind die Form und die Tiefe der Tasse wichtig. Die Tiefe der Tasse sollte im Verhältnis zur Breite stehen.

Denken Sie daran, dass die technische Analyse relative Veränderungen des Marktes analysiert, und überprüfen Sie daher genau, ob Ihre Annahmen zutreffen. Allgemein gilt die folgende Regel: Die Tiefe der Tasse sollte 20 bis 30 Prozent des Spitzenkurses betragen, weil flachere Tassen schwachen Haussespekulanten nicht genügend Anreiz zum Ausstieg bieten. Tiefere Tassen können eine Verdoppelung des Kurses erforderlich machen, bevor das Kaufsignal vollständig ist.

Tassen sollten auch nicht zu spitz sein. Der V-förmige Boden gibt der Aktie nicht genügend Zeit, eine solide Basis zu bilden. Die Tasse sollte also tatsächlich wie eine Tasse aussehen, nicht wie eine Servierplatte oder ein Champagnerglas.

Als letzter Indikator ist der 200-Tage-Durchschnitt zu beobachten. Dieser gleitende Durchschnitt stellt das beliebteste Barometer für den Aktienmarkt dar (weswegen ich Ihnen auch eine Diskussion der Frage ersparen möchte, ob die Periodenlänge nicht besser 253 Tage – die Anzahl der Börsenhandelstage pro Jahr – oder 180 Tage – was neun Handelsmonaten entspräche – betragen sollte).

Wenn der Börsenkurs sich zu weit von seinem Durchschnitt entfernt, erfolgt in der Regel eine Korrektur. Ein gültiger Henkel-Ausbruch geschieht bei Kursen, die weniger als 65 Prozent über dem Durchschnitt liegen. Momentum-Indikatoren wie die Kursänderung und der Index der relativen Stärke (RSI) zeigen bei höheren Prozentsätzen wahrscheinlich eine »Overbought«- (Überkauft)-Situation an.

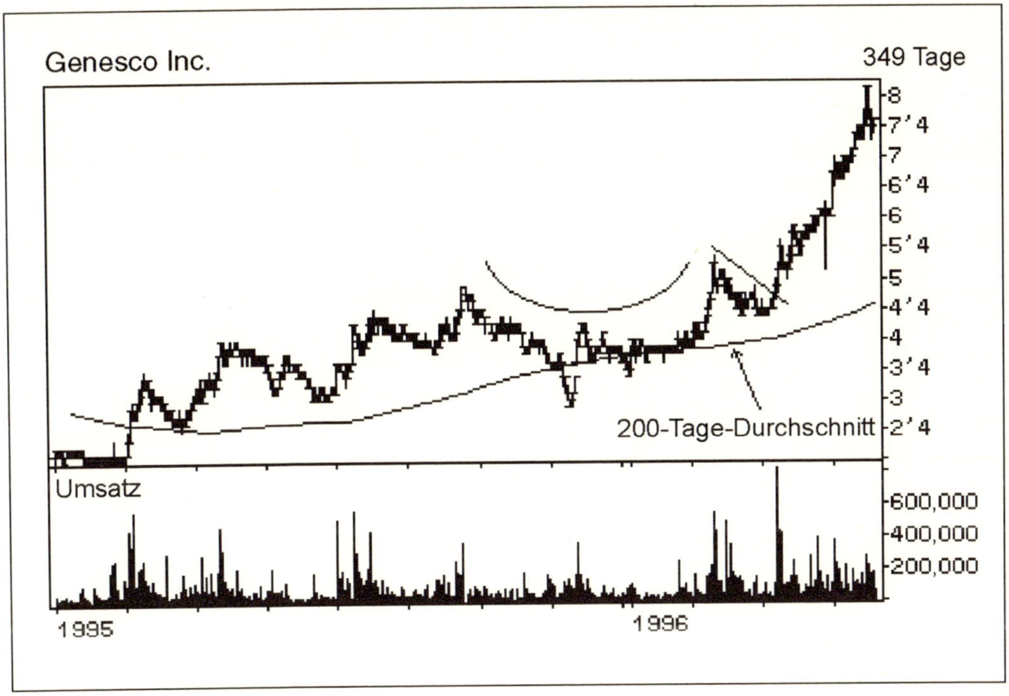

Abb. 8.7: Tasse mit Henkel

In Abbildung 8.7. fand der Tassenboden mit Ausnahme des Kurstals von Anfang November Unterstützung auf dem 200-Tage-Durchschnitt. Obwohl die rechte Seite der Tasse die linke in ihrer Höhe übertrifft, stieg der Börsenumsatz sowohl während der Kurssteigerung als auch beim Henkel-Ausbruch stark an.

Die Chartformation »Tasse mit Henkel« ist ein klares Trendfortsetzungsmuster. Sollte der Henkel unter den 200-Tage-Durchschnitt fallen, ist anzunehmen, dass die gleitende Durchschnittskurve flach verläuft und der Kurs sich nicht in einem echten mittelfristigen Aufwärtstrend befindet. In diesem Fall wäre jedem Ausbruch mit Misstrauen zu begegnen.

Als Basisformation ist die Tasse mit Henkel durch mehrere Indikatoren gut definiert, daher sind ihre Signale ziemlich klar.

9
Wenn der Markt seine Bewertung ändert: Chartformationen zur Trendumkehr

»Von Kurskorrektur spricht man, wenn Sie Geld verlieren. Eine Baisse liegt dagegen vor, wenn ich Geld verliere.« (William Noble, Research Director, Logical Information Machines)

Während einige Chartformationen nur eine Ruhepause des Marktes anzeigen, stellen andere Wendepunkte dar. Wenn sich eine dieser Trendumkehrformationen bildet und Sie investiert haben, dann sollten Sie sich mit dem Gedanken eines Verkaufs anfreunden. Die Ausbildung der Formation ist die Zeit der Vorbereitung auf diesen Schritt. Chartformationen müssen durchbrochen werden, bevor es für Sie an der Zeit ist zu handeln. Sie werden nicht zum absoluten Tiefstkurs kaufen oder zum Höchstkurs verkaufen, aber das ist nicht weiter tragisch: Dies sind die Zielgrößen für professionelle Kapitalanleger, die sich rund um die Uhr mit dem Marktgeschehen befassen.

In diesem Kapitel behandeln wir Trendumkehrformationen, die in der Regel das Ende eines Trends darstellen.

Kopf-Schulter-Formation

Eine der bekanntesten Trendumkehrformationen ist die Kopf-Schulter-Formation. In einem Aufwärtstrend bilden die Kursschwankungen stetig höhere Hochs und höhere Tiefs aus (siehe Abbildung 9.1). Die linke Schulter der Kopf-Schulter-Formation ist Teil dieses Chartmusters. Der Kurs steigt bis zur Spitze der Schulter und fällt dann in einer normalen Korrekturphase wieder zurück.

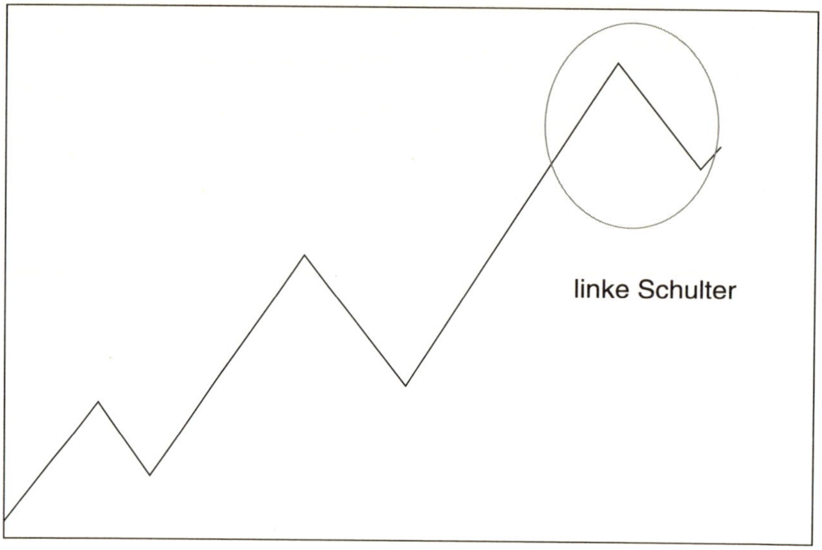

Abb. 9.1: Kopf-Schulter-Formation (I): linke Schulter

Dann steigt der Kurs auf einen neuen Gipfel (siehe Abbildung 9.2). Zu diesem Zeitpunkt ist noch unklar, ob dies der Kopf der Formation und somit der letzte Schub der Aufwärtsbewegung sein wird. Üblicherweise gibt es aber einen Hinweis darauf, dass mit dem Aufschwung etwas nicht stimmt, weil Momentum-Indikator oder Börsenumsatz wahrscheinlich rückläufig sind und im Widerspruch zur Kursentwicklung stehen. Die Haussespekulanten verlieren an Kraft, obwohl der Kurs noch steigt. Wenn der Kurs zu fallen beginnt, gelingt es ihnen nicht, ein höheres Tief zu setzen, und der Kurs fällt auf das frühere Tief zurück. Dieses Kursniveau wird als »Nackenlinie« bezeichnet.

Wenn wir die bisherige Entwicklung zusammenfassen, so stellen wir fest: Das Momentum fällt, der Kurs kann kein höheres Tief bilden und der Kursrückgang nach Ausbildung des Kopfes hat wahrscheinlich den Trend gebrochen. Zumindest hat er formal die Nackenlinie als Unterstützungslinie definiert.

Jetzt, wo der Kurs wieder versucht, ein höheres Hoch zu erreichen, nimmt das Momentum weiter ab. Der Kurs erreicht nicht einmal den vorigen Höchststand (den Kopf) und sinkt zum Nacken. Je schwächer der Markt, desto kleiner die rechte Schul-

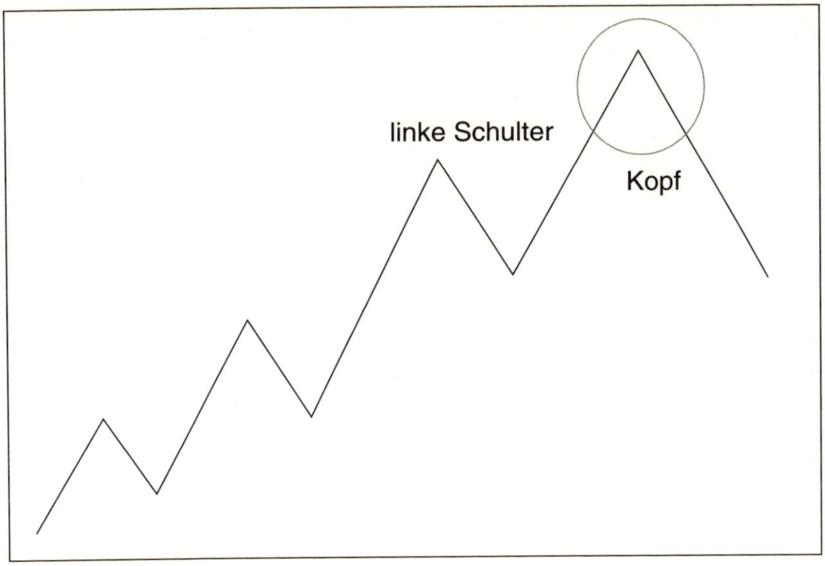

Abb. 9.2: Kopf-Schulter-Formation (II): Kopf

ter (siehe Abbildung 9.3). Wenn die Nackenlinie nach unten durchbrochen wird, wird die Chartformation vervollständigt und es tritt eine Trendumkehr ein. Um zu dieser Schlussfolgerung zu gelangen, genügt dem technischen Analysten jedoch nicht die Chartformation, sondern er wird zur Bestätigung stets weitere Indikatoren (Momentum, Börsenumsatz) heranziehen.

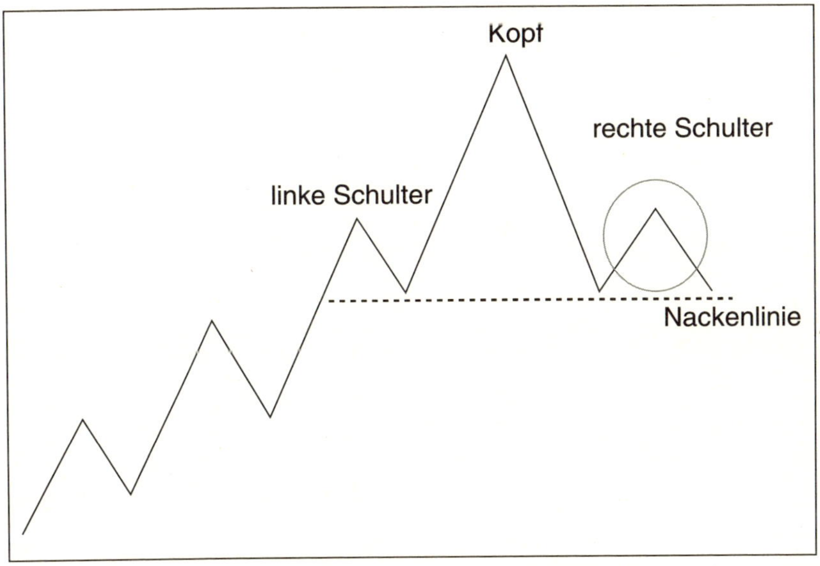

Abb. 9.3: Kopf-Schulter-Formation (III): rechte Schulter

Abbildung 9.4 zeigt eine umgekehrte Kopf-Schulter-Formation in einem fallenden Markt. Beachten Sie, dass der Momentum-Indikator (RSI) steigt. Die rechte Schulter hat den Abwärtstrend Mitte Juli gebrochen und ist über die Nackenlinie ausgebrochen, wodurch die Chartformation abgeschlossen wird.

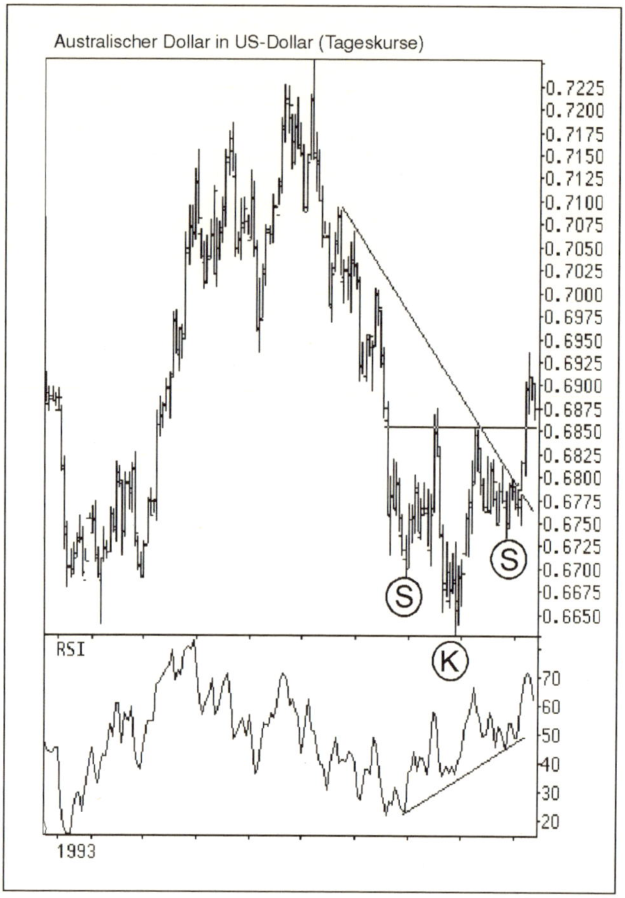

Abb. 9.4: Umgekehrte Kopf-Schulter-Formation

Doppelspitze (M-Formation) und Doppeltief (W-Formation)

Eine andere wichtige Trendumkehrformation ist die Doppelspitze (M-Formation) beziehungsweise das Doppeltief (W-Formation). Dabei handelt es sich im Wesentlichen um eine Kopf-Schulter-Formation ohne Kopf. Ein wichtiger Unterschied besteht darin, dass diese letztere Formation weniger streng definiert ist, obwohl Kopf und Schulter stärker ausgebaut sind. Die Nackenlinie muss jedoch bei der Kopf-Schulter-Formation nicht horizontal sein, sondern kann auch einen Winkel aufwei-

Abb. 9.5: Doppeltief (W-Formation)

sen. Die Doppelspitze beziehungsweise das Doppeltief erfordern, dass die Chartformation auf einer echten Unterstützungs- oder Widerstandslinie basiert.

Abbildung 9.5 zeigt einen doppelten Boden, der sich in einem 8-Monats-Zeitraum bildete. Der Kurs korrigiert nach Erreichen eines ersten Tiefstands im Januar 1993 bis auf ein Zwischenhoch im April. Beachten Sie, dass der Widerstand, auf den der Kurs in diesem Bereich stößt, daher rührt, dass es sich um eine frühere Konsolidierungszone handelt (die damalige Unterstützungslinie ist nun zur Widerstandslinie geworden). Der zweite Tiefstand im Juni entspricht jenem im Monat Januar, und der Kurs steigt gegenwärtig. Anhänger der technischen Analyse würden vor einer Kaufentscheidung abwarten, bis die Zweijahrestrendlinie durchbrochen wird. Weitere bestätigende Indikatoren sind ein steigender RSI und die umgekehrte Kopf-Schulter-Formation in Abbildung 9.4, die das zweite Tief in Abbildung 9.5 bildet.

Diese Chartformation erfordert Geduld, weil der Kurs zwei Hürden überwinden muss, bevor sich ein neuer langfristiger Trend bildet. Erstens muss der gegenwärtige

Abwärtstrend gebrochen werden. Wenn das geschieht, steigt der Kurs wahrscheinlich auf das bereits im April erreichte Niveau. Zweitens muss der Kurs diese Widerstandslinie brechen. Geschieht das nicht, ist die Formation nicht vollendet. Beachten Sie, dass Chartformationen missverständlich sein können. Daher erfordern sie jeweils eine Bestätigung durch andere Indikatoren.

Umkehrtage

Diese Chartformation besteht nur aus einem Balken. Entscheidend ist, dass dieser Balken im Chart an der richtigen Stelle erscheint. Nach einer längeren Aufwärtsbewegung bildet der Kurs an dem Umkehrtag zunächst wiederum ein neues Hoch aus, aber plötzlich verschiebt sich die Marktstimmung zugunsten der Baissespekulanten. Der Kurs sinkt und schließt mit einem Verlust gegenüber dem Vortagesschluss.

Das Umgekehrte gilt am Höhepunkt einer Baisse, wenn der Kurs an einem Tag zunächst ein neues Tief bildet, aber dennoch höher als am Vortag schließt. Beide Fälle deuten an, dass im Tagesverlauf ein wichtiges Ereignis eintrat, das die Börsenstimmung änderte.

Umkehrtage scheinen nur für sehr kurzfristig orientierte Anleger interessant zu sein, aber man kann diese Chartformation auf unterschiedliche Periodenlängen anwenden. Ein Umkehrmonat wäre für langfristige Kapitalanleger ein hervorragendes Signal.

Abbildung 9.6 zeigt einen Umkehrtag bei Intel Corp. Beachten Sie, dass der Umkehrbalken jeweils ein neues Tageshoch zeigt.

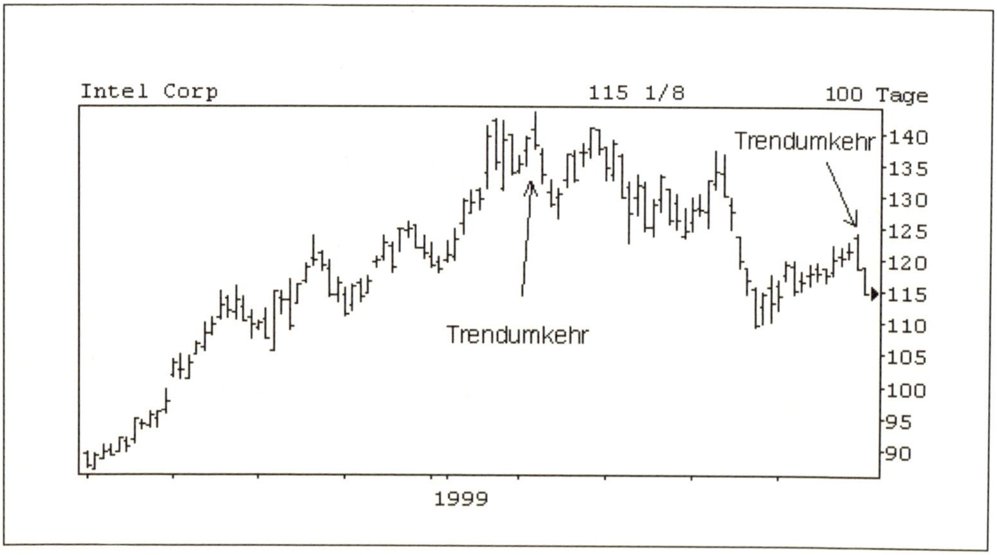

Abb. 9.6: Umkehrtag bei Intel Corp.

Dreiecke und Rechtecke

Haben wir Dreiecke und Rechtecke nicht bereits in Kapitel 8 als Formationen zur Trendbestätigung behandelt? Ja, Kompliment, dass Ihnen das aufgefallen ist. Dreiecke und Rechtecke gelten gemeinhin als Hinweis auf eine Fortsetzung des bestehenden Trends, und zumeist bricht der Kurs tatsächlich in Richtung des früheren Trends aus, aber nicht immer. Dieser Abschnitt möchte Ihnen zeigen, dass Sie nicht auf einen bestimmten Ausbruch spekulieren, sondern warten sollten, bis er eintritt.

Abbildung 9.7 zeigt eine sehr klare Dreiecks-Situation. Die absteigende Form des Dreiecks konnte als kleine Warnung verstanden werden, dass der Kurs aus dem Dreieck eher nach unten als nach oben ausbrechen würde. Die Tatsache, dass die obere Grenze des Dreiecks fiel, deutete an, dass die Baissespekulanten aggressiver wurden.

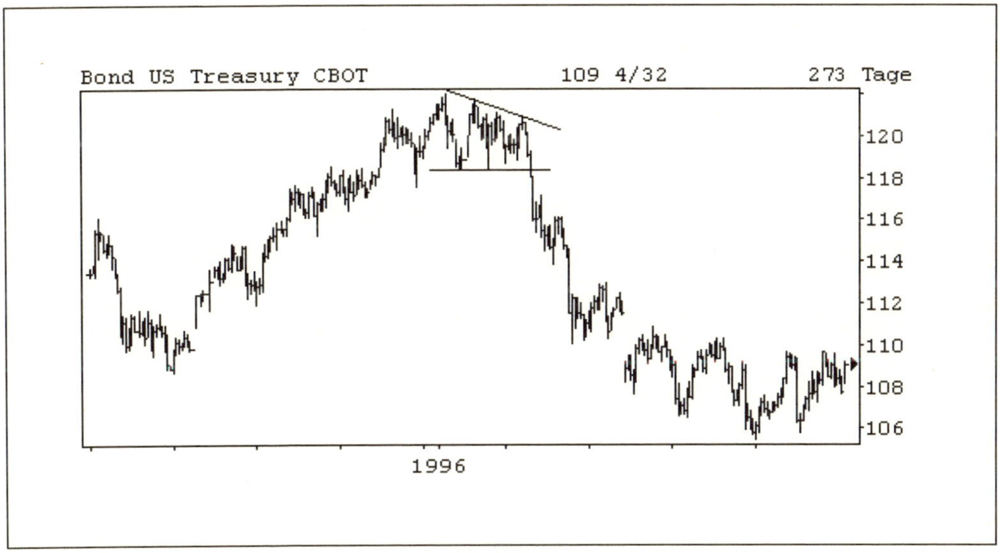

Abb. 9.7: US-Schatzanweisung mit Dreiecksformation

Untertassen-Formation

Es gibt Chartformationen, die man erst erkennt, wenn sie abgeschlossen sind. Irritiert Sie das? Nun, Sie können mehr sehen als die Masse, wenn Sie wissen, worauf Sie achten müssen.

Diese Chartformationen spiegeln eine langsame, allmähliche Marktveränderung wider, vielleicht sogar einen Verlust des Interesses.

Im Abschwung nimmt die Zahl der Baissespekulanten ab, ohne dass Haussespekulanten auftreten und die Oberhand gewinnen. Im Aufschwung ist es genau umgekehrt, da Haussespekulanten aufhören, aggressiv zu kaufen, ohne dass Baissespekulanten auftauchen und die Oberhand gewinnen (hier bildet sich eine umgekehrte Untertassen-Formation). Für den Beobachter ist es frustrierend, dass Trendlinien gebrochen werden, ohne dass die sonst übliche Euphorie und zunehmende Handelsaktivität, die mit einer klaren Trendänderung verbunden sind, eintreten. Auch Fächerlinien scheitern. Wenn die Analyse unklar wird, ist es immer eine gute Idee, sich auf die Grunddefinition des Trends zu stützen. Achten Sie in einem Aufwärtstrend darauf, ob sich niedrigere Hochs und niedrigere Tiefs herausbilden.

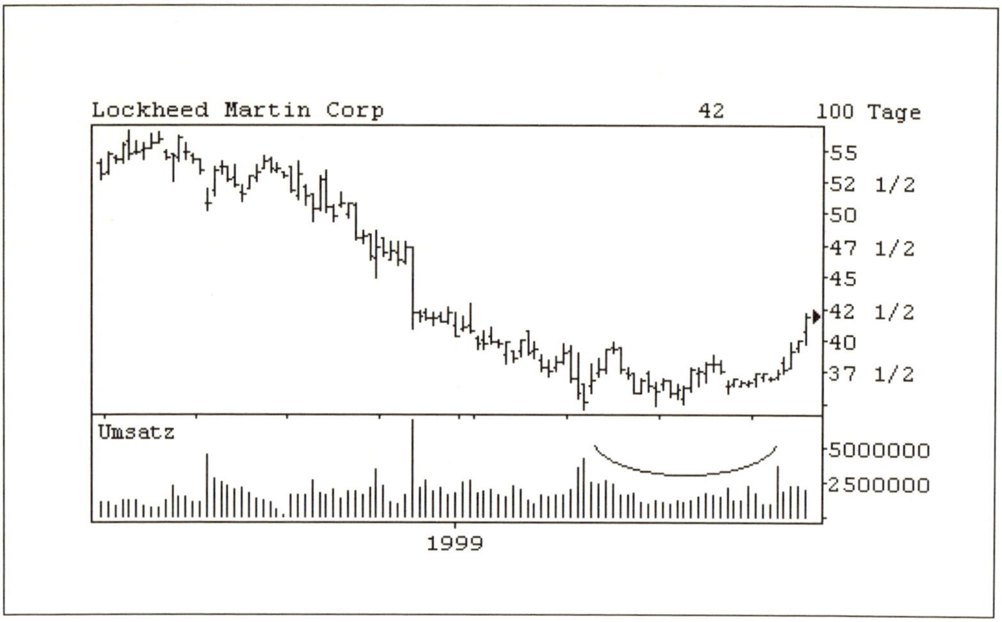

Abb. 9.8: Untertassen-Formation

Spitzen

Spitzen sind das Gegenteil der abgerundeten Trendumkehr, da sie sehr scharf sind. Wenn die Untertasse eine U-Form hat, sind die Spitzen dünne V-Formen. Eine rasche Stimmungsänderung, ausgelöst durch eine Nachricht oder Veränderungen in anderen Märkten, versetzt dem Kurs einen Stoß.

Spitzen sind schwierig zu bewerten, daher müssen Sie analysieren, was genau vor dem Auftreten der Spitze geschah. Trat in einigen Indikatoren eine Abweichung auf? Beschleunigte sich der Markttrend plötzlich kurz vor der Spitze (Abbildung 9.10) oder verlief er ziemlich flach (Abbildung 9.11)? Der erste Fall könnte auf eine Panik im Markt hindeuten, während der zweite Fall ein Indiz dafür sein kann, dass sich der Trend beschleunigt, nicht umkehrt.

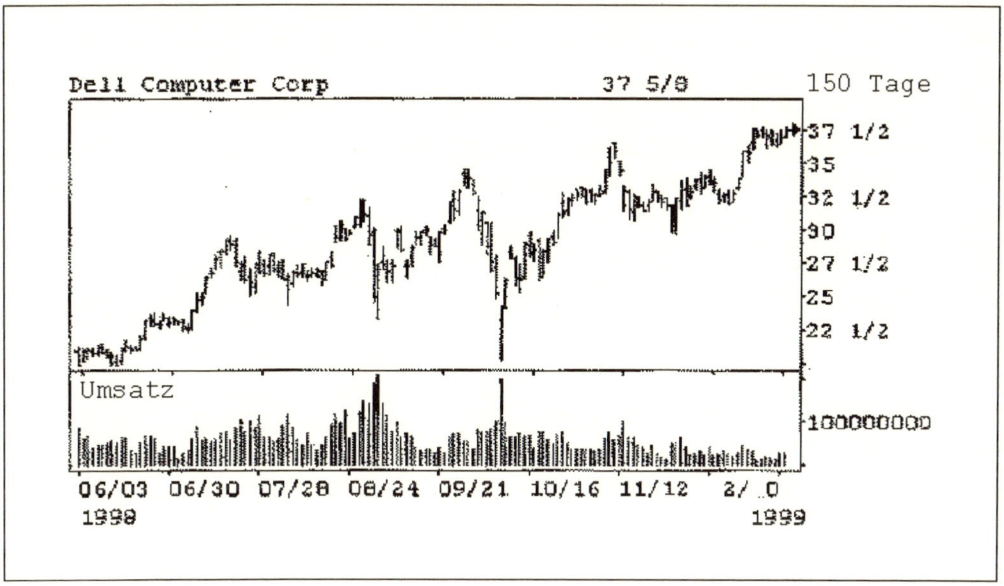

Abb. 9.9: Spitzen

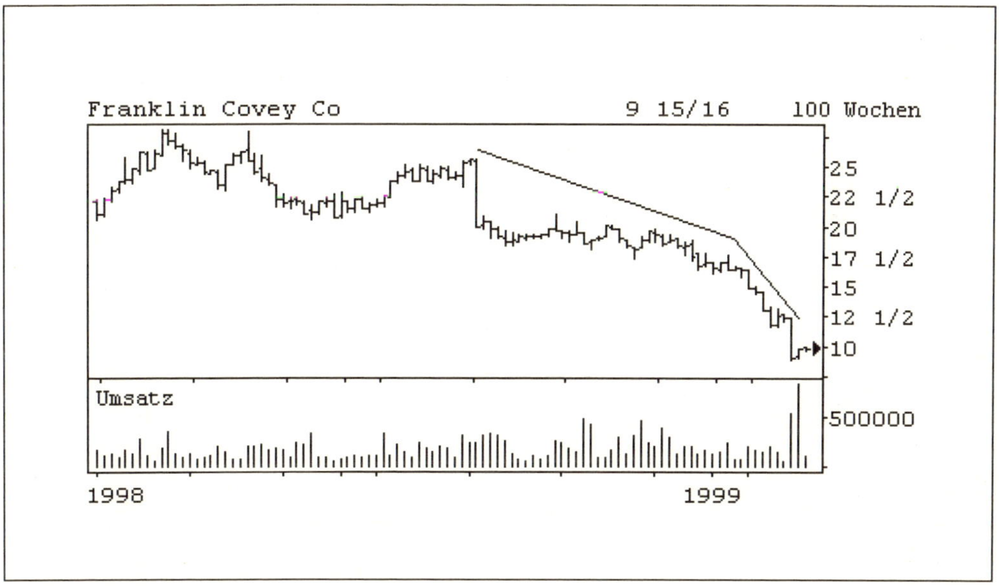

Abb. 9.10: Spitze nach beschleunigtem Trend

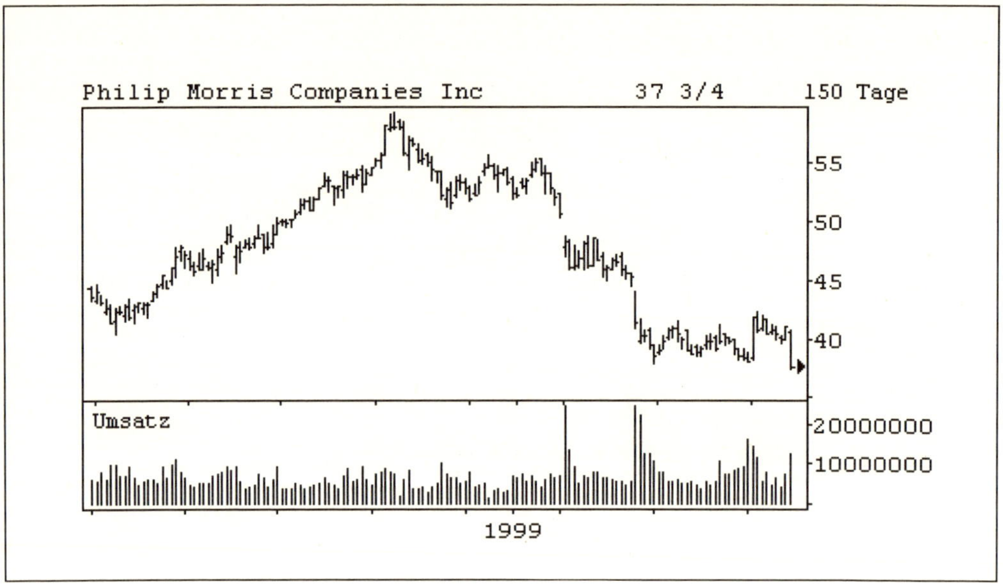

Abb. 9.11: Spitze nach flachem Markttrend

10 Wenn der Markt explodiert: Kurslücken

Manchmal ändert sich die Börsenstimmung so schnell, dass der Kurs nach oben oder unten zu explodieren scheint. Die extremste Form einer solchen Bewegung ist ein Börsencrash. Gravierende Kursänderungen gibt es in der Regel bei Firmenübernahmen und bei Korrekturen von Gewinnschätzungen, die auf unrealistischen Erwartungen gründeten. Nachrichten und Marktinformationen verbreiten sich an der Börse sehr schnell, sodass Raum für allmähliche Reaktionen bleibt. Wenn die Börse öffnet, werden die aufgestauten Kauf- oder Verkaufsorders ausgeführt und der Kurs steigt oder fällt.

Bei einer Kursexplosion können Kurslücken auftreten. Bei steigendem Kurs sprechen wir von einer Kurslücke, wenn der Eröffnungskurs eines Handelstages höher liegt als der Höchstkurs des vorhergehenden Tages. Das Umgekehrte gilt in einem fallenden Markt. Kurslücken signalisieren Marktstärke beziehungsweise -schwäche.

Ausbruchslücken

Ausbruchslücken (siehe Abbildung 10.1) treten bei der Vollendung einer Chartformation auf und zeigen in der Regel den Beginn einer signifikanten Kursänderung an. Sie sind wichtige Signale, weil sie betonen, dass es einen Ausbruch gab. Das Signal wird noch verstärkt, wenn es mit höheren Börsenumsätzen einhergeht. Trennungslücken mit hohen Börsenumsätzen sind zumeist auch langfristig wichtige Unterstützungs- und Widerstandsniveaus.

Wenn die Marktteilnehmer ihr Verhalten in einer Konsolidierungsphase wie einem Rechteck, Dreieck oder einer Kopf-Schulter-Formation ändern, kaufen oder

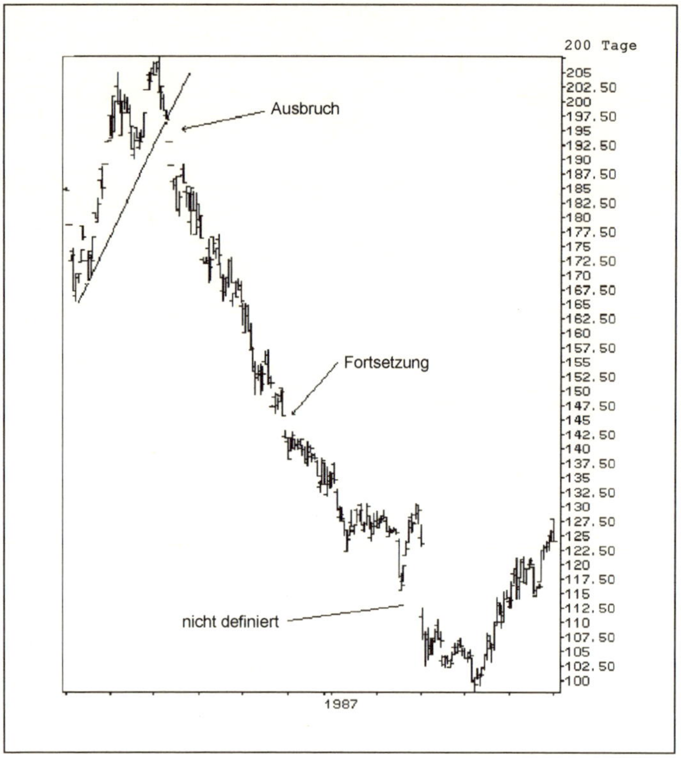

Abb. 10.1: CSCE Kaffee

verkaufen sie, um Gewinne mitzunehmen und Verluste innerhalb einer definierten Kursbandbreite zu begrenzen. Ob diese Bandbreiten konstant sind (Rechteck) oder kleiner werden (Dreieck), der Kurs bleibt marktgerecht.

Bei einem Ausbruch hat sich die Börsenstimmung verändert. Eine Kurslücke bedeutet, dass ein sehr großer Teil der Marktteilnehmer seine Bewertung geändert hat. Deshalb muss eine Kurslücke als ein sehr bedeutender Indikator betrachtet werden.

Fortsetzungslücken

Während eines Auf- oder Abschwungs pausiert der Markt üblicherweise und konsolidiert sich, während die Marktteilnehmer ihre Positionen überprüfen. Aber manchmal ist die Börsenstimmung so stark, dass keine Zeit für eine Konsolidierung bleibt. Wenn die Mehrheit der Marktteilnehmer der Auffassung ist, dass der Kurs seine Bewegung fortsetzen wird, dann kann die Börse sofort zu dem neuen Kurs springen – dies wird als Fortsetzungs- oder Ausreißerlücke bezeichnet. Fortsetzungslücken können vereinzelt oder als Serie auftreten.

Erschöpfungslücken

Als Erschöpfungslücke bezeichnen wir eine Kurslücke, wenn sie kurz vor dem Ende einer Kursbewegung auftritt und dem Kurs einen letzten Stoß in Richtung neuer Hochs oder Tiefs versetzt. Die Identifizierung einer Erschöpfungslücke kann schwierig sein, weil sie bei Vorliegen eines starken Trends wie eine Fortsetzungslücke erscheint. Die Kursentwicklung in den Tagen, die der Kurslücke folgen, zeigt, um welche Art von Kurslücke es sich gehandelt hat. Während Fortsetzungslücken einen sich fortsetzenden starken Trend begleiten, folgt auf Erschöpfungslücken häufig eine seitliche Kursbewegung. Anhand von Signalen wie zum Beispiel einem Umkehrtag kann man erkennen, um welche Art von Kurslücke es sich handelt.

Nach Auftreten einer Erschöpfungslücke bewegt sich der Kurs in der Regel in Richtung der Lücke, um diese zu schließen. Dies ist ein guter Hinweis darauf, dass die Übertreibung vorüber ist. Die Kurslücke repräsentiert eine Börsenstimmung, in der alle Marktteilnehmer zu jedem beliebigen Kurs kaufen oder verkaufen, nur um beteiligt zu sein. Clevere Anleger nutzen diese Gelegenheit, um Gewinne mitzunehmen. Sie lassen nur die schwachen Marktteilnehmer zurück, die auf weitere Kurssteigerungen oder -rückgänge hoffen (siehe Abbildung 10.2).

Abb. 10.2: COMEX Gold

Eine Trendumkehrformation, die oft in Verbindung mit einer Erschöpfungslücke auftritt, ist die »Umkehrinsel« (siehe Abbildung 10.2). Sie wird so genannt, weil die Umkehrzone wie eine Insel aussieht, die von Wasser (das heißt der Erschöpfungslücke und der nachfolgenden Ausbruchslücke) umgeben ist. Diese Chartformation ist ein starkes Signal für einen Trendwechsel.

Andere Kurslücken

Nicht definierte Kurslücken (siehe Abbildung 10.1) haben die geringste Bedeutung von allen Kurslückenarten. Sie deuten im Allgemeinen an, dass der Markt keine klare Richtung aufweist oder die Marktteilnehmer keine feste Überzeugung haben. Nachrichten und Stimmungen beeinflussen diese Märkte vergleichsweise stark, weil sie zu diesem Zeitpunkt weniger liquide sind.

11
Marktkorrekturen richtig bewerten

Die meisten Anwender der technischen Analyse sind sich darin einig, dass sich kein Markt immer nur in eine Richtung bewegt. Nach einer Kurssteigerung oder einem Kursverlust pausiert der Markt, weil Gewinner ihre Gewinne mitnehmen und Verlierer ihre Verluste begrenzen wollen und sich die Marktteilnehmer für die nächste Runde positionieren.

Begriffe wie Korrektur, Konsolidierung und Kursrückgang sind austauschbar, obwohl manche behaupten, dass sich die dadurch ausgelösten Chartformationen unterscheiden. Meistens findet eine Korrektur nach einer signifikanten Änderung des akzeptierten Marktwertes statt. Die Form und Größe der Korrektur hängt von der vorausgehenden Kursbewegung ab.

Der gute Analyst wird in verschiedenen Perioden unterschiedliche Indikatoren betrachten.

Der richtige Trend

Eine Korrektur findet statt, nachdem der Kurs sich verändert hat. Abbildung 11.1 zeigt eine Korrektur des Kaffeepreises. Im März 1997 erreichte der Markt ein Zwischenhoch und ging in einen Abwärtstrend über. Dieser verwandelte sich in eine abfallende Flagge, was für die meisten Märkte typisch ist. Der Boden der Flagge lag ungefähr bei 50 Prozent des vorangegangenen Anstiegs von Dezember 1996 bis März 1997. Ein Rückgang in dieser Größenordnung tritt recht häufig auf. Sowohl die Subjektivität der Flagge als auch die Ungenauigkeit des 50-prozentigen Preisrückgangs sind in Bezug auf ihre Abweichungen von Lehrbuch-Formationen völlig normal.

Nachdem die Spitze der Flagge nach oben durchbrochen wurde, setzte sich der Preisanstieg fort.

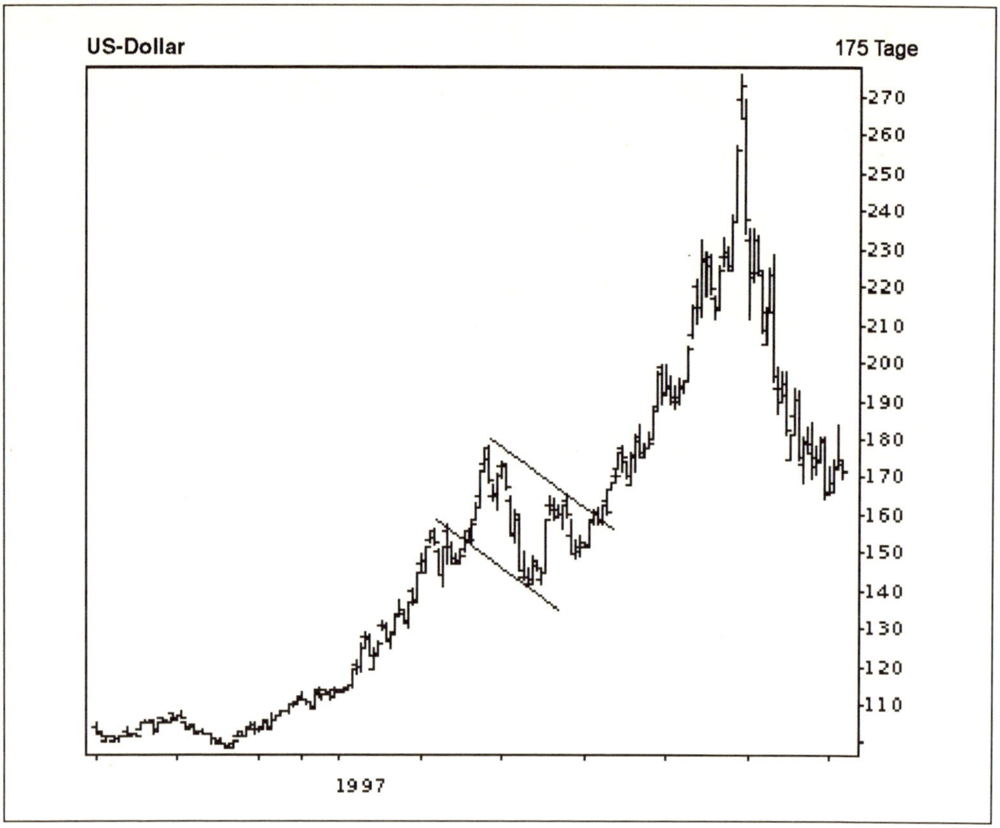

Abb. 11.1: CSCE Preisentwicklung Rohkaffee

Eine normale Kurs- oder Preiskorrektur (unabhängig davon, ob sie in einer Flagge, einem Dreieck oder einem Rechteck stattfindet) findet nach einer Kurs- oder Preisveränderung in einem bestimmten Zeitraum statt. Sie führt einen vernünftigen Anteil dieser Veränderung zurück, und dann setzt der Markt seine vernünftige Bewegung fort.

Der falsche Trend

Probleme entstehen, wenn man ungeduldig wird oder versucht, das Chart nicht sachgerecht zu interpretieren. In Abbildung 11.2 befand sich der COMEX-Goldpreis in einem stetigen Abwärtstrend, bis er Anfang Juli 1997 plötzlich abstürzte. Die folgende Preisentwicklung scheint eine steigende Flagge darzustellen, eine Chartformation, die zu diesem Zeitpunkt durchaus zu erwarten gewesen wäre. Am 15. Juli fiel der Preis unter die Flagge, und es sah so aus, als würde sich der Baisse-Markt fortsetzen. Das Problem war, dass eine Sechs-Tage-Flagge mit einem Preisanstieg von 9 US-Dollar nicht ausreichte, um einen Preisrückgang zu korrigieren, der drei Monate anhielt und (auf Basis des letzten Zwischenhochs im Mai) 40 US-Dollar betrug.

Abbildung 11.3 zeigt das gleiche Chart einige Wochen später. Die Flagge ist immer noch eine gültige Interpretation, aber sie stieg fast einen Monat lang, bis sie eine Korrektur von 15 US-Dollar umfasste. Die Spitze der Flagge bedeutete somit ungefähr eine Erholung um ein Drittel des vorigen Kursrückgangs (ein übliches Maß). Zusätzlich lag sie in der Nähe der absteigenden Trendlinie, die den Markt vor dem Juli-Einbruch leitete. Nun endlich zeigt das Chart einen vernünftigen Anstieg, eine vernünftige Korrektur und die Möglichkeit eines weiteren vernünftigen Abwärtstrends.

Denken Sie daran, dass der nächste Abschwung vielleicht nicht stattfindet. In unserem Beispiel war es verfrüht, den 15. Juli als Wendepunkt zu betrachten. Obgleich es keine Garantie gab, war ein Wendepunkt am 5. August wahrscheinlicher.

Abb. 11.2: COMEX Gold (I)

Abb. 11.3: COMEX Gold (II)

Teil III

Die Anwendung der technischen Analyse in der Praxis

12
Indikatoren zur Analyse von Markttechnik und Börsenstimmung

Die Untersuchung der Kurs- oder Preisentwicklung ist nur ein Teil der technischen Marktanalyse.

Es gibt noch weitere Aspekte, die die Aussagekraft des Kurscharts erweitern, wie zum Beispiel Börsenumsatz, Momentum, Zeit und Börsenstimmung. Einige davon sind schwer zu quantifizieren. Andere stehen auf dem Kurszettel der Tageszeitung und sind kostenlos im Internet erhältlich.

Wenn sich der Markt in eine Richtung bewegt und der Indikator in eine andere, dann geschieht etwas unter der Oberfläche und es bahnt sich vielleicht ein Frühwarnsignal an.

Jeder Indikator erzählt eine Geschichte – hören Sie auf den Markt. Im Folgenden beschreibe ich einige Aspekte der technischen Analyse, die Ihre individuelle Anlagestrategie beeinflussen.

Der Markt: ein subjektives Konzept

Wenn Sie gefragt werden: »In welcher Verfassung war der Markt heute?«, dann könnte Ihre Antwort in den USA zum Beispiel lauten: »Der Dow Jones ist um 50 Punkte gestiegen.« In Großbritannien lautet die Antwort: »Der FTSE (Aussprache: ›Footsie‹) ist um 50 Punkte geklettert.« In Japan: »Der Nikkei hat um 50 Punkte angezogen.« Ist jedes Mal von dem gleichen Markt die Rede? Nein. Jede Aussage bezieht sich auf einen bestimmten Aktienindex, und jeder Index beschreibt nur einen kleinen Teil des Aktienmarktes in dem betreffenden Land.

Der amerikanische Dow Jones Industrial Average, hierzulande meist als Dow-Jones-Index bezeichnet, besteht aus lediglich 30 Aktien, dennoch wird er oft benutzt, um den »Markt« zu beschreiben. Zwar hat der Standard and Poor's 500 eine größere Marktbreite, aber an den Hauptwertpapierbörsen sind mehrere tausend Aktien gelistet. Ist der Wilshire-5000-Index daher dichter am Markt?

Die Antwort lautet: Das hängt von der Zusammensetzung Ihres Portfolios ab. Wenn Sie nur mit Blue Chips handeln, dann reicht der Dow Jones, FTSE 100 oder Nikkei 225 aus. Wenn Sie mit Technologie-Aktien handeln, dann sind der NASDAQ-Composite-Index oder der Hi-Tech-Index der Pacific Stock Exchange die besseren Maßstäbe.

Genauso wie es zu jeder Anlagestrategie eine passende Anlegerzeitschrift gibt, lässt sich auch jeweils ein passender Aktienindex finden. Mit anderen Worten: Der Markt ist immer das, wofür Sie sich interessieren. Wenn ich Investmentzertifikate eines Investmentfonds besitze, der in Aktien kleiner Unternehmen anlegt und der an Wert verliert, während die Blue-Chip-Indizes steigen, werde ich kaum behaupten, dass mein Markt aufwärts tendiert.

Wie also lässt sich der »Markt« definieren? Die Antwort lautet: Man muss mehrere Branchen verfolgen. Falls die Blue Chips, die kleinen Unternehmen, die Aktien der Nahrungsmittelhersteller und der Energieversorgungsunternehmen allesamt steigen, dann können Sie konstatieren, dass der Markt im Aufwärtstrend liegt. In diesem Fall können Sie eine Hausse-Anlagestrategie einsetzen. Wie bereits erwähnt: Die Flut hebt alle Boote.

Marktbreite

Obwohl der Aktienmarkt als lebende Einheit betrachtet werden kann, bezieht sich der Ausdruck »Marktbreite« darauf, wie umfassend sich alle Aktien an einer Marktbewegung beteiligen. Je mehr Aktien Kurssteigerungen aufweisen, desto breiter ist die Teilnahme und desto stärker wird der Gesamtmarkt. Mann kann messen, wie viele Aktien Kurssteigerungen erzielt und wie viele Kursverluste erlitten haben. Man kann den Börsenumsatz der Aktien mit Kurssteigerungen ins Verhältnis zum Börsenumsatz der Aktien mit Kursverlusten setzen und aus einem Missverhältnis beider Größen bestimmte Schlüsse ziehen. Man kann auch messen, wie sich die Blue Chips im Vergleich zu den kleinen Aktien oder wie sich verschiedene Branchen entwickeln. Wenn nur ein kleines Segment des gesamten Aktienmarktes Kurssteigerungen erzielt und die Aktienindizes nach oben treibt, dann handelt es sich nicht um einen breiten Aufschwung und die weitere Kursentwicklung steht auf tönernen Füßen.

Der Aktienmarkt ist im Gegensatz zum Anleihenmarkt oder zum Kakaomarkt multidimensional. Wenn Sie mit Schatzanweisungen handeln, dann sind unterschiedliche Laufzeiten und Zinsen zu berücksichtigen. Der Aktienmarkt ist hiervon grundverschieden. Sie müssen nicht nur wissen, ob die Zeit günstig ist, um Aktien zu kaufen oder zu besitzen, sondern Sie müssen auch wissen, welche Aktien Sie kaufen sollten. Bei Kakao kaufen Sie Kakao. Vielleicht müssen Sie entscheiden, ob Sie ein Kassen- oder Termingeschäft abschließen sollten, aber am Ende kaufen Sie in jedem Fall Kakao. Bei Aktien gibt es keine Vereinbarung darüber, welcher Indikator den Aktienmarkt tatsächlich beschreibt, geschweige denn, welche Aktie Sie kaufen sollten.

Händler und Kapitalanleger haben jahrzehntelang Wege gesucht, um »den Markt« zu beschreiben. Auf dem Aktienmarkt verwenden Analysten den *Top-Down-Approach*, das heißt, sie analysieren zunächst den Gesamtmarkt, dann die Branche und schließlich eine Aktie. Im Gegensatz dazu spiegelt die Formulierung »Es gibt keinen Aktienmarkt, sondern einen Markt von Aktien« einen *Bottom-Up-Approach* wider, der sich auf die Beobachtung stützt, dass der Markt tatsächlich die Summe des Verhaltens aller Marktteilnehmer ist. Um diese beiden Methoden in Einklang zu bringen, werden Marktstrukturindikatoren benötigt. Ein weit verbreiteter Indikator dieser Art ist zum Beispiel die Advance-Decline-Linie (»Fortschritt-Rückschritt-Linie«), die wir uns in Kürze näher anschauen werden.

Grundlagen der Marktstrukturanalyse

In der Hausse steigen kaum alle Aktienkurse gleichzeitig, vermutlich ist dies sogar unmöglich. Spekulanten haben vielleicht die Kurse einiger Aktien nach oben getrieben und nehmen dann kurzfristig Kurskorrekturen vor. Einige Branchen und ihre Aktien florieren in einer bestimmten Konjunkturphase, während andere wenig Interesse bei den Anlegern finden. Was der Markt benötigt, um als »gesund« klassifiziert zu werden, sind die basistechnische Untermauerung durch einen Aufwärtstrend, steigende Börsenumsätze und eine zunehmende Beteiligung des Börsenpublikums. Für den Aktienmarkt bedeutet dies sowohl ein breites Anlageinteresse von Seiten der privaten Anleger und der Händler als auch ein breites Wertpapierangebot.

In der Seemannssprache kann man sagen, dass nicht alle Boote im Wasser sind. Einige sind im Trockendock und werden repariert (Restrukturierung von Unternehmen), während andere auf See sind und ein Leck haben. Wenn die Flotte stark ist, sollte die Zahl der Boote, die repariert werden oder ein Leck haben, klein sein.

Wieder zurück zu den Aktien: Ein wichtiger Marktstrukturindikator stellt den Börsenumsatz der Aktien mit Kurssteigerungen dem Börsenumsatz von Aktien mit Kursverlusten gegenüber. Steigende Aktien sollten die Mehrheit des Börsenumsatzes in einem gesunden Markt auf sich vereinigen. Stärke-Indikatoren wie zum Beispiel die Zahl von neuen 52-Wochen-Hochs (versus 52-Wochen-Tiefs) quantifizieren den Anteil von Aktien, die sich im Aufwärtstrend befinden. Der Geldfluss misst das Angebot und die Nachfrage nach Aktien. Unser wirtschaftlicher Sachverstand sagt uns, dass die Kurse steigen werden, wenn die Nachfrage größer als das Angebot ist.

Die Advance-Decline-Linie

An jedem Handelstag veröffentlichen die Börse und der Freiverkehr Statistiken, die besagen, wie viele Wertpapiere mit höheren und wie viele mit niedrigeren Kursen schlossen. Das Advance-Decline-Verhältnis für einen Markt auf Tagesbasis ist einfach die Differenz zwischen diesen beiden Zahlen. Wenn zum Beispiel 1 200 Titel Kursgewinne erzielten und 300 Kursverluste, dann wäre der Nettowert 900. Wenn 300 stiegen und 1 200 verlören, wäre der Wert –900. Der Nettowert jedes Tages wird dann zu dem Vortageswert addiert und in ein Chart eingezeichnet.

Wenn die Advance-Decline-Linie steigt, dann dominieren die steigenden Aktien und der Markt ist gesund. Fällt sie, ist das Gegenteil der Fall. Die meiste Zeit bewegen sich die Advance-Decline-Linie und der zugehörige Aktienindex im Gleichklang. Es ist leicht einsehbar, dass auf steigenden Märkten die Mehrheit der Aktien Kursgewinne erzielen sollte. Umgekehrt sollte bei fallendem Trend die Mehrheit der Aktien im Kurs fallen.

Es gibt jedoch Zeiten, in denen der Aktienindex steigt, obgleich die Mehrheit der Aktien Kursverluste verzeichnet. Einige Aktienindizes sind so gewichtet, dass wenige Aktien einen überproportionalen Einfluss haben. Andere wie der Dow Jones Industrial oder der FTSE konzentrieren sich auf eine begrenzte Zahl von Titeln und verlassen sich daher zur Messung der Marktbewegung auf eine begrenzte Anzahl von Branchen oder Aktien. In der Regel reichen diese Maßstäbe aus.

Abbildung 12.1 zeigt die Entwicklung des Composite-Index der New York Stock Exchange und die kumulierte AD-Linie. Das Chart deckt den Zeitraum ab, der in die Baisse von 1994 führte. In dem abgebildeten Zeitraum sinken die Kurse der Mehrzahl der Aktien signifikant und dies wird durch den Aktienindex nicht angezeigt. Beachten Sie die beiden Aufwärtstrends für den Aktienindex und den korrespondierenden Abwärtstrend in der AD-Linie. Beide Divergenzen prognostizieren die folgenden Kursverluste des Aktienindex korrekt.

Nur unter außergewöhnlichen Bedingungen dreht der Aktienmarkt innerhalb von wenigen Tagen. Meistens ändern sich die Märkte langsam in Übereinstimmung mit der Konjunktur. Manche Branchen sind sensibler, andere sind aufgrund der stabilen Nachfrage nach ihren Produkten (zum Beispiel Nahrungsmittel) unabhängiger. Am Ende einer Hausse kann die AD-Linie umschlagen und sogar vor dem Aktienindex nach unten führen. Diese Divergenz liefert das Signal, dass sich der Zustand des Marktes verschlechtert hat.

Schlussfolgerung

Die Advance-Decline-Linie ist für viele Börsen (NYSE, NASDAQ, London, Tokio et cetera) und unterschiedliche Zeithorizonte (Tages-, Wochenkurse) verfügbar, um kritische Zeitpunkte kurz-, mittel- und langfristig prognostizieren zu können.

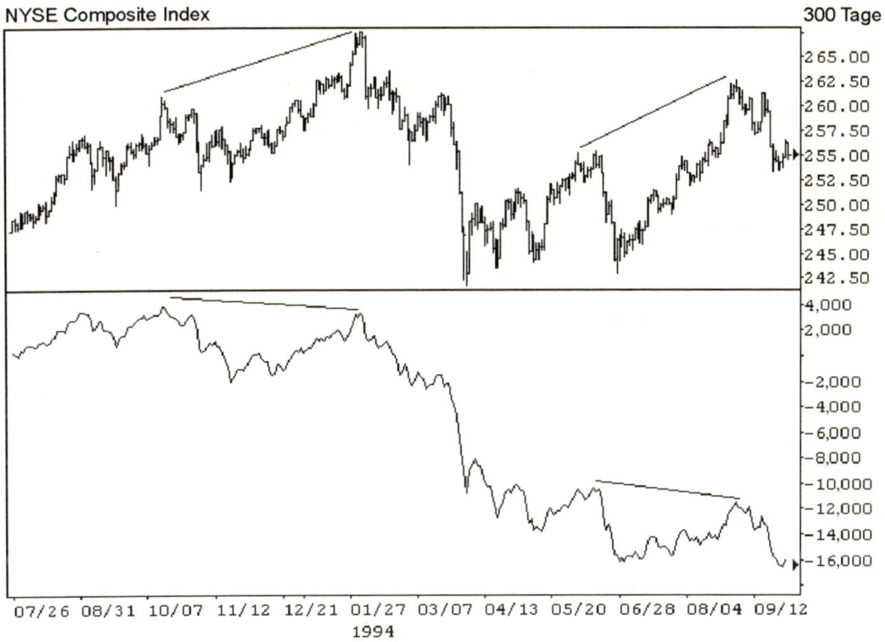

Abb. 12.1: Kursentwicklung und AD-Linie

Das Problem besteht darin, dass es nicht immer eine Divergenz gibt. Die AD-Linie kann nur auf ungewöhnliche Bedingungen hinweisen, sie kann sie aber nicht nach Dauer und Stärke kategorisieren. Manchmal treten Ereignisse ein, die eine schnelle Stimmungsänderung verursachen, wie zum Beispiel Zinsänderungen oder politische Schocks (Ölembargo, Krieg, Attentate). Daher ist die AD-Linie nur als ein Analyseinstrument neben anderen zu betrachten.

Branchen

Meistens führen einige Branchen die Entwicklung an, während andere zurückbleiben. Obgleich in einer starken Hausse selbst die Nachzügler Kursgewinne erzielen können, sollten Sie als Anleger danach streben, Ihr Geld in den besten Aktien anzulegen.

Der Ausdruck »zur richtigen Zeit am richtigen Ort« kann auf Aktien genauso gut wie auf Menschen angewendet werden. Unternehmen A kann die besten Zeitungen kostengünstig herstellen, aber wenn das Internet zunehmend zum Lieferanten für

Nachrichten und Werbung wird, leidet Unternehmen A genauso wie die schlechtesten Zeitungen.

Wenn Unternehmen B im Gegensatz dazu ein kleines Zubehörteil für Internet-Verbindungen herstellt, aber schlecht geführt ist und Produktprobleme hat, wird es wahrscheinlich dennoch vom Internet-Trend mitgerissen – zumindest eine Zeit lang.

Dies bedeutet, dass Sie prüfen müssen, welche Branchen führen und welche Nachzügler sind. Wenn Sie das wissen, können Sie Ihr Risiko leicht senken, indem Sie Aktien der Branchenführer auswählen.

Wie erfährt man das? Glücklicherweise kann man die Börsendaten für die meisten Börsen von Datenlieferanten beziehen. Mithilfe dieser Informationen lässt sich feststellen, welche Branchen stark oder schwach sind. Treffen Sie Ihre Anlageentscheidungen auf dieser Grundlage.

Börsenumsatz

Je mehr Aktien gehandelt werden, desto aussagekräftiger ist eine Kursänderung. Hohe Börsenumsätze an einer Unterstützungs- oder Widerstandslinie verstärken deren Signalwirkung und deuten auf ein Gleichgewicht zwischen Angebot und Nachfrage hin. Hohe Umsätze bei einem Durchbruch durch diese Linien liefern starke Trendsignale und sind sehr zuverlässige Kauf- oder Verkaufsgelegenheiten.

Kumulierter Tagesumsatz (On-Balance-Volume)

Das so genannte On-Balance-Volume (OBV) ist die fortlaufende Kumulierung der täglichen Umsätze. Bei steigenden Kursen wird der Tagesumsatz zum Vortagesstand addiert, bei fallenden Kursen wird er hiervon subtrahiert. Die meisten Softwarepakete können die Kursentwicklung und die Börsenumsätze in einem Chart darstellen.

Theorie

Das absolute Niveau der OBV-Linie ist ohne Bedeutung. Ein Signal ergibt sich, wenn die OBV-Linie die Kursentwicklung nicht unterstützt. Steigt der Kurs über einen längeren Zeitraum bei gleichzeitig fallendem Volumen, so kann ein baldiger Rückgang der Kurse angenommen werden (fallende OBV-Linie). Fällt der Kurs über einen längeren Zeitraum bei gleichzeitig fallendem Volumen, so ist ein baldiges Ansteigen der Kurse wahrscheinlich (steigende OBV-Linie).

Wenn Haussespekulanten einen Markt dominieren, werden Tage mit steigenden Kursen häufig von größeren Börsenumsätzen begleitet als Tage mit fallenden Kursen. Ob Käufer oder Verkäufer an einem bestimmten Tag (oder anderen Zeitraum) dominierten, kann auf Börsenumsatzcharts nicht leicht erkannt werden. Tage mit steigenden und Tage mit fallenden Kursen verschwimmen und sichtbar ist nur der Umsatztrend.

Um diesen Nachteil zu überwinden, werden die täglichen Umsätze zu einer Kurve kumuliert. Im Zeitverlauf zeigt diese Darstellung, ob Geld in den Markt hinein oder aus diesem abfließt. Ein Aufwärtstrend, der theoretisch entsteht, weil die Nachfrage das Angebot übersteigt, wird in der Regel durch hohe Umsätze an Tagen mit steigenden Kursen begleitet. Ebenso wird ein Abwärtstrend, der theoretisch entsteht, weil die Nachfrage niedriger ist als das Angebot, in der Regel durch hohe Tagesumsätze an Tagen mit fallenden Kursen begleitet.

Meistens verändern sich Kurs und kumulierter Umsatz zusammen. Aber wenn sich beide in entgegengesetzter Richtung bewegen, entsteht eine Divergenz und weist auf eine günstige Handelsgelegenheit hin.

Oft wird in der technischen Analyse auch eine Variation des kumulierten Umsatzes verwendet, bei der der Umsatz mit der Kursänderung des Tages gewichtet wird. Damit wird der Umsatz von Tagen mit größerer Kursänderung stärker gewichtet. Beide Varianten sollten verwendet werden, da sie nicht immer das gleiche Signal aussenden, doch an dieser Stelle wird zur Vereinfachung nur die ungewichtete Variante behandelt.

Abbildung 12.2 zeigt die Kursentwicklung und den kumulierten Börsenumsatz von Union Carbide. Bis zum leichten Kursrückgang im Dezember 1995 bewegte sich der kumulierte Umsatz im Gleichlauf mit dem Kurs. Obwohl der Kurs anschließend fiel, blieb der kumulierte Umsatz konstant. Dies zeigte an, dass der Umsatz an Tagen mit Kurssteigerung und an Tagen mit Kursverlust ähnlich hoch war. Die Baissespekulanten dominierten offensichtlich nicht den Markt und das Gleichgewicht von Angebot und Nachfrage hatte sich nicht geändert. Im nächsten Monat stiegen die Kurse wieder.

Im Mai 1996 stoppte der Abwärtstrend vorübergehend und der Markt bildete ein fallendes Dreieck. Der kumulierte Umsatz sank, obwohl sich der Kurs stabilisiert hatte. Dies deutete an, dass Baissespekulanten die Haussespekulanten dominierten und dass das Dreieck sich in einem Abwärtstrend fortsetzen würde, was auch eintrat. In den folgenden vier Wochen fiel der Kurs um sechs weitere Punkte.

Beachten Sie, dass das abfallende Dreieck bereits auf wahrscheinliche Kursverluste hindeutete. Ein solches Dreieck weist oft in die Richtung des bevorstehenden Ausbruchs, in diesem Fall nach unten.

Obgleich der kumulierte Umsatz meistens zur Analyse von Aktienkurstrends angewendet wird, kann jeder beliebige Markt mithilfe dieses Indikators analysiert werden. In Abbildung 12.3, die die Entwicklung der US-Schatzanweisungen zeigt, bewegte sich der kumulierte Umsatz bis zum Kursanstieg im Zeitraum Oktober–Dezember 1997 im Gleichlauf mit dem Kurs. Der Kurs stieg in dieser Phase stark an, während der kumulierte Umsatz flach blieb. Dies deutete an, dass der Kurs überhöht war.

Das Umsatz-Histogramm unten in Abbildung 12.3 zeigte nur, dass der Umsatz im Verlauf des Aufwärtstrends stieg, und bestätigte somit den Trend. Nicht erkennbar war, dass der Umsatz an Tagen mit Korrekturen ebenso hoch war wie der Umsatz an Tagen mit großen Kurssteigerungen. Dies ist ein Baissesignal im Rahmen eines Aufschwungs.

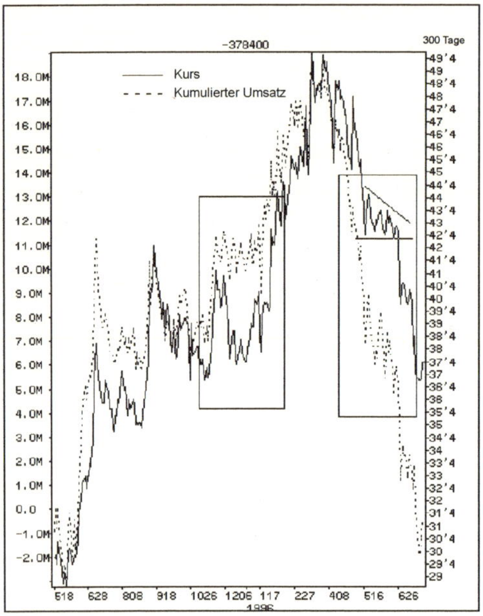

Abb. 12.2: Union Carbide

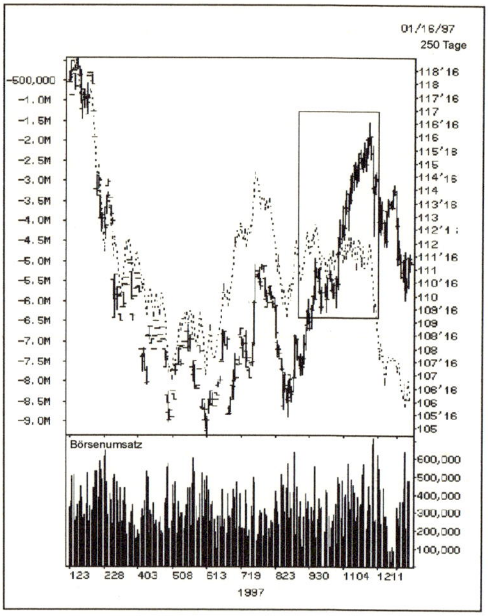

Abb. 12.3: US-Schatzanweisungen (Terminkontrakte)

Relativität

Der kumulierte Börsenumsatz sollte definitionsgemäß der Kursentwicklung folgen und das ist zumeist auch der Fall. Bei Divergenz zur Kursentwicklung signalisiert er – wie andere Indikatoren – günstige Handelsgelegenheiten.

Wichtig ist, dass jeweils relative Steigungen und relative Divergenzen zu beachten sind. Dies ist der Fall, weil der kumulierte Umsatz auf einer anderen vertikalen Achse als der Kurs dargestellt wird. Seine Form hängt auch vom Analysezeitraum ab – ein 110-Tage-Chart (Abbildung 12.4) kann anders aussehen als die gleichen 110 Tage im Rahmen eines 300-Tage-Charts (Abbildung 12.5). Der kumulierte Umsatz kann auf einem Chart über dem Kurs und auf einem anderen Chart unter dem Kurs liegen. Seine Richtung ist jedoch wie bei jedem anderen Handelssignal identisch.

Eine Divergenz kann unterschiedlich lange bestehen. Der kumulierte Umsatz sollte nie allein verwendet und immer durch andere Analysen bestätigt werden. Er eignet sich hervorragend als *Frühindikator,* aber nicht als Signal zum Handeln.

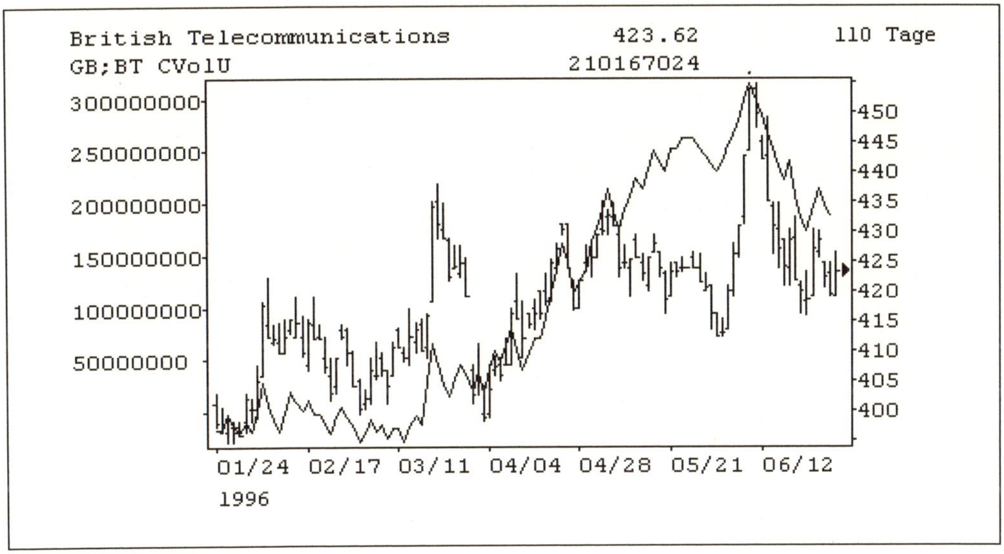

Abb. 12.4: 110-Tage-Chart

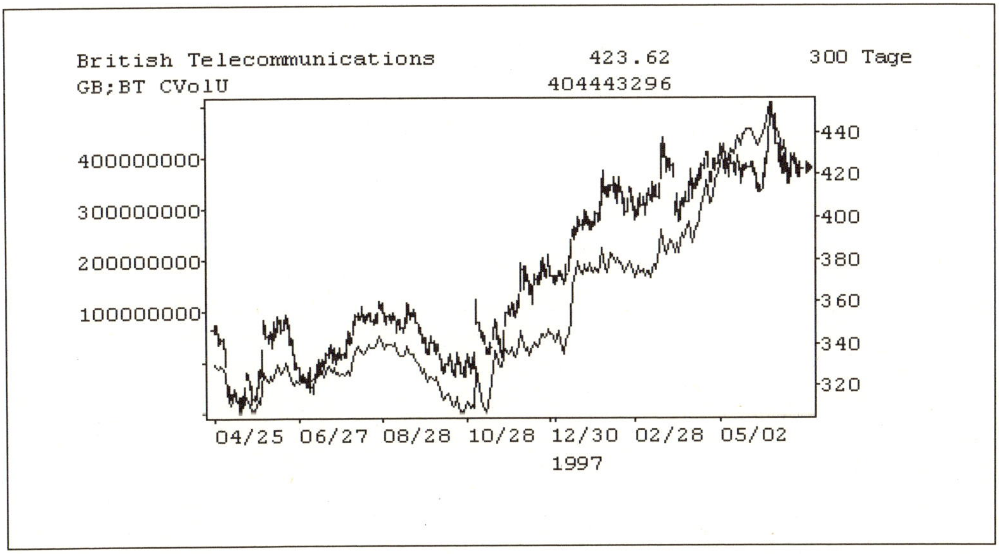

Abb. 12.5: 300-Tage-Chart

Momentum

Das Momentum informiert über das Tempo und die Kraft einer Kursänderung. Es kann beispielsweise aus der laufend fortgeführten Division des heutigen Kurswertes durch den Wert vor X Tagen berechnet werden. Die Ausprägung der Momentumskurve ist von der gewählten Periodenlänge (zum Beispiel 20 Tage) abhängig. Die Momentumskurve kann wie ein Kurschart analysiert werden. So kann man zum Beispiel eine Trendlinie in die Momentumskurve legen. Bei einem Durchbruch der Trendlinie werden Kauf- oder Verkaufssignale gegeben. Wendepunkte im unteren Bereich der Momentumskurve können als Kaufsignale gewertet werden. Wendepunkte im oberen Bereich der Kurve können als Verkaufssignale gewertet werden. Man kann auch das Durchbrechen der Null-Linie als entsprechendes Signal werten.

Divergenzen

Als Divergenz bezeichnen wir eine Situation, in der die Kursentwicklung anders verläuft als die Entwicklung bestimmter Indikatoren wie zum Beispiel Momentum, Börsenumsatz oder Marktbreite. Die Divergenz kann Hausse- oder Baissecharakter tragen.

Der Index der relativen Stärke (RSI) ist einer der am weitesten verbreiteten Momentum-Indikatoren. Die Berechnungsformel wird hier nicht behandelt, weil jedes gute Softwarepaket diese Berechnung durchführt. In Abbildung 12.6 erreichte der Nikkei-Index im ersten Halbjahr 1992 fortlaufend niedrigere Wochentiefs. Im Juni 1992 fiel der RSI nicht mehr parallel, und im August stieg er. Bald änderte der Nikkei-Index seine Richtung und setzte zu einer sechsmonatigen Kurssteigerung an.

Hier ist zu fragen: Wie kann der RSI bei fallenden Kursen steigen? Da der RSI die relative Stärke misst, die eine Form des Momentums darstellt, kann seine Funktionsweise mit jener eines Automobils verglichen werden: Ein Auto hat ein Gas- und ein Bremspedal. Wenn Sie fahren und für einige Sekunden auf die Bremse treten, wird das Auto langsamer. Wenn Sie jedoch nur mit geringer Kraft auf die Bremse treten, bleibt das Auto in Bewegung. Genauso verhält es sich mit einem Markt. Jedes Mal, wenn Sie auf das Gaspedal treten, ist der Kaufdruck stärker als der Verkaufsdruck, und die Geschwindigkeit nimmt zu (der RSI steigt). Wenn die Bremse stärker niedergetreten wird als das Gaspedal, hält das Auto. Der RSI fällt, und der Kursanstieg findet sein Ende.

Um herauszufinden, ob der RSI eine mögliche Trendumkehr prognostiziert, müssen Sie darauf achten, ob sein Wert eine extreme Höhe erreicht hat. In Abbildung 12.6 lag der RSI unter 30, was eine »Oversold«- (Überverkauft)- beziehungsweise starke Baisse-Situation anzeigte. Im Allgemeinen fällt der Kurs in einer solchen Situation nicht weiter, obwohl er nicht immer zu steigen beginnt. Auf einer Skala von 1–100 bedeutet ein Wert von über 70 eine »Overbought«- (Überkauft)- oder starke Hausse-

Situation. Eine Divergenz des RSI zwischen 30 und 70 stellt im Allgemeinen kein gutes Divergenz-Signal dar.

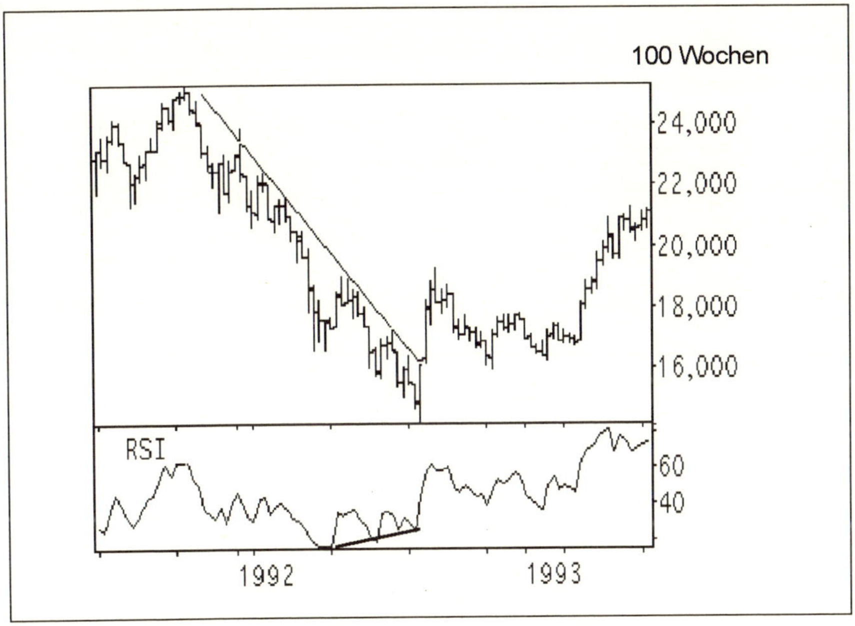

Abb. 12.6: Nikkei-Index

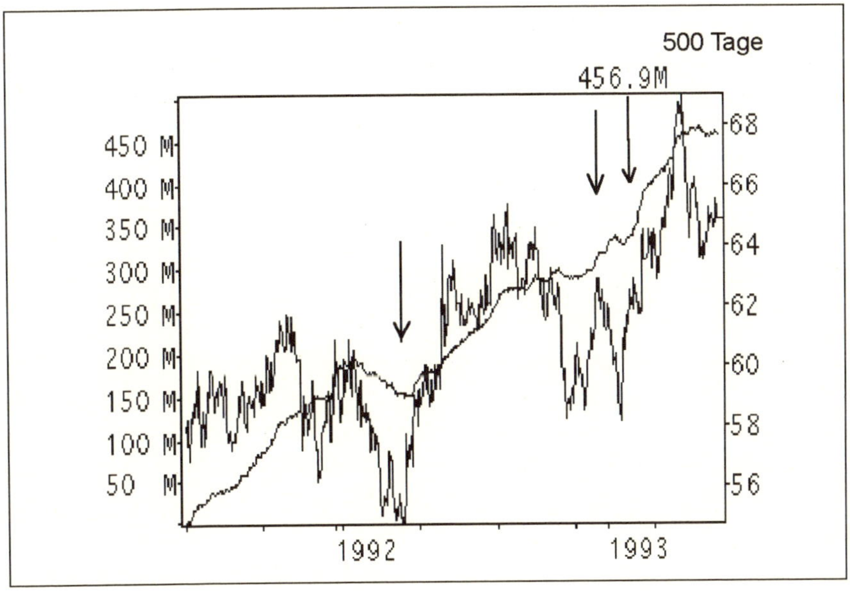

Abb. 12.7: Exxon

Abbildung 12.7 zeigt die Entwicklung des Börsenkurses von Exxon sowie des Geldflusses (ein Indikator für das Verhältnis von Angebot und Nachfrage). An Stelle des Geldflusses kann auch der kumulierte Börsenumsatz verwendet werden. Der Geldfluss stieg in den beiden dargestellten Jahren kontinuierlich an. In diesem Zeitraum entfernte sich der Kurs von Exxon beträchtlich von der Geldflusslinie und jedes Mal bewegte sich der Kurs der Aktie in Richtung des Geldflusses zurück. Wie zu erkennen ist, verändert sich der Kurs im März 1992, Dezember 1992 und Januar 1993 ziemlich schnell und bot somit gute kurzfristige Gewinnmöglichkeiten.

Um Divergenzen zwischen zwei Kurven (wie zum Beispiel zwischen Kurs und Geldfluss) festzustellen, müssen Sie Zeitpunkte suchen, in denen die relative Richtung der beiden Kurven voneinander abweicht. Die absoluten Divergenzen sind nicht signifikant, es kommt immer nur auf das relative Verhältnis der Linien an.

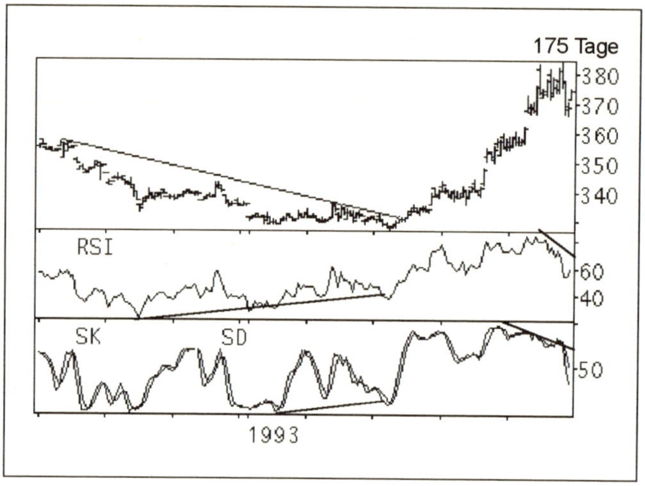

Abb. 12.8: Gold

Der Goldmarkt brach im März 1993 aus einer langfristigen Baisse aus (siehe Abbildung 12.8).

Sowohl der RSI als auch der Stochastik-Indikator (ein anderer Momentum-Indikator) wiesen seit Oktober 1992 steigende Tiefs auf, bis schließlich der Preisanstieg im März 1993 begann. Das niedrigste Tief beider Indikatoren lag unter 30. Beide Indikatoren zeigten mit Beginn des Monats Mai auch Baisse-Divergenzen, die zu dem großen Ausverkauf von Anfang Juni führten.

Beachten Sie, dass diese Divergenz vom Stochastik-Indikator früher angezeigt wurde als vom RSI. Dies liegt daran, dass der RSI in einem Aufwärtstrend zuverlässiger ist.

Auch der Börsenumsatz kann Divergenzen zur Kursentwicklung zeigen. Der Börsenumsatz kann Kursspitzen und -täler zuverlässig prognostizieren. Orangensaft-Terminkontrakte (siehe Abbildung 12.9) stiegen seit Januar 1993. Aber während der Preis seinen Höhepunkt Ende Mai erreichte, hatte der Börsenumsatz seinen Höhepunkt bereits einige Wochen früher überschritten. Zurückgehende Umsätze deuteten auf eine fallende Nachfrage für diese Ware, was eine interne Marktschwäche vermuten ließ.

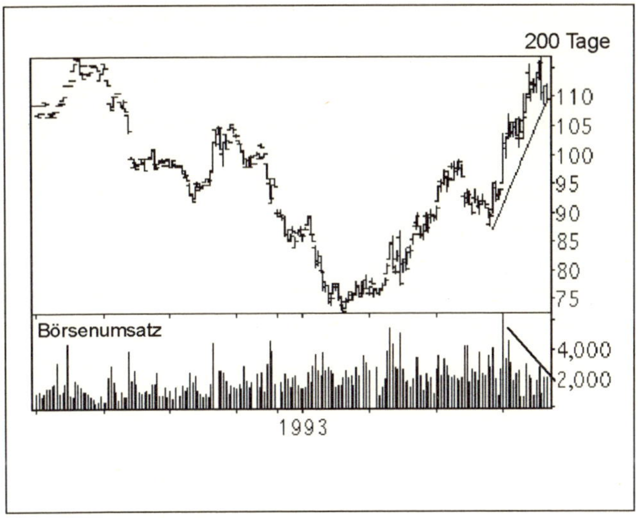

Abb. 12.9: Orangensaft-Terminkontrakte

Zeit

Ein wichtiger Aspekt der Marktanalyse ist die Zeit. Wie lange hält ein Trend bereits an? Ist die Korrekturzone lang genug, um alle Übertreibungen und Ungleichgewichte, die sich während des Trends aufgebaut haben, auszugleichen? Ein weiterer Aspekt sind Saisoneinflüsse, die gegebenenfalls zu berücksichtigen sind.

Die Erwartungen der Marktteilnehmer

Auf jedem Markt – unabhängig davon, ob es sich um einen Finanz- oder Warenmarkt handelt – bilden sich Preise nach dem Verhältnis von Angebot und Nachfrage. Ganz gleich, was ein weit verbreiteter technischer Indikator sagt oder zu welchen Ergebnissen eine Fundamentalanalyse kommt, die Preise werden stagnieren, solange sich das Verhältnis zwischen Angebot und Nachfrage nicht ändert. Da die Auffassungen der Marktteilnehmer über den marktgerechten Preis auf Erwartungen hinsichtlich der zukünftigen Marktentwicklung beruhen, ändern sich die Preise mit der im Markt vorherrschenden Stimmung.

Stimmungsindikatoren

Stimmungsindikatoren messen die Erwartungen der Marktteilnehmer. Diese können in private Kapitalanleger, institutionelle Anleger, Unternehmen, Börsenhändler und Analysten untergliedert werden.

Bei einem Kurshoch sind Kapitalanleger in der Regel sehr optimistisch, während sie bei einem Kurstief sehr pessimistisch sind. Je optimistischer oder pessimistischer die Mehrheit gestimmt ist, desto signifikanter ist das Hoch oder Tief im Allgemeinen. Warum? Wenn alle Anleger in Haussestimmung sind, gibt es vermutlich nur noch wenige, die noch nicht gekauft haben. Ohne zusätzliche Haussespekulanten kann der Markt aber nicht steigen. Das Umgekehrte gilt in der Talsohle, wenn die Baissespekulanten erschöpft sind.

Marktteilnehmer, die besser informiert sind (die Minderheit der Anleger), scheinen sich in ihrem Kauf- und Verkaufsverhalten jeweils in einen Gegensatz zum Verhalten der Mehrheit zu begeben. Wenn die Mehrheit zu glauben scheint, die Lage stünde schlechter denn je und werde sich wahrscheinlich weiter verschlechtern, kauft eine kleine Minderheit.

Glaubt die Mehrheit umgekehrt, die Lage sei großartig und werde sich noch weiter verbessern, dann verkauft diese kleine Minderheit bereits. An wichtigen Wendepunkten folgen Insider in der Regel einer anderen Strategie als die Mehrheit der Anleger.

Stimmungsindikatoren bestätigen den Trend, bis sie schließlich Extremwerte annehmen. Mit anderen Worten, die Mehrheit hat während des Trends »Recht«, da sich die Hausse- oder Baisse-Erwartungen auf neue Hausse- oder Baissespekulanten ausbreiten.

Sie sollten also nicht verkaufen, nur weil die Mehrheit auf einen Fortgang der Hausse spekuliert, sondern erst dann, wenn die Haussespekulation einen Extremwert erreicht hat.

Wie misst man marktbeeinflussende Erwartungen?

Die Summe aller Markterwartungen wird als Stimmung bezeichnet. Sie reicht von Furcht und Hoffnungslosigkeit über Indifferenz bis zu Habgier und Selbstzufriedenheit. Am tiefsten Punkt einer Baisse erwarten die Marktteilnehmer weiter sinkende Preise und weitere finanzielle Verluste. Wenn ein Aufschwung beginnt, schöpfen einige dieser Marktteilnehmer wieder Hoffnung und die Preise steigen. In der Mitte einer Hausse haben viele Spieler ihre Erwartungen geändert, aber nicht jeder ist bereits Haussespekulant.

Kurz vor dem Ende des Aufschwungs nimmt fast jeder an, dass sich der Trend fortsetzen werde. Es werden erhöhte Risiken eingegangen und Habgier dominiert. Mit anderen Worten, die Markterwartungen sind auf einem Höhepunkt angelangt.

Wenn dies geschieht, gibt es niemanden mehr, der noch kaufen kann. Die Preise können nicht länger steigen, da bereits jeder gekauft hat.

Es gibt verschiedene Indikatoren für die Markterwartungen. Alle beruhen auf der Annahme, dass die Mehrheit an den Extremen in der Regel falsch liegt.

Größere Wendepunkte des Marktes folgen oft Sensationsmeldungen. Die Medien betrachten Meldungen nur als sensationell, wenn der Trend weithin akzeptiert ist und sich eine Mehrheitsmeinung gebildet hat. Die Finanzmärkte drehen im Allgemeinen wenig später.

Untersuchen Sie Zeitschriften-Titel und die Schlagzeilen der Tagespresse daraufhin, ob sich in ihnen eine Meinung bezüglich der Marktentwicklung widerspiegelt.

Wenn Sie zum Beispiel sehen, dass die französische Tageszeitung *Le Monde* das Bild eines Bullen zeigt, der arrogant über einem geschlagenen Bären steht, ist das Ende des Aufschwungs in der Regel in Sicht. Das gleiche Bild im *Wall Street Journal* wäre nicht ganz so wichtig, da es sich um eine Finanzzeitung handelt.

Erwartungen können auch mit anderen Methoden ermittelt werden, aber sie erfordern Daten, die sich der einzelne Anleger nicht leicht beschaffen kann. Sie sprengen auch den Rahmen dieses Buches. Eine kurze Zusammenfassung folgt hier:

- *Verhältnis von Verkaufs- und Kaufoptionen (Put/Call-Ratio):* Beim Kauf von Verkaufsoptionen (Puts) hoffen Anleger auf fallende Kurse. Umgekehrt bedeuten starke Käufe von Kaufoptionen (Calls), dass mit einer Kurssteigerung gerechnet wird. Das Verhältnis dieser beiden Werte zeigt, ob die Stimmung am Markt optimistisch oder pessimistisch ist. In der Regel verhält sich der Markt genau umgekehrt zur Mehrheitsmeinung. Diese Informationen sind in jedem Finanz-Nachrichtendienst zu finden.
- *Leerverkäufe (Short Interest):* Dieser Indikator beschränkt sich nur auf Aktien, ist aber im Wesentlichen identisch mit dem Put/Call-Ratio. Je mehr Leute glauben, dass die Aktienkurse fallen werden, desto mehr verkaufen. Bei einem Short-Geschäft (Differenzgeschäft) werden Wertpapiere verkauft, die sich noch gar nicht im Besitz des Verkäufers befinden, zumeist in der Hoffnung, sie später zu einem niedrigeren Kurs zurückkaufen zu können und an der Differenz zwischen Verkaufs- und Kaufpreis zu verdienen. Das Short Interest steigt, solange die Zahl der Leute, die niedrigere Kurse erwarten, steigt und die Zahl der Baissespekulanten, die den Kurs weiter nach unten treiben können, abnimmt. Wenn der Kurs dann steigt, müssen diese Short Positionen eilig zurückgekauft werden, mit der Folge, dass der Kurs schneller als zuvor nach oben treibt.
- *Handelstätigkeit von Großunternehmen:* Auf den Warenmärkten beherrschen zum Beispiel bestimmte Goldminen, Getreidehändler und Ölunternehmen einen sehr großen Teil des Handelsvolumens. Diese versuchen, das Risiko auf die Spekulation zu verlagern, um die Preise zu sichern. Wenn sie kaufen oder verkaufen, beruht das auf legalem Insiderwissen über den Markt. In den USA zeigt der wöchentliche Bericht zur Aktivität der Warenbörsen im Einzelnen auf, wer welches

Gut handelt, wobei die Marktteilnehmer nach Unternehmensgröße aufgegliedert werden.

Die marktbeherrschenden Unternehmen trotten durch den Markt wie Elefanten, während Kapitalanleger wie Mäuse huschen. Es ist klug, ihrer Führung zu folgen. Wenn Sie sich gegen sie stellen, könnten Sie zerquetscht werden.

Es gibt weitere Stimmungsindikatoren, wie zum Beispiel die Rücknahmequote von Investmentfonds und die Zu- oder Abnahme von Wertpapierkäufen auf Kreditbasis. Jeder Indikator misst, wie viel Risiko die Marktteilnehmer übernehmen wollen, um ihre Furcht zu bekämpfen oder ihre Habgier zu befriedigen. Je höher der Grad der Spekulation, desto höher sind die Erwartungen und desto wahrscheinlicher ist ein Mangel an neuen Käufern – jeder hat bereits gekauft.

13
Die Beeinflussung des Aktienmarktes durch Zinsen und Anleihen

Eine steigende Inflation wirkt sich negativ auf den Anleihemarkt aus. Die Inflationsentwicklung wird unter anderem mit dem Bridge/CRB-Index der Warentermingeschäftspreise gemessen.

Wenn der CRB-Preisindex steigt, ist das eine schlechte Nachricht für Anleihen in allen Industrieländern. Der CRB-Index bewegt sich umgekehrt zum Anleihemarkt. Die Analyse dieser Zusammenhänge bezeichnet man als Intermarket-Analyse, die anders ausgedrückt die Beziehungen zwischen verschiedenen Märkten untersucht.

Der Aktienmarkt wird durch die Höhe der Zinsen und den Anleihemarkt beeinflusst. Wenn die Zinsen steigen, fallen die Aktienkurse – und umgekehrt. Der Anleihemarkt wird durch die Wechselkurse und den Kapitalzufluss aus dem Ausland beeinflusst. Der Kapitalzufluss wiederum ist von globalen Konjunkturzyklen abhängig.

Es ist zweckmäßig, diese Entwicklungen zu beobachten, selbst wenn Sie nur Anteile eines Investmentfonds mit Indexbindung kaufen wollen. Von einem Kapitalzufluss aus dem Ausland profitiert der Anleihemarkt, die Zinssätze bleiben niedrig und der Aktienmarkt kann steigen.

Intermarket-Analyse

In seinem 1989 erschienenen Buch *The Intermarket Analysis* (*Technische Intermarket-Analyse*, Frankfurt/New York 1996) stellte John J. Murphy fest, dass alle Märkte miteinander verbunden sind und in einem Zusammenhang stehen. Dies wird unter anderem durch das Auftreten globaler Börsencrashs belegt.

Betrachten wir einige typische Zusammenhänge zwischen verschiedenen Märkten. Abbildung 13.1 zeigt die Entwicklung des Aktien- und Anleihemarktes in den USA vor dem Börsencrash 1987. Anfang 1987 bewegten sich die beiden Märkte zusammen nach oben und unten. Der Aufwärtstrend am Anleihemarkt wurde im März 1987 einige Wochen vor dem positiven Aktientrend gebrochen. Auch im Juni 1987 stiegen die Anleihen früher als die Aktien.

Im Juli fielen die Anleihen wieder, aber die Aktien nicht. Je stärker die beiden Märkte divergierten, desto stärker musste die spätere Korrektur ausfallen. Am Tag des Börsencrashs fielen nicht nur die Aktienkurse, sondern der Anleihemarkt schoss gleichzeitig in die Höhe, was zu einem beachtlichen Zinsrückgang führte. Beide Seiten der Gleichung korrigierten also dramatisch.

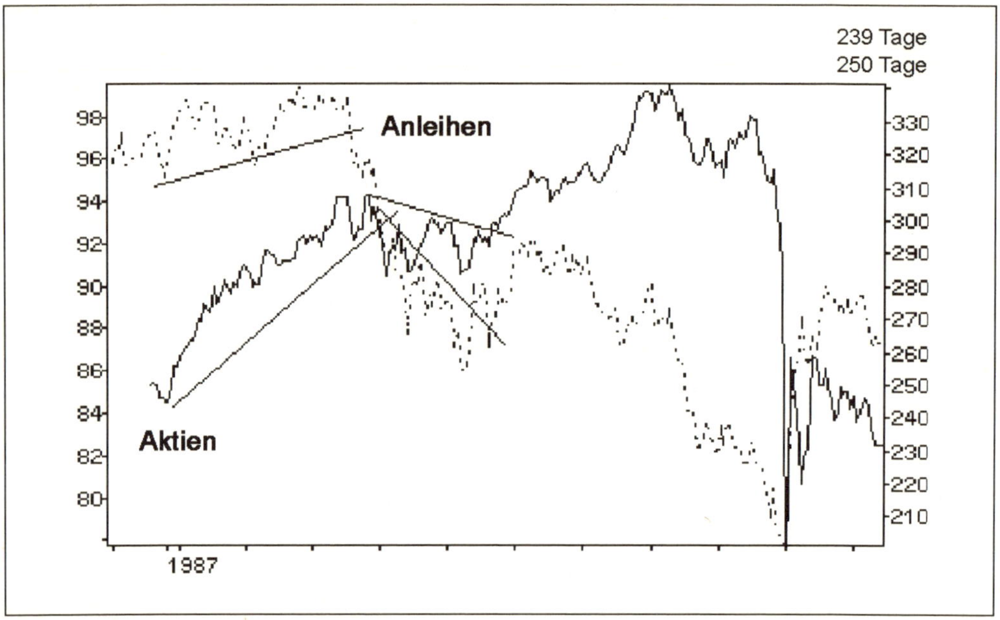

Abb. 13.1: Aktien und Anleihen in den USA

Traditionell wurde der Bridge/CRB-Preisindex verwendet, um die Inflationsentwicklung zu messen und den Anleihemarkt zu analysieren. Wenn die Rohstoffpreise steigen, wirkt sich das natürlich auf die Inflation aus und die Zinsen steigen ebenfalls. Dieser Zusammenhang schien jedoch Ende 1995 nicht mehr gültig zu sein (siehe Abbildung 13.2). Doch dies war ein Fehlschluss: Zwar hatte sich die Dynamik der globalen Wirtschaft vielleicht in diesem Jahr geändert, nicht jedoch der Zusammenhang zwischen CRB-Index und Zinsen. Im Jahre 1996 nahmen beide Kurven ihren typischen Gleichlauf wieder auf.

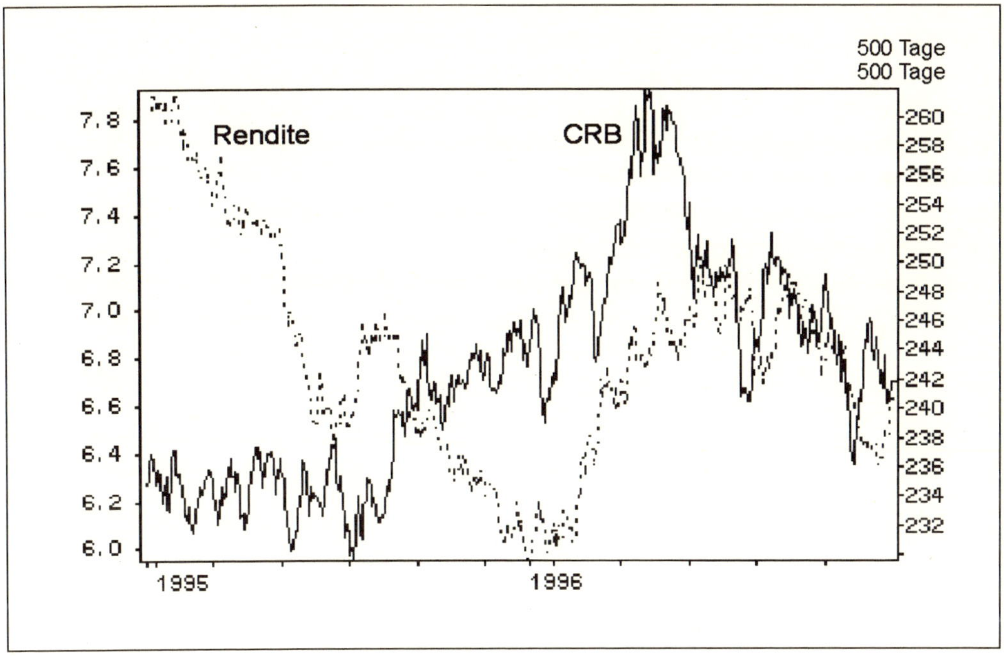

Abb. 13.2: CRB-Index und Anleihenrendite

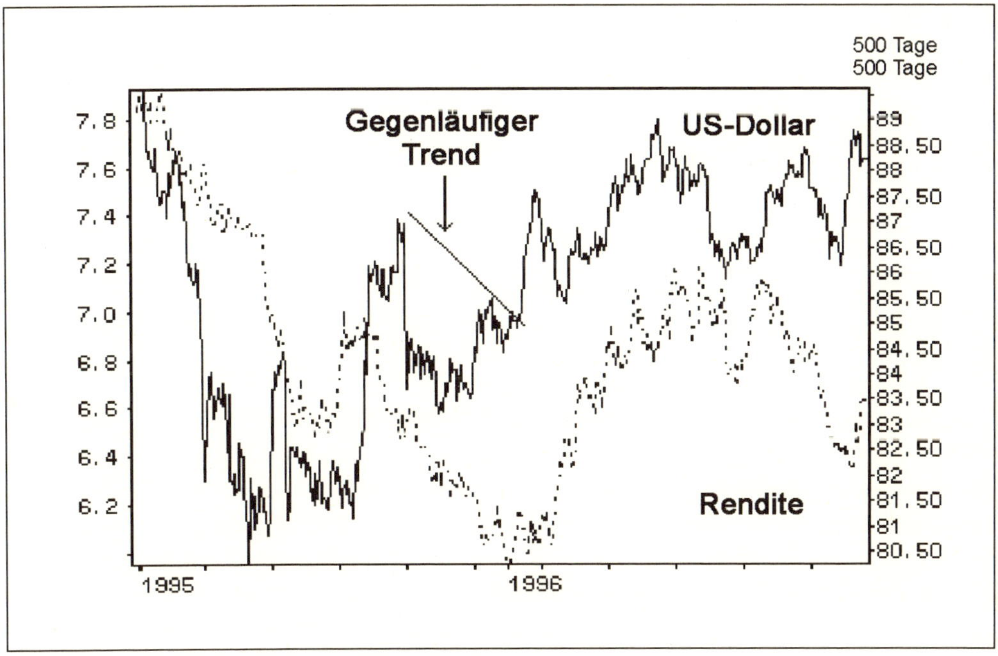

Abb. 13.3: US-Dollar und Rendite 30-jähriger US-Anleihen

Abbildung 13.3 zeigt eine enge Korrelation zwischen der Rendite 30-jähriger US-Anleihen und dem Index des US-Dollars. Abbildung 13.4 wiederum spiegelt die Entwicklung des CRB-Preisindex und des US-Dollar-Index wider. Zwischen diesen beiden Kurven besteht eine umgekehrte Beziehung. Die Divergenz zwischen dem CRB-Index und der Rendite Ende 1995 wird durch den gegenläufigen Trend des US-Dollars im gleichen Zeitraum leicht erklärt. Diese beiden Beziehungen erklären, warum das Verhältnis zwischen CRB-Preisindex und der Rendite der US-Staatsanleihen in dieser Zeit ungewöhnlich verlief.

Müssen Sie diese Beziehungen im Einzelnen beherrschen? Sicherlich nicht. Sie müssen jedoch die Gesamtsituation kennen, damit Sie nicht blind investieren.

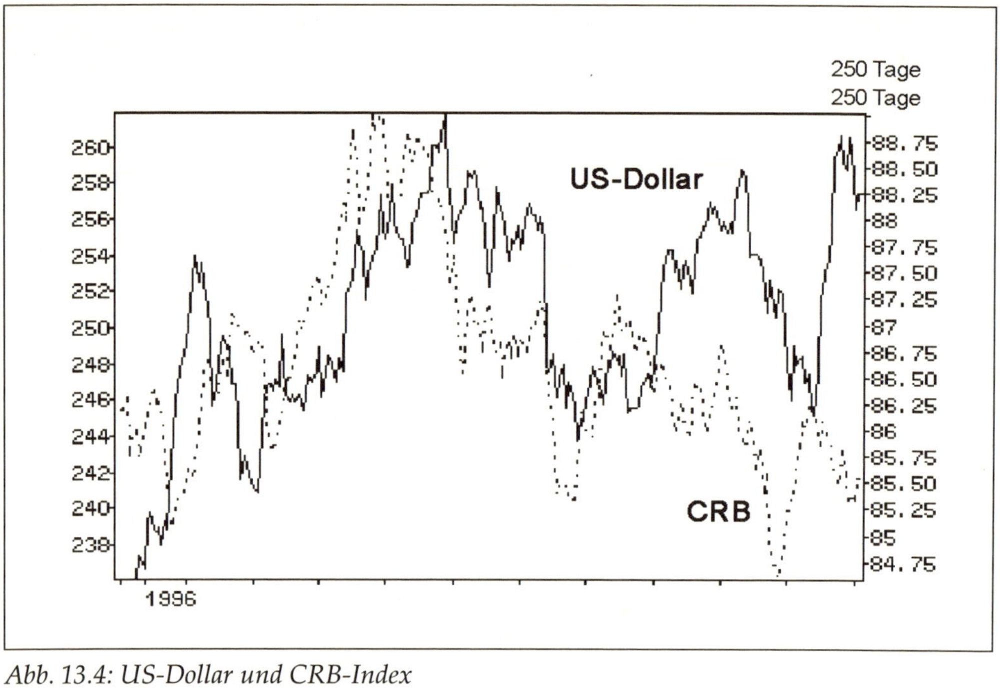

Abb. 13.4: US-Dollar und CRB-Index

Intramarket-Analyse

Die Intermarket-Analyse kann auch auf verbundene Märkte angewendet werden. So kann zum Beispiel der Preisunterschied zwischen zwei Waren ausgenutzt werden, die substituiert werden können. Zwei Aktien derselben Branche können auf gleiche Weise analysiert werden, indem man zum Beispiel die Kurse beider Titel zueinander ins Verhältnis setzt und so eine Kennzahl bildet. Eine Aktie kann auch im Verhältnis zu ihrer Branche oder die Branche im Verhältnis zum Gesamtmarkt beurteilt werden. Dies wird Analyse der relativen Stärke genannt (siehe Kapitel 14).

Es gibt Zeiten, in denen der Markt für eine bestimmte Ware relativ illiquide ist und es daher schwierig ist, Warentermingeschäfte abzuschließen, um sich vor preisbedingten Verlusten zu schützen. Inhaber kanadischer Schuldverschreibungen sichern zum Beispiel oft den entsprechenden Gegenwert über eine US-Dollar-Verkaufsoption zum Tilgungstermin gegen Kursrisiken ab, wenn der Terminmarkt für kanadische Anleihen illiquide ist.

Wenn wir alle Überlegungen in einem aussagefähigen Beispiel zusammenfassen, dann können wir sagen: Die Analyse der Aktie eines Schokoladenherstellers wie zum Beispiel Hershey Foods sollte den Gesamtmarkt, den Hauptrohstoff Kakao, die Kreditzinssätze für Investitionen und die relevanten Wechselkurse berücksichtigen. Jeder dieser Märkte beeinflusst den Gewinn des Unternehmens.

14
Die Bewertung von Aktien

Wenn Sie bei einer Aktie mindestens drei der folgenden Eigenschaften finden, dann besteht die Aussicht, dass Sie einen Sieger auswählen:

- *Steigender Kurstrend,* da immer mehr Kapitalanleger kaufen.
- *Steigende Börsenumsätze,* da die Anleger aggressiver kaufen.
- *Starkes,* aber nicht übertriebenes *Preis-Momentum.* Ein übertriebenes Momentum deutet an, dass sich Angebot und Nachfrage nicht im Gleichgewicht befinden.
- *Starke Branche.* Wenn es der Branche gut geht, dann profitieren alle Aktien dieser Branche davon.
- *Starker Markt.* Eine steigende Flut hebt alle Boote.
- *Günstiges Umfeld.* Niedrige Rohstoffpreise, hohe Verkaufspreise, günstige Herstellkosten, großes Angebot und starke Nachfrage in der Branche.

Dies sind die Basiskriterien zur Bewertung von Aktien, die im Folgenden analysiert werden.

Trend und Momentum

Viele technische Indikatoren sind Trendfolgesysteme, die verwendet werden, um zu bestätigen, dass bereits ein Trendwechsel stattgefunden hat.

Ein gleitender Durchschnitt sinkt zum Beispiel erst nach dem Kurshoch, weil er den Durchschnitt aus alten und neuen Kursen berechnet. Für eine Prognose der Kursentwicklung sind Momentum-Indikatoren besser geeignet. Sie messen die Geschwindigkeit von Kursänderungen, nicht die Kurse selbst.

Die erste Aufgabe der technischen Analyse ist die Ermittlung des Trends; der nächste Schritt besteht darin, seine Stärke zu ermitteln. Das Momentum eines Trends kann gemessen werden, und seine Definition erinnert an die Gesetze der Physik, doch angewandt auf die Finanz- und Warenmärkte: Das Momentum wird durch die Komponenten Geschwindigkeit und Kraft bestimmt. Geschwindigkeit ist gleichbedeutend mit der Steigung der Trendlinie, Kraft meint die Überzeugung der Marktteilnehmer, ausgedrückt in ihrem Verhalten. Die Geschwindigkeit lässt sich mit verschiedenen Indikatoren messen, von denen die meisten hier nicht behandelt werden. Die Kraft kann durch den Börsenumsatz und bei Aktien durch die Marktbreite, bei Termingeschäften durch das Open Interest (die Anzahl der nicht glattgestellten Kontrakte) gemessen werden.

Daraus folgt: Je mehr Marktteilnehmer beteiligt sind und je stärker sich der Kurs ändert, desto bedeutender ist der Trend. Natürlich kann der Trend auch über das Ziel hinausschießen und zu so genannten Overbought- (Überkauft-) oder Oversold- (Überverkauft-) Situationen führen. Denken Sie dabei an ein Gummiband, das gezogen wird. An einem gewissen Punkt wirken die Kräfte des Gummibands, die es zusammenziehen wollen, stärker als die Kräfte, die es auseinander ziehen. Es kontrahiert und dieser Prozess wird im Markt Korrektur genannt.

Was genau ist ein Momentum?

Wenn ein Ball in die Luft geworfen wird, nimmt seine Geschwindigkeit allmählich ab, bis er mitten in der Luft einen Augenblick stillsteht und dann zurückfällt. Obgleich der Ball also anfangs noch steigt, sinkt seine Geschwindigkeit. Auch Märkte zeigen dieses Verhalten. Wenn Sie feststellen, dass die Geschwindigkeit einer Kurssteigerung abnimmt, sollten Sie dies als Warnsignal verstehen, dass der Höchstkurs fast erreicht ist.

Für sinkende Märkte trifft eine andere Analogie zu. Nehmen Sie den gleichen Ball auf die Spitze eines Hügels mit und lassen Sie ihn dann los. Wenn er hinunterrollt, nimmt seine Geschwindigkeit zu. Wenn er am Boden ankommt, bewegt er sich zwar noch, aber weil der Boden jetzt flach ist, nimmt seine Geschwindigkeit ab.

Diese Beispiele zeigen, dass ein Markt sich in der Regel so lange in seine ursprüngliche Richtung weiterentwickelt, bis eine neue Kraft auf ihn einwirkt. Der Gummiball wird von Kräften beeinflusst, die Schwerkraft und Reibung genannt werden. Die Märkte sind von Kräften bestimmt, die man als Unterstützung und Widerstand bezeichnet. Wenn sich ein Markt bewegt, aber weder die Unterstützungs- noch die Widerstandslinie berührt, wird er sich weiterhin in Richtung des Trends bewegen, aber mit immer langsamerer Geschwindigkeit, bis er wie ein erschöpfter Langstreckenläufer zum Stillstand kommt. Der Kauf- oder Verkaufsdruck, der die Veränderung speist, ist verschwunden.

So lesen Sie ein Momentum-Chart

Die meisten Indikatoren, die das Momentum messen, sind ähnlich konstruiert. Einige funktionieren am besten bei der Aktienanalyse, andere sind besonders zuverlässig bei Markthochs, manche in einer Seitwärtsbewegung und wieder andere geben in klaren Trendmärkten die besten Signale. Für unsere Zwecke sind sie austauschbar.

Ob Ford, Peugeot oder Honda: Alle Autos haben einen Motor. Alle Motoren verwandeln Treibstoff in Energie, die das Auto bewegt. Auf den Märkten messen Indikatoren die Stärke des Trends und versuchen Extremwerte (das überdehnte Gummiband) zu erkennen.

Es gibt vier Grundereignisse, die man auf einem Momentum-Chart beobachten kann.

Das erste Ereignis ist ein *Schnittpunkt mit der Null-Linie*. Wenn das Momentum negativ ist und die Null-Linie in den positiven Bereich überquert, könnte es sich um ein Kaufsignal handeln. Die Preise ziehen steiler an als zuvor , da neue Käufer in den Markt eintreten. Beachten Sie, dass dies nur dann ein gültiges Signal ist, wenn die Null-Linie in Richtung des vorherrschenden Trends überquert wird. Trends sind immer wichtiger als ihre abgeleitete Kennzahl – das Momentum.

Das zweite Ereignis ist eine *Divergenz des Preisverhaltens*. Wenn die Preise immer neue Tiefs erreichen, aber die Momentum-Kurve ansteigende Tiefpunkte zeigt, nimmt die Dynamik des Marktabschwungs ab.

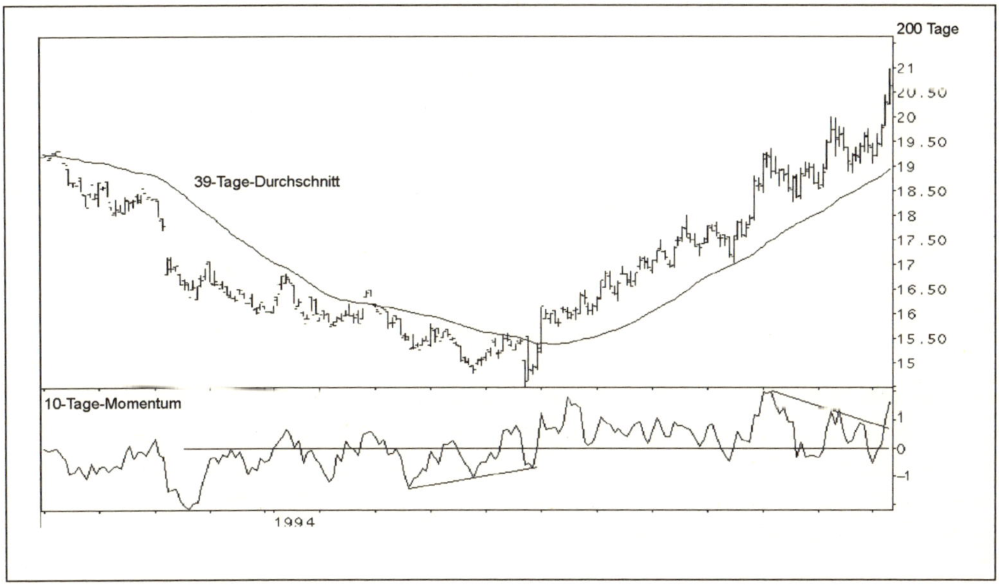

Abb. 14.1: NYMEX Leichtes Erdöl

Abbildung 14.1 zeigt die Preisentwicklung für Rohöl mit einem 39-Tage-Durchschnitt und einem 10-Tage-Momentum-Indikator. Der gleitende Durchschnitt beschreibt den Trend. Das 10-Tage-Momentum beschreibt die Dynamik des Trends.

Im März, als der Markt noch fiel, zeigte das Momentum bereits eine Aufwärtstendenz. Mit anderen Worten, die Dynamik der Abwärtsbewegung nahm ab, obwohl die Preise noch fielen. Dies deutete an, dass der Verkaufsdruck sich abschwächte. Beachten Sie, dass der Indikator in der Periode des abweichenden Momentums mehrere Male die Null-Linie durchbrach. Da der Markt einen Abwärtstrend zeigte, wurden diese Durchbrüche der Null-Linie ignoriert.

Im April änderte sich der Trend und die Preise begannen zu steigen. Das Momentum war im positiven Bereich angelangt und bewegte sich nun zwei Monate lang seitwärts. Anfang Juni durchbrach das Momentum schließlich die Null-Linie nach unten. Da der Haupttrend immer noch nach oben gerichtet war, wurde dieses Signal ignoriert. Andere Indikatoren wie zum Beispiel der gleitende Durchschnitt selbst bestätigten dies, da der Preis von dieser Unterstützungslinie abprallte.

Ende Juni erreichte das Momentum ein Niveau, das im Vergleich zur bisherigen Entwicklung sehr hoch war. Dies ist das dritte mögliche Ereignis, es kann eine *Overbought-Situation* anzeigen, in der die Preise die Bewertungen der Marktteilnehmer überzeichnen. Das Signal war ein Hinweis dafür, dass der Markt vielleicht eine kurze Pause brauchte und neue Käufe zu diesem Zeitpunkt nicht ratsam waren.

Wenn der Ball in unserem obigen Beispiel nach oben geworfen wird, prallt er manchmal von der Decke ab. In diesem Fall ändern sich sowohl der Preis als auch das Momentum zur gleichen Zeit. In einer solchen Situation kann eine Trendänderung im Momentum anstelle der ersten drei Basisereignisse ein wichtiges Signal geben.

Dies würde normalerweise andeuten, dass der Kurs beziehungsweise Preis kurz vor einem Hoch steht. Aber Ende Juli brach das Momentum durch seinen eigenen *Abwärtstrend* (Ereignis Nr. 4) und deutete damit neuen Kaufdruck und somit erneute Gewinnmöglichkeiten an.

Schlussfolgerung

Das Momentum ist ein sehr nützlicher Frühindikator, aber es sollte als ein Instrument zur Suche nach günstigen Handelsgelegenheiten verwendet werden und nicht als endgültige Instanz für eine Kauf- oder Verkaufsentscheidung. Achten Sie darauf, dass alle Signale durch eine Trendänderung und andere technische Signale wie zum Beispiel Umkehrmuster auf Balkencharts bestätigt werden.

Börsenumsatz

Der Börsenumsatz beschreibt, wie viel Geld die Anleger auf den Tisch legen, um ihre Hausse- oder Baisseerwartungen zu stützen. Der Analyst kann auf Hausse oder Baisse setzen, aber die Anleger riskieren ihr Geld. Je mehr Geld sie beim Kauf oder Verkauf riskieren, desto stärker muss ihre Überzeugung sein. Wir können Überzeugung mit Bewertung gleichsetzen und wenn sie steigt, dann steigt der Kurs.

Nach den Gesetzen der Börse sollte der Umsatz in einem gesunden Aufwärtstrend zunehmen. Wenn der Kurs steigt und sich immer mehr Kapitalanleger an der Hausse beteiligen, dann steigt der Börsenumsatz.

Wenn die Aufwärtsbewegung Schwäche zeigt, weil die Mehrheit der Anleger den frühen Käufern nicht folgt oder wenn sich ein Trend seinem Ende nähert, fällt der Börsenumsatz. Weniger Anleger kaufen kleinere Mengen und die Interpretation liegt nahe, dass der Markt seine Überzeugung verloren hat.

In Chartformationen, die eine Konsolidierung anzeigen, sinkt der Börsenumsatz im Allgemeinen. Wenn der Markt zurückgeht (was die Medien »Gewinnmitnahme« nennen), deutet ein niedriger Börsenumsatz an, dass sich Käufer und Verkäufer nach dem kürzlichen Aufschwung neu positionieren.

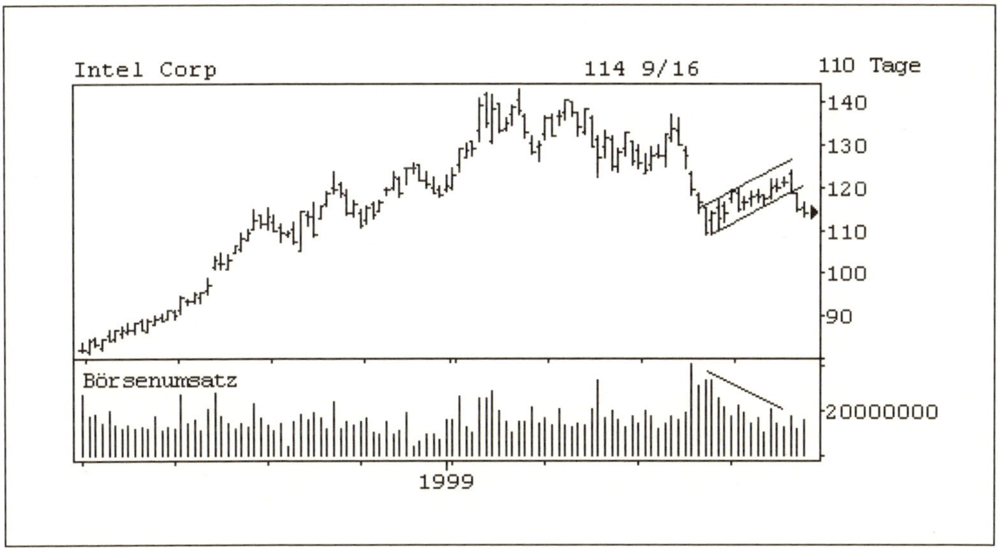

Abb. 14.2: Kursentwicklung und Börsenumsatz

In Abbildung 14.2 lag der Kurs von Intel deutlich unter seinem Allzeithoch, als Ende Februar 1999 ein neuer Kursanstieg einsetzte. Beachten Sie, dass der Börsenumsatz während des Kursanstiegs zurückging. Dies deutete an, dass es zu den neuen Kursen wenig Käufer gab und die Nachfrage nicht ausreichte, um die Kurssteigerung aufrechtzuerhalten. Daher brach der Kurs im März nach unten aus der Flagge aus.

Relative Stärke von Märkten, Branchen und Aktien

Aktien existieren nicht im luftleeren Raum. Wie steht die Aktie im Vergleich zur Branche da? Wie die Branche im Vergleich zum gesamten Aktienmarkt? Sind Aktien eine bessere Anlage als Anleihen oder Gold?

Wenn Kapitalanleger versuchen, die Wahrscheinlichkeit eines erfolgreichen Geschäfts zu maximieren, beginnen sie häufig mit einem Top-Down-Approach, das heißt, sie untersuchen zunächst den Gesamtmarkt und erst dann spezifische Wertpapiere oder Waren. Wenn die Anlageentscheidung für Aktien bereits getroffen wurde, lautet die nächste Frage, welche Aktien eine besonders günstige Anlage darstellen. Dabei ist ein Vergleich der relativen Stärke jeder Branche mit einem breiten Aktienindex hilfreich.

RS ist nicht RSI

Die relative Stärke (RS) ist ein Maßstab dafür, wie ein Wert gegenüber einem anderen abschneidet. Im Gegensatz dazu misst der Index der relativen Stärke (RSI), wie sich das Momentum eines einzigen Wertes im Lauf der Zeit ändert. Der RSI ist ein nützliches Instrument, um eine Entscheidung über den Kauf- oder Verkaufszeitpunkt zu treffen, aber die RS ist geeigneter, wenn es um die Auswahl des Wertes geht.

Die RS ist schlicht der Quotient aus Wert 1 und Wert 2. Das Ergebnis wird in ein Liniendiagramm eingezeichnet. Nun können Trends, gleitende Durchschnitte und andere Indikatoren berechnet werden. Die wichtigsten Aspekte der Analyse sind die Ermittlung von Trends und Trendänderungen, wie im Folgenden gezeigt wird.

Abbildung 14.3 zeigt das Verhältnis des japanischen Nikkei-225-Index zum Morgan-Stanley-Weltaktienindex für den Zeitraum von 1993 bis 1996. Der Morgan-Stanley-Index repräsentiert den globalen Aktienmarkt. Die langfristige Trendlinie zeigt an, dass sich der Nikkei-Index in den dargestellten vier Jahren schlechter als der Weltaktienindex entwickelte. Der Zwischentrend für den Zeitraum von Juni 1995 bis Juli 1996 zeigt, dass japanische Aktien sich hier besser entwickelten als der Weltaktienindex. Dies war ein Gegentrend innerhalb des vorherrschenden Abwärtstrends.

Der Nikkei-Index schwankte im Zeitraum von 1993 bis 1996 innerhalb einer großen Bandbreite. Wenn der Weltaktienindex stieg, während der japanische Markt sich seitwärts bewegte, sank der Quotient der beiden Indizes – die RS-Kurve. Mitte 1995 stieg der Kurs des Nikkei schneller als der Weltaktienindex und damit auch der Quotient aus beiden Indizes.

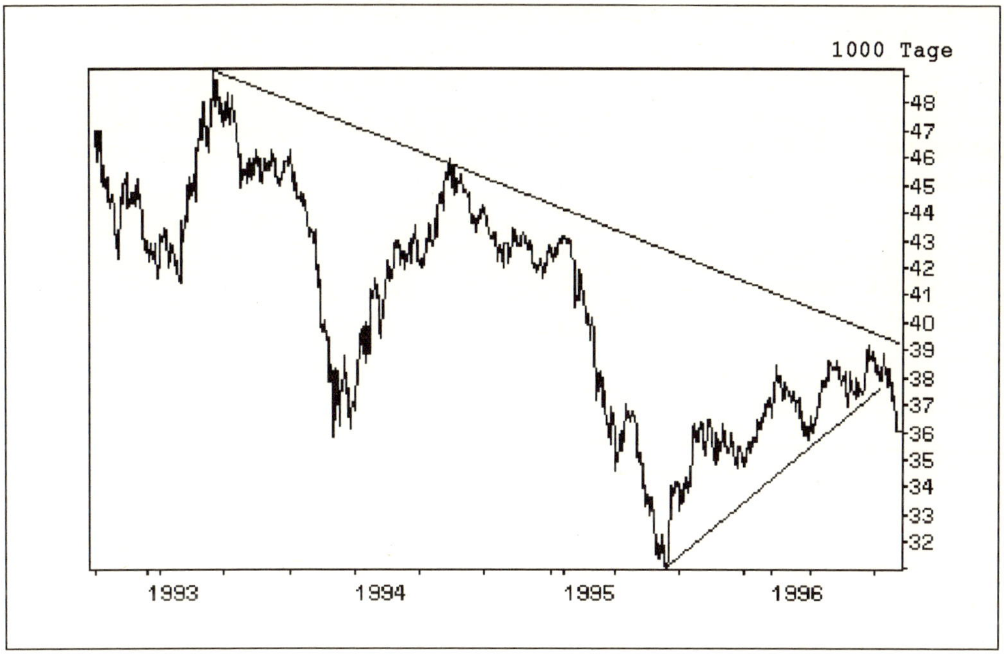

Abb. 14.3: Nikkei-Index vs. Morgan-Stanley-World-Index

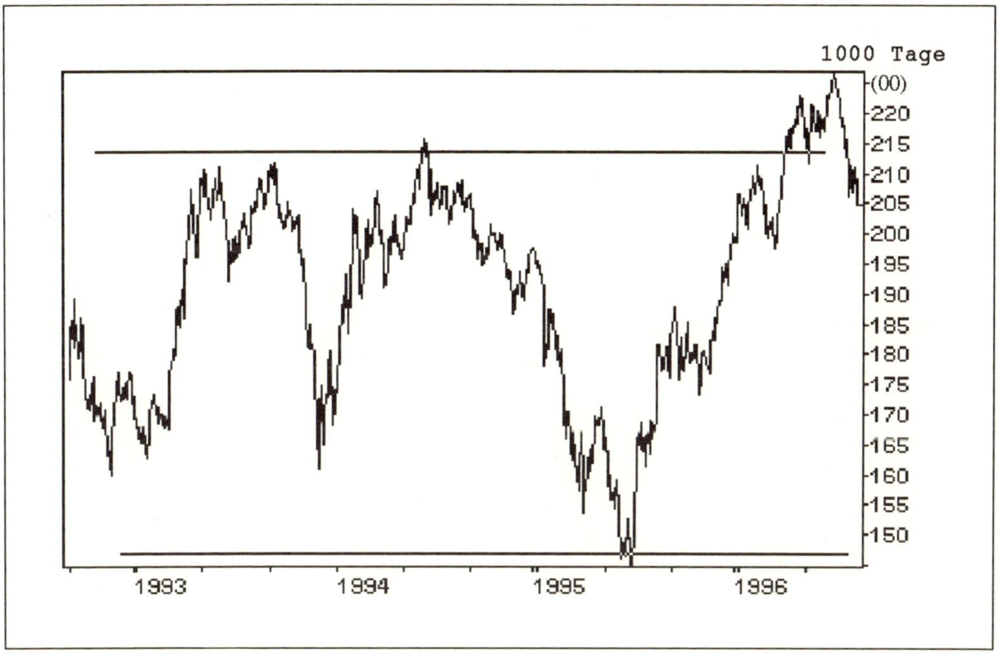

Abb. 14.4: Nikkei-Index

Schnelle visuelle Analyse

In den Abbildungen 14.5 bis 14.10 ist für den gleichen Zeitraum das Verhältnis der größten Aktienmärkte zum Weltaktienindex dargestellt. Eine Trendanalyse zeigt, dass der FTSE-100-Index der Londoner Börse (siehe Abbildung 14.6) zum Ende dieses Zeitraums seine Abwärtstrendlinie nach oben durchbrochen hat und sich nun vermutlich eine Zeit lang positiver als der Weltaktienindex entwickeln wird. Hongkong (Abbildung 14.7) entwickelte sich in den letzten zweieinhalb Jahren parallel zum Weltaktienindex. Frankreich (Abbildung 14.8), Australien (Abbildung 14.9) und Deutschland (Abbildung 14.10) befanden sich in einem dreijährigen Abwärtstrend.

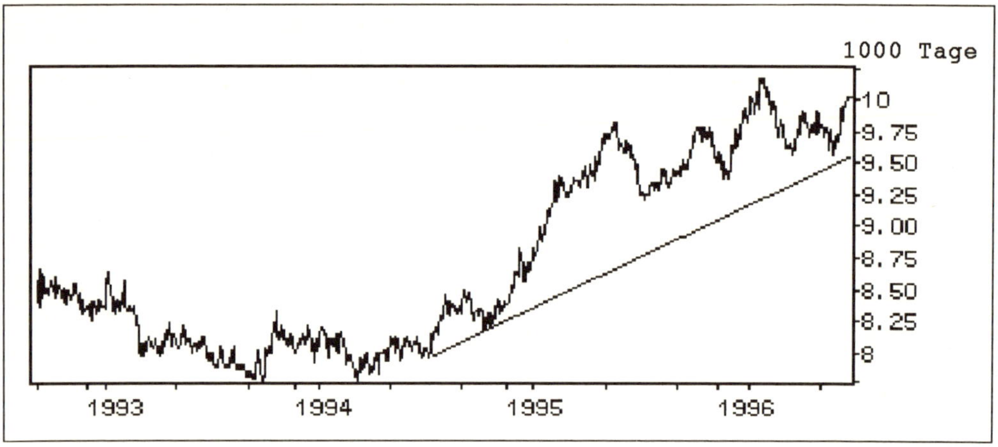

Abb. 14.5: Dow Jones/Welt

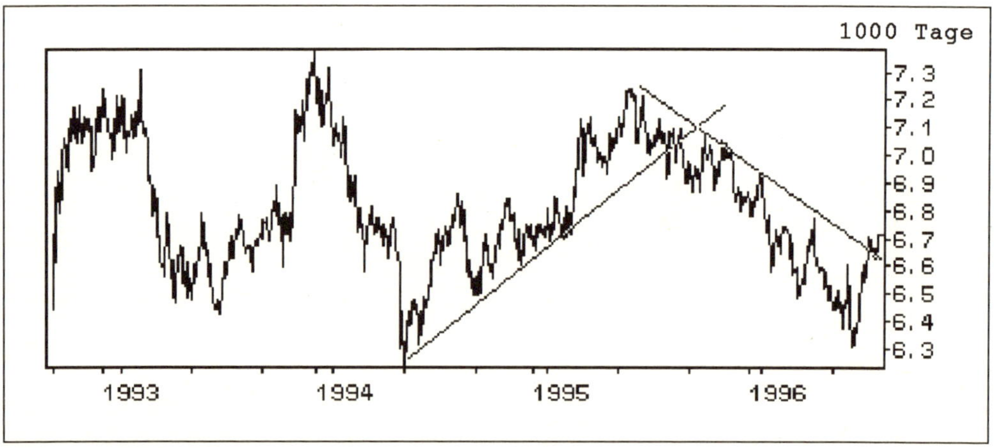

Abb. 14.6: FTSE/Welt

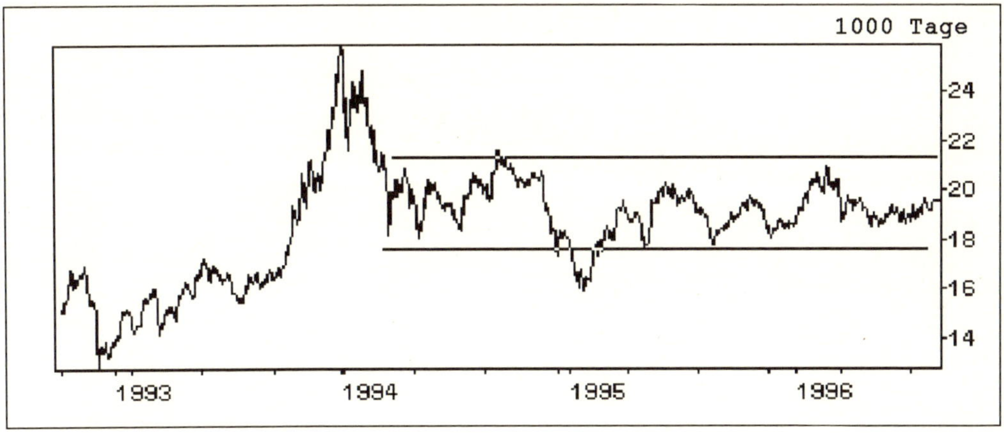

Abb. 14.7: Hongkong/Welt

Abb. 14.8: Frankreich/Welt

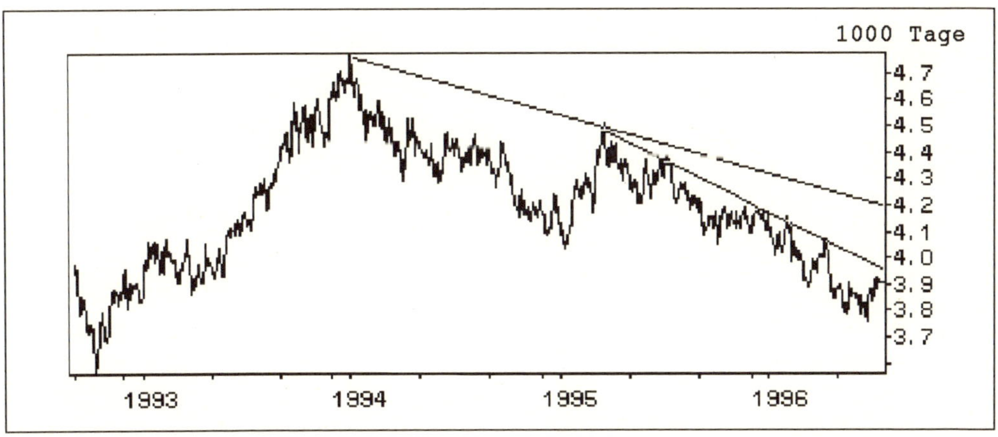

Abb. 14.9: Australien/Welt

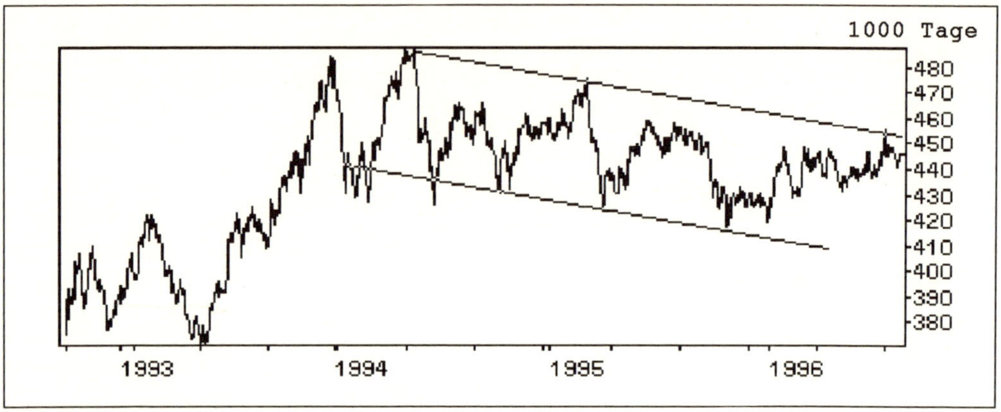

Abb. 14.10: Deutschland/Welt

Dieser Zeitraum war gut für Weltaktien. Eine Analyse der relativen Stärke der einzelnen Märkte konnte dem Anleger die Entscheidung erleichtern, welche Aktien in einem globalen Aktienportfolio gehalten werden sollten.

Basisbildung und Ausbrüche

Viele Faktoren, die zur positiven Bewertung einer Aktie beitragen, treten erst auf, nachdem sich ein Trend gebildet hat.

Wenn eine Aktie eine Zeit lang ruhig in einer engen Bandbreite gehandelt wurde, durchläuft sie eine Phase, die als Akkumulation bezeichnet wird. In dieser Phase kauft das »kluge Kapital« Aktien. Die breite Öffentlichkeit hat diese Aktivität noch nicht bemerkt und daher bleibt der Kurs stabil.

An einem gewissen Punkt bricht die Aktie aufgrund guter Nachrichten aus der Bandbreite aus. Dieser Ausbruch liefert ein Kaufsignal und es ein neuer Aufwärtstrend beginnt.

Je größer die Basis ist, desto größer kann der Aufschwung ausfallen.

15
Chancen und Risiken

In Kapitel 14 wurde die Bewertung von Aktien behandelt. Diesen Aspekt wollen wir hier vertiefen, indem wir aufzeigen, wie man das Potenzial einer Aktie beurteilt – nicht nur ihre theoretischen Aussichten.

Wenn die Transaktionskosten und das Verlustrisiko nicht Null sind, können Sie nicht einfach jede Aktie kaufen, die den Test in Kapitel 14 bestanden hat. Im Folgenden wird erklärt, wie man Aktien auswählt, mit denen man die besten Chancen hat, bei akzeptablem Risiko Geld zu verdienen.

Wie kann der potenzielle Gewinn ermittelt werden?

Stellen Sie sich vor, Ihnen liegen Anlageempfehlungen der Wertpapierabteilung Ihrer Bank vor. Anhand von Chartanalysen analysieren Sie das Potenzial dieser Aktien, wobei ihr Hauptaugenmerk den einzelnen Chartformationen gilt.

Die Bestimmung von Chartformationen

Der erste Schritt zur Beurteilung der zukünftigen Kursentwicklung einer Aktie ist die Bestimmung der aktuellen Chartformation.

Am leichtesten ist das Rechteck zu erkennen. Der Boden eines Rechtecks entspricht dem Kursniveau, bei dem Haussespekulanten die Aktie für unterbewertet halten und kaufen. Grund dafür sind entweder geänderte Kurserwartungen, etwa ein Ausbruch des Kurses über eine Widerstandslinie, oder die Haussiers folgen schlicht einem bestehenden Trend. Der Kurs steigt bis zur Widerstandslinie des

Rechtecks, wo Gewinne mitgenommen werden. Diese Aktivität der Baissespekulanten drückt den Kurs wieder in Richtung des Rechteckbodens.

Zu diesem Zeitpunkt ist das Rechteck noch nicht deutlich zu erkennen. Abbildung 15.1 zeigt, dass französische Anleihen im Juli 1991 ein Rechteck bildeten. In diesem Fall endete der Kursrückgang am Boden des Rechtecks, wo Leerverkäufer (Short-Sellers) Gewinne mitnahmen und die Haussespekulanten wieder zu aktiven Käufen schritten. Der Kurs stieg, bis neue Leerverkäufer eine zweite Verkaufschance erhielten. Wiederum fiel der Kurs auf den Boden des Rechtecks.

Abb. 15.1: MATIF Französische Anleihen

Dieser Boden unterschied sich dadurch von dem vorigen, dass neue Käufer eine zweite Chance erhielten, zu den gleichen niedrigen Kursen wie zum früheren Tiefpunkt zu kaufen. Dieser Zyklus von zweiten und dritten Chancen treibt den Kurs nach oben und unten, bis er schließlich aus dem Rechteck ausbricht. Händler nehmen dann an, dass die alte Wertspanne nicht mehr gültig ist. Im Fall der französischen Anleihen war die Rechteck-Fläche jetzt zu billig.

Das Rechteck maß von der Widerstands- bis zur Unterstützungslinie ungefähr 150 Basispunkte. (Ein Basispunkt entspricht einem Hunderstel Prozent, die kleinste

Abb. 15.2: US-Schatzanweisungen

Änderungseinheit in diesem Markt). Beim Kursausbruch nahmen die Käufer an, dass der Kauf bei diesem neuen Kurs einen ähnlichen Gewinn liefern wird wie der Kauf am Boden der ehemaligen Handelsspanne. Daraus ergab sich ein oberes Kursziel von 107, entsprechend der Spitze des Rechtecks plus 150 Basispunkte. Dieser Kurs wurde in wenigen Wochen erreicht und erwies sich als Widerstand.

Dreiecksformationen

Die meisten Chartformationen sind schwieriger zu interpretieren als Rechtecke. Eine Kopf-Schulter-Formation wird zum Beispiel von der Nackenlinie bis zum Scheitel gemessen. Wo die Nackenlinie platziert wird und wie viel Neigung dieser Linie zugestanden wird, ist Sache des Analysten.

Das Dreieck liegt zwischen dem Rechteck und der Kopf-Schulter-Formation. Dies schließt alle Variationen des Dreiecks ein, etwa Keil, Wimpel oder aufsteigende Dreiecke. Ein Dreieck ist eine Handelsspanne, die im Lauf der Zeit kleiner wird. Verkäufer warten nicht, bis das bisherige Hoch erreicht wird. Umgekehrt warten Käufer nicht, bis der frühere Boden erreicht ist. Dieser Zyklus setzt sich fort, bis der Abstand zwischen den Hochs und Tiefs relativ klein ist und beide Seiten unsicher über die zukünftige Kursrichtung sind.

Abbildung 15.2 zeigt die Kursentwicklung der US-Schatzanweisungen Ende 1995 in einer Dreiecksformation. Diese Chartformation haben wir in Kapitel 8 als Trendbestätigungsformation eingestuft. Hier bildet sie eine Trendumkehrformation. In dem 10-Wochen-Zeitraum stieß der Markt mehrere Male an die Grenzen des Dreiecks, daher war die Chartformation gut ausgebildet. Die Frage ist, wo man die Höhe der Chartformation messen sollte.

Der beste Messpunkt ist der, wo der Formationsrand zum zweiten Mal berührt wird. In diesem Fall ist dies die Kursspitze von Anfang Januar. Der Abstand von diesem Punkt bis zur gegenüberliegenden Grenze wird als Höhe des Dreiecks betrachtet.

Wenn der Kurs aus der Chartformation ausbricht, wird diese gemessene Charthöhe vom Ausbruchspunkt nach unten projiziert. Dies bildet das erste Kursziel. Im Falle der US-Schatzanweisungen betrug die Charthöhe ungefähr vier Punkte. Der Ausbruch geschah bei 118½, daher lag das erste Kursziel bei 114½. Dieses wurde innerhalb von zwei Wochen erreicht und erwies sich als Unterstützungslinie.

Neue Kursziele als Vielfaches der Formationshöhe

Der interessanteste Aspekt der Projektion von Chartformationen besteht darin, dass die Kursziele nach Durchbruch der Unterstützungs- oder Widerstandslinie häufig ganze Vielfache der Formationshöhe sind. Die US-Schatzanweisungen brachen bei 114½ durch die Unterstützungslinie und fielen um weitere vier Punkte auf die neue Unterstützungslinie bei 110½.

In Ausnahmefällen kann der Kurs um das Dreifache der Formationshöhe steigen oder fallen. Oft jedoch bleibt die Bewegung etwas hinter diesem Ziel zurück, etwa weil Leerverläufer sich bereits vor Erreichen der Zielmarke wieder eindecken. In jedem Fall liefert die Messung der Chartformation Hinweise, wohin sich der Kurs entwickelt.

Die Voraussetzungen eines guten Börsengeschäfts

Beim Kauf oder Verkauf von Wertpapieren wird häufig nicht auf das richtige Verhältnis von Chance und Risiko geachtet. In einem Aufwärtstrend mag es klug erscheinen, am oberen Punkt einer Korrekturzone eine Baisseposition einzugehen. Wenn aber das Gewinnpotenzial bei einem Abschwung 3 Punkte beträgt, der potentielle Verlust bei einer weiteren Kurssteigerung jedoch 10 Punkte, ergibt das Geschäft einfach keinen Sinn. Die technische Analyse kann helfen, die Chancen und Risiken eines Börsengeschäfts zu analysieren sowie darauf hinzuweisen, wenn ein gutes Geschäft in ein schlechtes umzuschlagen droht.

Ein paar Trendlinien auf einem Chart genügen zumeist, um zu erkennen, wann ein Handel äußerst riskant ist. Die Entwicklung des Nikkei-Index in Japan (siehe Abbildung 15.3) zeigt sehr deutlich, dass der Kurs vier Jahre lang in einer 6500 Punkte großen Bandbreite im Bereich von 14 500 bis 21 000 Punkten schwankte. Der Widerstand an der oberen Begrenzungslinie dieser Bandbreite war sehr stark ausgeprägt, daher war das Risiko eines Verkaufs bei diesem Kurs sehr gering. Der potenzielle Gewinn betrug 6 500 Punkte verglichen mit den wenigen hundert Punkten Verlust, falls die Widerstandslinie wider Erwarten durchbrochen würde. Wird der Widerstand in ein solcher Situation tatsächlich durchbrochen, gilt es, die Baisseposition sofort glattzustellen und stattdessen zu kaufen. Da wir es mit einem Rechteck zu tun haben, beträgt die Gewinnchance auch bei Berücksichtigung des kleinen Anfangsverlusts immer noch über 6 000 Nikkei-Punkte.

Abb. 15.3: Nikkei-225-Index

Eine aggressivere Strategie wäre, einen Ausbruch aus einer Konsolidierungszone vorwegzunehmen. Diese Strategie unterstellt, dass die Chartformation gebrochen wird, während in dem obigen Beispiel angenommen wurde, dass die Chartformation hält. Abbildung 15.4 zeigt einen Aufwärtstrend, der in dem Tief von Oktober 1995 ansetzt. Der Kurs blieb in einer Rechteck-Konsolidierungsformation hängen, prallte aber von der langfristigen Trendlinie ab und brach später nach oben aus der Rechteckformation aus. Der langfristige Trend gewinnt in der Regel die Schlacht gegen eine kurzfristige Konsolidierungsformation.

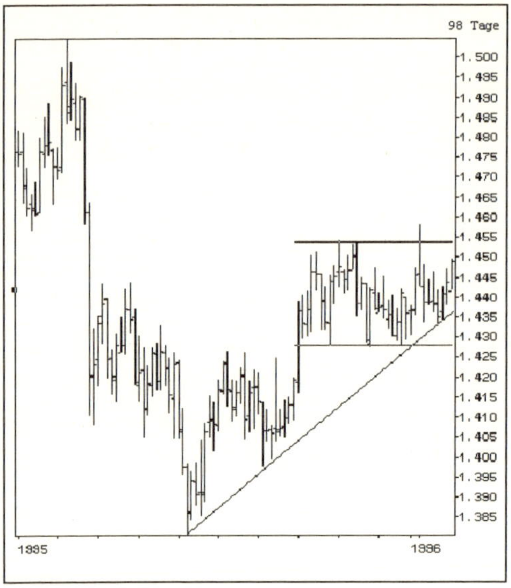

Abb. 15.4: US-Dollar in DM

Abb. 15.5: US-Dollar in DM

Einem potenziellen Gewinn von 310 Punkten – gemessen am Kursziel bei einem Ausbruch aus dem Rechteck – stand hier ein Risiko von 125 bis 130 Punkten gegenüber (die Strecke bis zur Trendlinie). In Abbildung 15.5 erkennt man, dass man mit dieser aggressiven Strategie die Gewinne des Ausbruchs voll einstreichen konnte. Bei einem Warten auf den Ausbruch hätte man einen großen Prozentsatz des möglichen Gewinns verpasst.

Es kann auch schief gehen, aber es wird Sie nicht umbringen!

Der Kaffeemarkt ist ein Beispiel dafür, wie diese Strategie zu einem kleinen Verlust führte (siehe Abbildung 15.6). Rohkaffee befand sich seit April 1995 (in der Abbildung nicht ausgewiesen) in einem Abwärtstrendkanal und brach schließlich im Januar 1996 aus. Der Kaffeepreis stieg und konsolidierte sich dann in einem Dreieck. Ein starker Momentum-Indikator (in der Abbildung ebenfalls nicht ausgewiesen) deutete eine Fortsetzung des Preisanstiegs bis auf ein Kursziel von 155 an (auf der Basis einer Projektion aus dem Trendkanal).

Am 23. Februar zum Schlusspreis zu kaufen bedeutete, mit geringem Risiko eine Position vor dem unvermeidlichen Ausbruch aus dem Dreieck einzunehmen. Als der Preis am nächsten Tag nach unten aus der Formation ausbrach, konnte man das Geschäft mit einem Verlust von vier bis fünf Punkten wieder schließen. Angesichts eines möglichen Gewinns von 30 Punkten bei einem Ausbruch nach oben erschien der Handel unter Chance-Risiko-Gesichtspunkten dennoch gerechtfertigt.

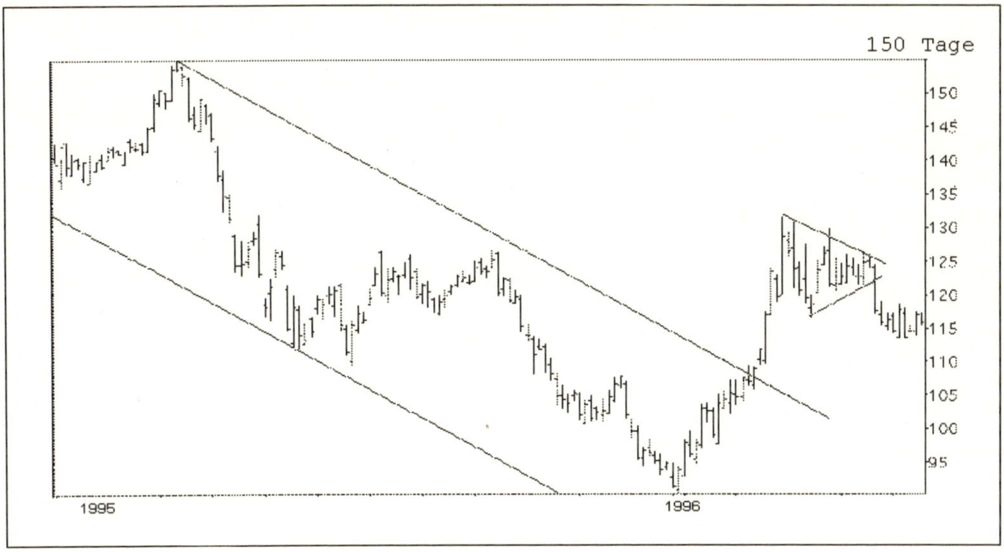

Abb. 15.6: Kaffee

Sollten Sie das Risiko eingehen?

Können Sie einen Verlust ertragen? Können Sie sich davon erholen? Diese Fragen müssen Sie beantworten, bevor Sie investieren.

Man kann eine aggressive Anlagestrategie mit geringem Risiko verfolgen, wenn man die Verluste verkraften kann. Eine Gewinnchance von 300 Punkten bei einem Risiko von 100 Punkten ist ein guter Wetteinsatz. Wenn diese 100 Risikopunkte jedoch 90 Prozent Ihres Investitionskapitals entsprechen, dann ist das Risiko zu hoch. Dann wären Sie besser beraten, Anteilsscheine eines konservativen Investmentfonds zu kaufen und einige Jahre zu halten. Die alte Börsenregel »Gewinne laufen lassen und Verluste begrenzen« besagt in Wirklichkeit, dass auf jedes wirklich erfolgreiche Geschäft mehrere kleine Verlustgeschäfte kommen.

Versuchen Sie nicht, immer mitzuspielen

Gelegentlich sollte der Kapitalanleger ein Geschäft besser an sich vorüberziehen lassen.

In manchen Situationen liefert auch die technische Analyse keine klaren Hinweise darauf, ob eine günstige Kauf- oder Verkaufsgelegenheit vorliegt. Verschiedene Indikatoren können widersprüchliche Signale liefern oder die Chartformationen sind nicht klar ausgebildet. Dann ist es besser, nicht zu investieren und auf eine bessere Gelegenheit zu warten.

Im Folgenden wollen wir einige Beispiele für solche uneindeutigen Situationen betrachten.

Fehlende Anschlusskäufe

Der Preis für Sojaöl befand sich von Oktober bis Dezember 1996 in einer Seitwärtsbewegung (siehe Abbildung 15.7). Am 9. Januar 1997 stieg er bei hohen Umsätzen kräftig an und durchbrach den 50-Tage-Durchschnitt nach oben. Diese Kombination – starker Umsatz und ein Durchbruch der Durchschnittslinie – war ein gutes Kaufsignal. Am nächsten Tag trat bei wiederum hohen Umsätzen eine Kurslücke auf.

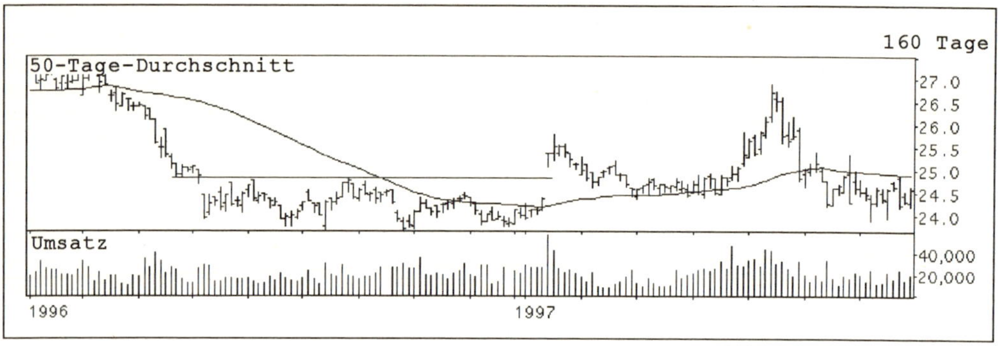

Abb. 15.7: Sojaöl

Wer am 9. Januar kaufte, erhielt nun widersprüchliche Signale. Kurslücken sind insbesondere bei hohen Umsätzen starke Kaufsignale. Der Durchbruch des gleitenden Durchschnitts und die Preissteigerung über die bisherige Handelsspanne hinaus waren ebenfalls gute Kaufsignale. Doch nach der Kurslücke entwickelte sich der Preis nicht mehr weiter. Wie in Kapitel 10 gezeigt wurde, kann eine Kurslücke entweder den explosiven Beginn eines neuen Trends oder das Ende eines alten Trends bedeuten. Dieser Durchbruch war verdächtig, weil die Beteiligung des breiten Marktes fehlte und kein Aufwärtstrend entstand.

Wie man in Abbildung 15.7 erkennt, ging der Preis langsam zurück, bis er den 50-Tage-Durchschnitt berührte. Am besten sollte man sich in einer solchen Situation eingestehen, dass man schief lag, und verkaufen. Obwohl es gültige Kaufsignale gab, handelt es sich jetzt um einen Markt, den man meiden sollte, bis sich klarere Chartformationen entwickeln.

Sprunghafte Änderungen

Manchmal verändern sich Märkte ohne ersichtlichen Grund. Die folgenden Devisencharts zeigen Trendstörungen, unechte Ausbrüche und sprunghafte Änderungen.

Beachten Sie in Abbildung 15.8 im September 1996 den kurzlebigen Kursausbruch aus einer unorthodoxen Flagge nach oben. Im November durchbrach der Kurs die horizontale Unterstützungslinie nach unten und signalisierte damit den Beginn eines neuen Abwärtstrends. Er kehrte sich jedoch sofort um. Trendfolgesysteme wie gleitende Durchschnitte und sogar der RSI konnten in diesem Fall keine zutreffende Prognose liefern.

In Abbildung 15.9 änderte der Kurs ständig seine Richtung und Mitte 1996 war die Chartsituation besonders verwirrend. Eine kurzfristige Analyse hätte in dieser Zeit möglicherweise funktioniert, aber das Eingehen von längerfristigen Positionen war nahezu unmöglich, bis sich im Oktober 1996 ein eindeutiger Trend herausgebildet hatte.

Es ist falsch, aus jeder Situation unbedingt Kauf- oder Verkaufssignale herauslesen zu wollen. Der Markt wird Ihnen sagen, was er zu tun gedenkt. Wenn Sie ihn nicht verstehen oder der Markt zu verstehen gibt, dass er seine Richtung selbst nicht kennt, dann sollten Sie sich heraushalten.

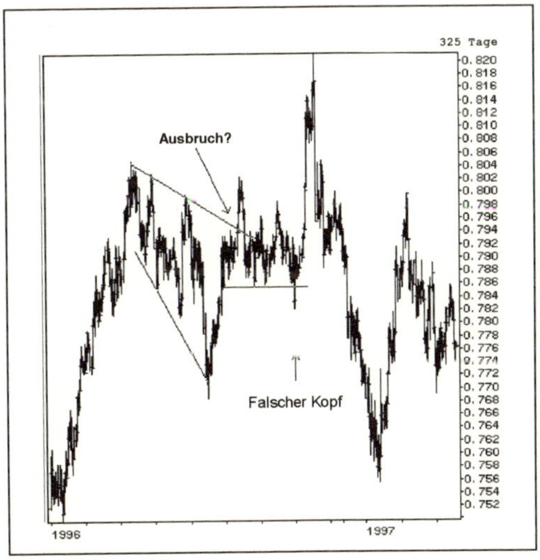

Abb. 15.8: Australischer Dollar in US-Dollar

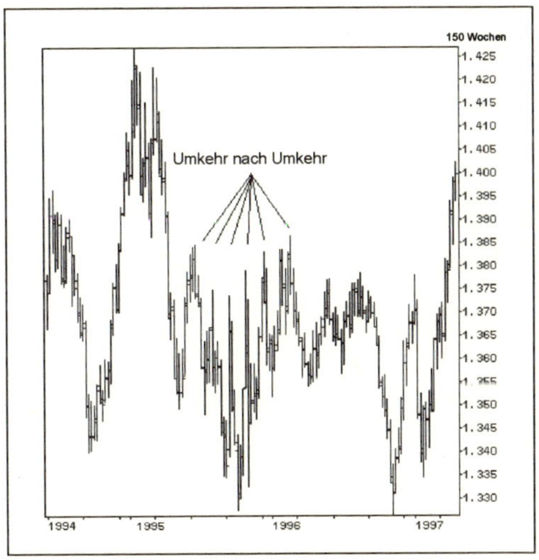

Abb. 15.9: Australischer Dollar in US-Dollar

16
Das Übel des Perfektionismus

Als Kapitalanleger möchten Sie verständlicherweise möglichst präzise handeln. Doch die Marktanalyse ist trotz aller Bemühungen stets mit Unsicherheiten behaftet. Für einen Arbitragehändler, der Millionen US-Dollar, Euro oder Yen bewegt, ist sicherlich jede Dezimalstelle wichtig. Aber für Sie als Privatanleger lohnt es sich nicht, das letzte Quäntchen Gewinn aus Ihrem Handel mit 500 Aktien zu quetschen.

Das Gleiche gilt für die Analyse selbst. Chartformationen oder gleitende Durchschnitte haben stets etwas Willkürliches, unabhängig davon, wie viele Computer zu ihrer Berechnung verwendet wurden. Der Markt lebt, und daher reagiert er nicht immer gleich. Es interessiert ihn auch nicht, wie Sie – der individuelle menschliche Spieler – sein Verhalten klassifizieren.

Flexibilität ist der Schlüssel zum Erfolg. Wenn Sie sich zu eng an die Theorie halten, mögen Sie vielleicht Recht behalten, aber Sie werden auch viele schlechte Geschäfte abschließen.

Technische Analyse: Kunst oder Wissenschaft?

Es wird immer wieder leidenschaftlich darüber gestritten, ob die technische Analyse eine Kunst oder eine Wissenschaft sei. Die eher wissenschaftlich orientierten Analysten setzen Gleichungen, Modelle und Handelssysteme ein. Pragmatiker, die die technische Analyse eher als Kunst betrachten, verwenden Trends, Chartformationen und Erfahrungswerte. Genauso wie Schriftsteller kraft ihres Berufes schon einmal die Regeln der Grammatik und die Fakten beugen, ignorieren Anhänger der technischen Analyse selektiv einzelne Fakten, um eine aussagefähige und – was noch wichtiger ist – nützliche Analyse vorzulegen.

Das Auge des Betrachters entscheidet

Obgleich die technische Analyse viele objektive Regeln und Techniken besitzt, hängt immer noch alles von der subjektiven Interpretation des Analysten ab. Ist es zum Beispiel als Durchbruch zu werten, wenn der Kurs eine Unterstützungslinie gebildet hat und ein oder zwei Einheiten darunter notiert? Wie stellt sich die Situation dar, wenn der Kurs nur kurze Zeit unter der Unterstützungslinie notiert und sich dann wieder erholt? Der Analyst muss zusätzliche Indikatoren heranziehen und sich auf seine Erfahrung stützen, um zu erkennen, ob es sich um ein richtiges Signal oder nur um ein Störfeuer des Marktes handelt.

Eine strenge Auslegung der Regeln der technischen Analyse kann den Analysten dazu veranlassen, scheinbar genaue Unterstützungs- und Widerstandslinien festzulegen, die aber nicht den tatsächlichen Marktverhältnissen entsprechen. So hat sich in Abbildung 16.1, die die Kursentwicklung von LME Aluminium zeigt, beim Stand von 1 740 Punkten eine frühere Unterstützungslinie in eine Widerstandslinie verwandelt. Es ist jedoch unklar, welcher genaue Preis signifikant ist. Das Juni-Tief lag bei 1 738. Im September lag der Tiefpunkt bei 1 730. Im Oktober stellten sich die Hochs bei 1 746 und 1 737 Punkten ein.

Wenn man sich zu lange damit beschäftigt, welcher Preis verwendet werden sollte, können einem einträgliche Geschäfte entgehen. Die gezogene Linie liegt bei 1 738, sie kann aber ebenso durch eine Widerstandszone repräsentiert werden, die zwischen 1 737 und 1 748 liegt. Durch Verwendung eines einzigen Preises können extreme Tagesschwankungen ignoriert werden.

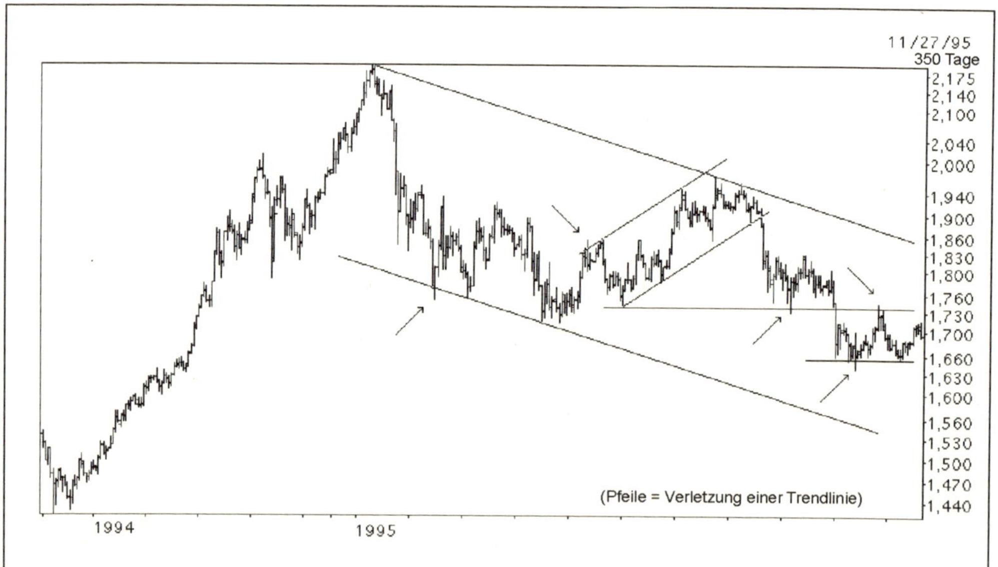

Abb. 16.1: LME Aluminium

Die im Oktober und November 1995 gültige Unterstützungslinie ist klarer und liegt ungefähr bei 1 655. Das bedeutet, dass mindestens zwei Balken die Unterstützungslinie durchbrochen haben. Diese Punkte können ignoriert werden, sodass man eine Unterstützungslinie festlegen kann, die fünfmal berührt wurde und daher als bedeutend gelten kann.

Die Ermittlung des besten Trendkanals

Im Gegensatz zur Regressionsanalyse, in der alle Daten berücksichtigt werden, legt die Einpassung eines Trendkanals in den Markt Unterstützungs- und Widerstandslinien auf Kursniveaus fest, die der Mehrheit der signifikanten Hochs und Tiefs entsprechen. Abbildung 16.1 zeigt für Mitte 1995 einen kurzfristig aufsteigenden Trendkanal mit einer technisch genauen Unterstützungslinie (untere Trendlinie), aber einer parallelen Widerstandslinie (obere Trendlinie), die zumindest einmal durchbrochen wird. Die obere Trendlinie berührt die Spitzen der Balken in mindestens drei Fällen und ist viel signifikanter als ein Tunneldach, das durch das extreme Hoch im Mai gezogen würde.

Ähnlich zeigt der langfristige Abwärtstrend einen parallelen Boden, der drei Kursbalken berührt und ein extremes Tief im Februar ignoriert.

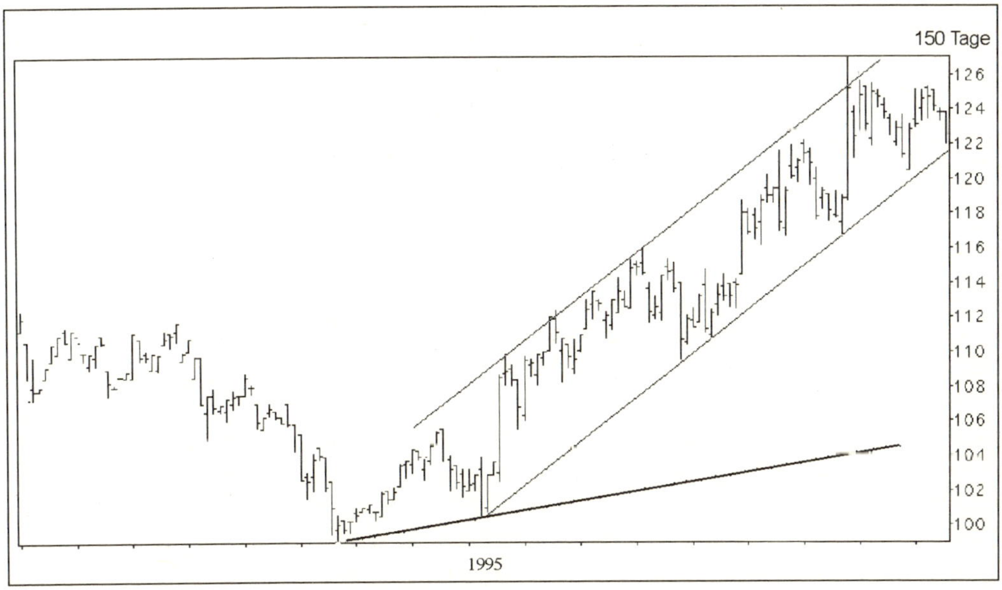

Abb. 16.2: NYSE Orangensaft-Terminkontrakte

Abbildung 16.2 zeigt die Preisentwicklung von Orangensaft-Terminkontrakten. Mitte 1995 kehrte sich ein langfristiger Abwärtstrend um und Orangensaft stieg in einem gut ausgebildeten Trendkanal. Ein strenges Festhalten an den Regeln der Trendermittlung hätte bedeutet, dass die Unterstützungslinie vom Marktboden durch das Niveau der ersten signifikanten Korrektur gezogen worden wäre (fette Linie). Eine solche Trendlinie wäre jedoch völlig sinnlos. Durch Verwendung des nächsten signifikanten Tiefs als Bezugspunkt lässt sich hier nicht nur ein aussagefähiger Trend definieren, sondern auch eine obere Trendkanalbegrenzung, die als Widerstandslinie dient. Beachten Sie auch hier: Die obere Trendlinie wurde durch einen extremen Handelstag verletzt, aber sie berührt dennoch eine Vielzahl von Kursen und ist daher signifikant.

Lassen Sie den Markt sprechen

Die meisten Anfänger in der technischen Analyse und wahrscheinlich auch einige erfahrene Anwender betrachten Charts mit vorgefasster Meinung, was der Markt tun wird. Dies engt in der Regel die Analyse ein und liefert häufig falsche Ergebnisse. Das Thema dieses Abschnittes lautet: Sie dürfen dem Markt nicht Ihren Willen aufzwingen. Der Markt erzählt Ihnen immer, was er macht. Das Geheimnis der technischen Analyse besteht darin, zu warten, was der Markt sagt, und weiter zuzuhören für den Fall, dass er seine Meinung ändert.

Den Trend bestimmen

Manche Charts – wie zum Beispiel jene der größeren Aktienmärkte – zeigen lange Auf- und Abwärtstrends. Es ist leicht, derartige Trends zu ermitteln.

Abbildung 16.3 zeigt einen Teil des langen Trends auf dem amerikanischen Aktienmarkt, der 1994 durch eine klare Dreiecks-Konsolidierungsformation unterbrochen wurde. Der Ausbruch aus der Formation gab ein sehr klares Signal. Ende 1995 trat eine kleine Abwärtsflagge ein, der ein neuer Kursanstieg folgte.

Der australische Dollar (siehe Abbildung 16.4) schwankte sieben Jahre gegenüber dem US-Dollar, daher war es schwierig, einen relevanten Trend zu bestimmen. Wie geht man in einem solchen Fall vor? Zunächst muss man kurz-, mittel- und langfristige Trends finden. Von 1989 bis 1993 wurde der Rückgang in diesem Markt durch einen klaren Trend A als Widerstandslinie beschrieben. Als dieser 1994 nach oben durchbrochen wurde, begann ein neuer langfristiger Trend B.

Die Unterstützungslinie wurde jedoch 1995 durchbrochen, als der Markt von 0,77 auf 0,71 fiel. Nachträglich könnte der Anstieg von 1994 als mittelfristiger Trend im Rahmen eines langfristigen Aufwärtstrends betrachtet werden. Dies kann jedoch erst dann mit hinreichender Sicherheit festgestellt werden, wenn der Markt das Hoch von 1994 übertrifft und so den neuen langfristigen Aufwärtstrend C bestätigt.

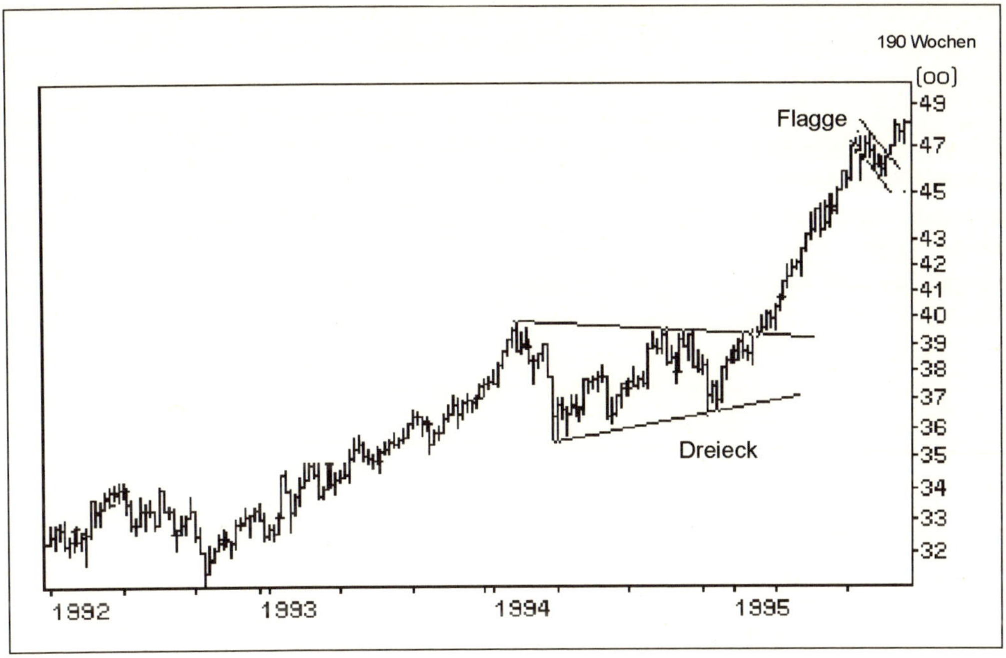

Abb. 16.3: Dow-Jones-Index (30 Industriewerte)

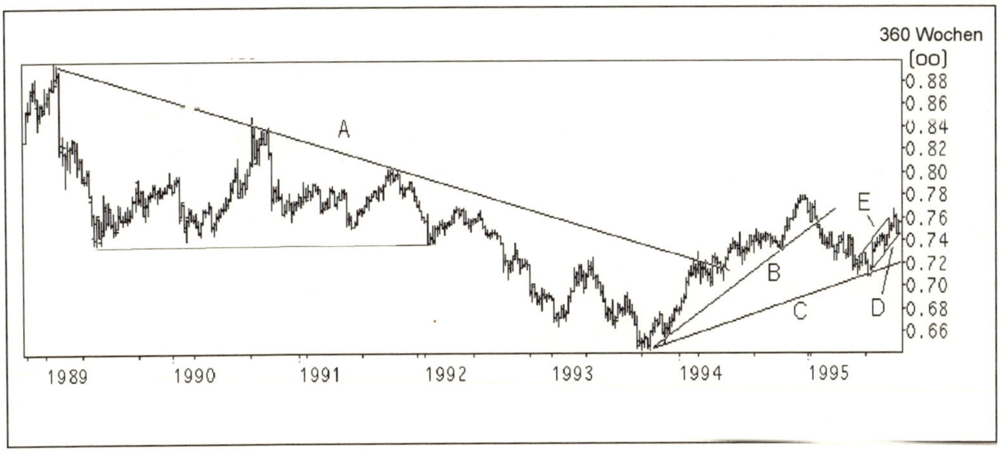

Abb. 16.4: Australischer Dollar in US-Dollar

Eine Anlageentscheidung treffen

Angenommen, ein Markt ist durch einen steigenden Zwischentrend geprägt. Dann besteht der erste Schritt darin, die Unterstützungs- und Widerstandslinie zu ermitteln. Eine langfristige Unterstützungslinie kann in Abbildung 16.4 von 1989 bis Anfang 1992 gezogen werden. Der von den 1995er Tiefs aufsteigende Zwischentrend D lag bei 0,7470, nachdem er den Aufwärtstrend mehrere Male unterstützt hatte. Beide Trends C und D lieferten Hausse-Unterstützung.

Der zweite Schritt besteht darin, die nächste Widerstandslinie zu ermitteln. Damit wird ein Kursziel festgelegt, das für die Bestimmung von Chancen und Risiken entscheidend ist. Wenn die Widerstandslinie nicht weit entfernt ist, sollte man darauf warten, dass sie durchbrochen wird. Sollte dies nicht geschehen, könnte der Kurs einbrechen.

Die Widerstandslinie ist relativ leicht zu ermitteln; sie liegt bei 0,778, dem Hoch von Ende 1994. Bestätigung kommt von der oberen Begrenzungslinie eines Zwischentrendkanals E, die das genannte Hoch in naher Zukunft übertreffen wird. Wenn die untere Begrenzungslinie eines Trendkanals erfolgreich hält, ist die obere Begrenzung das wahrscheinliche Kursziel.

Abb. 16.5: Australischer Dollar in US-Dollar

Der letzte Schritt besteht darin, dass Sie Ihren eigenen Anlagehorizont festlegen. Kapitalanleger, die Wertpapiere von einigen Tagen bis zu mehreren Wochen halten, könnten an diesem Punkt kaufen. Ein Daytrader würde einen kürzeren Zeithorizont wie zum Beispiel stündliche Kursnotierungen betrachten (siehe Abbildung 16.5), um den besten Einstiegspunkt zu finden. Das Chart zeigt, dass der RSI leicht gefallen ist und der Kurs in diesem kurzfristigen Aufschwung bereits zweimal eine Seitwärtsbewegung von der oberen zur unteren Begrenzungslinie des Trendkanals vollzogen hat. Vielleicht sollte man hier warten, bis der Kurs wiederum die Unterstützungslinie erreicht hat, bevor man kauft. Ein Durchbruch durch diese Linie könnte ein kurzfristiges Verkaufssignal im Rahmen des Zwischenaufschwungs sein.

Zusammenfassung

Die Aussagefähigkeit der Chartanalyse kann durch Verwendung unterschiedlicher Kursnotierungen und Analysezeiträume gesteigert werden. Das Geheimnis besteht darin, den Markt sprechen zu lassen.

Wenn es schwierig ist, den Trend zu ermitteln, dann sollten Sie abwarten und passiv bleiben. Der Markt tut oft das Gegenteil dessen, was Sie erwarten.

Variationen von Standard-Chartformationen

Chartformationen erfordern stets eine Interpretation durch den Analysten. Selbst die neuesten Methoden zur Ermittlung von Trends und Kurszielen können das menschliche Denken nicht ersetzen. Im Folgenden wollen wir eine bekannte Chartformation auf verschiedene Weise betrachten.

Kopf-Schulter-Formation einmal anders

Die meisten Chartformationen gelten für steigende und sinkende Kurse mit gleicher Zuverlässigkeit. Hier betrachten wir einen Aufwärtstrend. Der Weizenmarkt (siehe Abbildung 16.6) durchlief 1995 eine Reihe von immer höheren Hochs und höheren Tiefs – eine klassische Hausse. Im August fiel der Preis auf ein Tief, das ungefähr dem vorhergehenden Tief entsprach, und erreichte dann nicht wieder die gleiche Höhe. Eine solche Kursbildung ist das erste Anzeichen, dass sich eine Kopf-Schulter-Formation ausbildet. Sie erinnern sich: Das höchste Hoch wird »Kopf« und die beiden Hochs auf jeder Seite werden »Schultern« genannt. Die Verbindungslinie zwischen den Tiefs dieser Formation wird »Nackenlinie« genannt und stellt eine Unterstützungslinie dar.

In einer einfachen Kopf-Schulter-Formation sollte der Kurs beziehungsweise Preis von der rechten Schulter zur Nackenlinie fallen. Wenn die Nackenlinie durchbrochen wird, ist die Umkehrformation vollendet und der Kurs (Preis) sollte sich weiter abwärts bewegen. Wenn die Unterstützungslinie hält, dann sollte der Kurs wieder ansteigen, da die Umkehrformation nicht vollendet wurde. Der Weizenpreis prallte mehrere Male von der Nackenlinie ab, bevor er wieder stieg und eine komplexe rechte Schulter ausbildete. Die Aufwärtstrendlinie lieferte weitere Unterstützung.

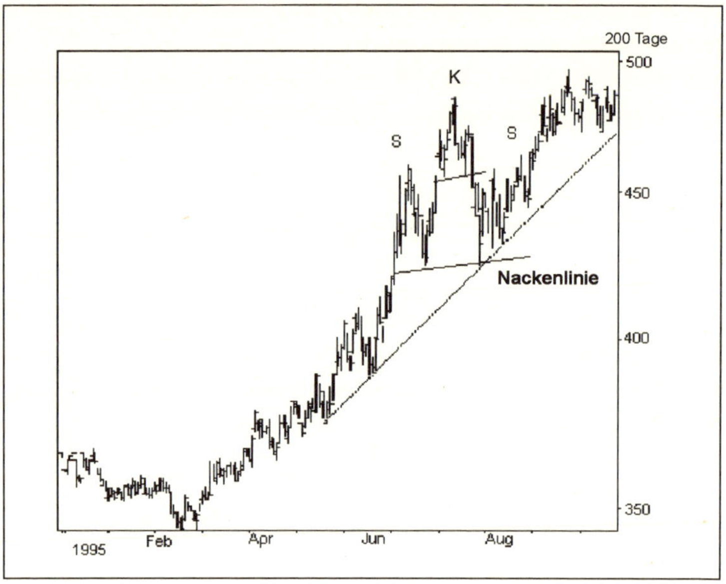

Abb. 16.6: Weizenpreis (logarithmischer Maßstab)

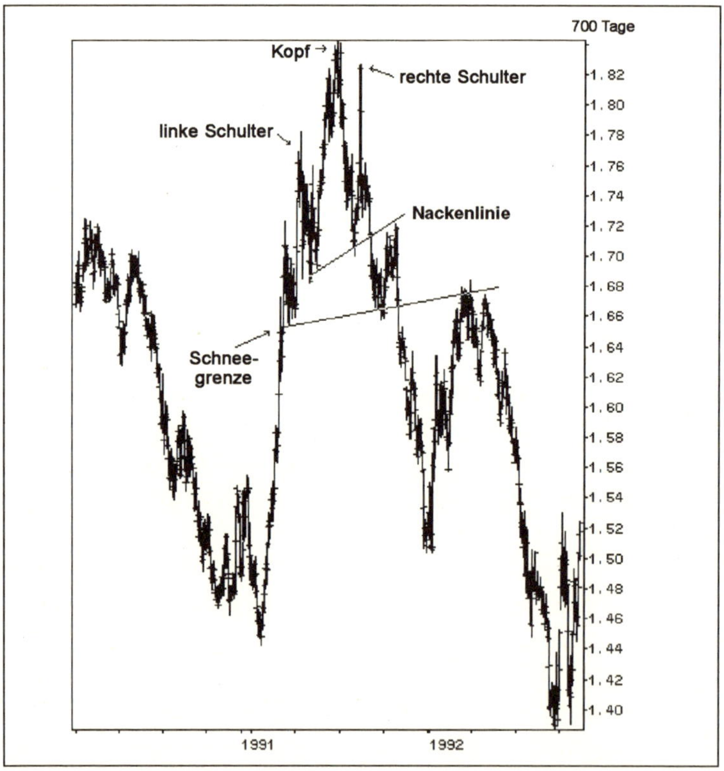

Abb. 16.7: US-Dollar in DM

Die gescheiterte Kopf-Schulter-Formation gestattete dem Markt immerhin, die von dem beschleunigten Anstieg im Zeitraum von Juni bis Juli verursachte Überkauft-Situation auszugleichen. Danach ging der Weizenpreis in ein langsameres, aber nachhaltigeres langfristiges Wachstum über. (Beachten Sie, dass der Juni-Juli-Aufschwung – der »Kopf« – mit einer kleinen, doch erfolgreichen Kopf-Schulter-Formation endete.)

Weitere Variationen der Kopf-Schulter-Formation

Obgleich der Weizenpreis eine komplexe Schulter ausbildete, ist es nicht ungewöhnlich, dass eine Teilformation wie zum Beispiel eine Schulter oder ein Kopf mehrfach entsteht.

Der Wechselkurs des US-Dollar zur D-Mark (siehe Abbildung 16.7) erreichte 1991 während seines Aufwärtstrends laufend höhere Hochs und tiefere Tiefs, bis sich im September eine Kopf-Schulter-Formation bildete. Nach dem Durchbruch der Nackenlinie bildete der Kurs ein tieferes Tief und ein niedrigeres Hoch aus, was bestätigte, dass eine kleine Baisse stattfand. Aber die Spitzen auf jeder Seite des Kopfes bildeten eine Formation, die wie eine größere Kopf-Schulter-Formation aussah, die die ursprüngliche Formation umgab.

Ein solches Chartmuster kann als Gebirgsformation bezeichnet werden, um es von einer einfachen Kopf-Schulter-Formation zu unterscheiden. Die Nackenlinie kann in diesem Fall »Schneegrenze« genannt werden.

Diese Gebirgsformation bestätigte den gegenwärtigen Trend nicht, da der Kurs bereits im Sinken begriffen war. Betrachtete man diese Chartformation jedoch als Standard-Kopf-Schulter-Formation (Spitze des Kopfs zur Nackenlinie), so projizierte sie das erste Kursziel für den Baissetrend. Die Schneegrenze diente auch als Widerstandslinie für die Aufwärtskorrektur von Anfang 1992.

Die Qualität der Analyse von Mehrfach-Chartformationen hängt letztlich von den Fähigkeiten und Erfahrungen des Analysten ab. Auch die besten Analyseprogramme können die Erfahrungen des Analysten nicht ersetzen.

In der Realität ist auf das Lehrbuch kein Verlass: Bleiben Sie flexibel!

Die technische Analyse beruht auf der Annahme, dass sich Chartformationen wiederholen, weil sich die Marktteilnehmer unter ähnlichen Marktverhältnissen ähnlich verhalten.

In Wirklichkeit ist der Begriff »ähnliche Marktverhältnisse« dehnbar. Bei der Analyse einer konkreten Chartformation zeigt sich oft, wie viel Spielraum es in der Auslegung tatsächlich gibt.

Eine Fallstudie

Die Rendite 30-jähriger US-Schatzanweisungen befand sich seit Anfang 1992 in einem Abwärtstrend (siehe Abbildung 16.8). Im Jahr 1993 bewegte sich die Rendite in einer sich verengenden Bandbreite um den Wert von 6,9 Prozent. Es entwickelte sich ein aufwärts gerichtetes Dreieck und die Linie des Momentum-Indikators durchbrach die eigene Aufwärtstrendlinie.

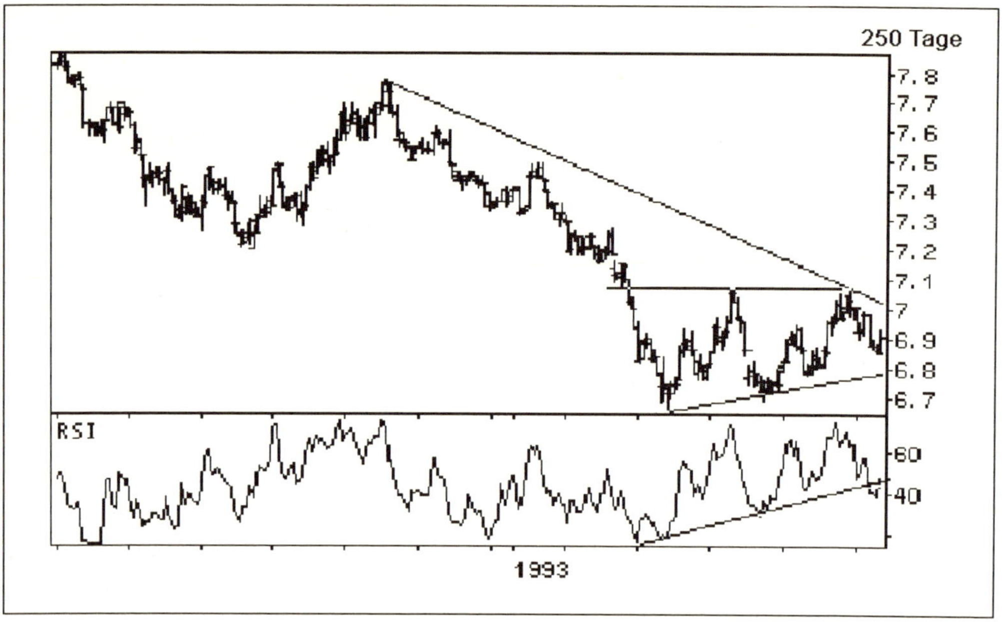

Abb. 16.8: Rendite der 30-jährigen US-Schatzanweisungen (I)

Bei der Betrachtung dieses Charts sollte der Analyst als Erstes den Abwärtstrend vom Hoch im November 1992 zeichnen. Dann sollte er das Dreieck zeichnen, indem er die beiden Tiefs im Februar und April verbindet. Die obere Begrenzung des Dreiecks ist eine horizontale Linie bei 7,07 Prozent. Diese Linie trifft den Abwärtstrend an einer Stelle, an der der kurzfristige Trend nach unten dreht. Da Dreiecke im Allgemeinen Fortsetzungsformationen sind, ist nun von einem Ausbruch des Kurses aus dem Dreieck nach unten und der Fortsetzung des Abwärtstrends auszugehen.

Abbildung 16.9 zeigt die Entwicklung der nächsten drei Monate. Anfang Juni durchbrach die Rendite das Dreieck und setzte ihren Abwärtstrend fort. Hier beobachten wir, dass der neue kurzfristige Trend viel steiler als der langfristige Trend ist. Sieben Monate zuvor geschah das Gleiche und die Rendite reagierte durch eine Konsolidierung in dem gerade analysierten Dreieck. Anfang Juli gab es eine kleine Korrektur, aber sie brachte die Rendite nicht auf die Trendlinie zurück, obwohl genau dies zu erwarten stand. Wer mit einem Kauf hierauf spekuliert hätte, hätte einen kleinen Verlust erzielt.

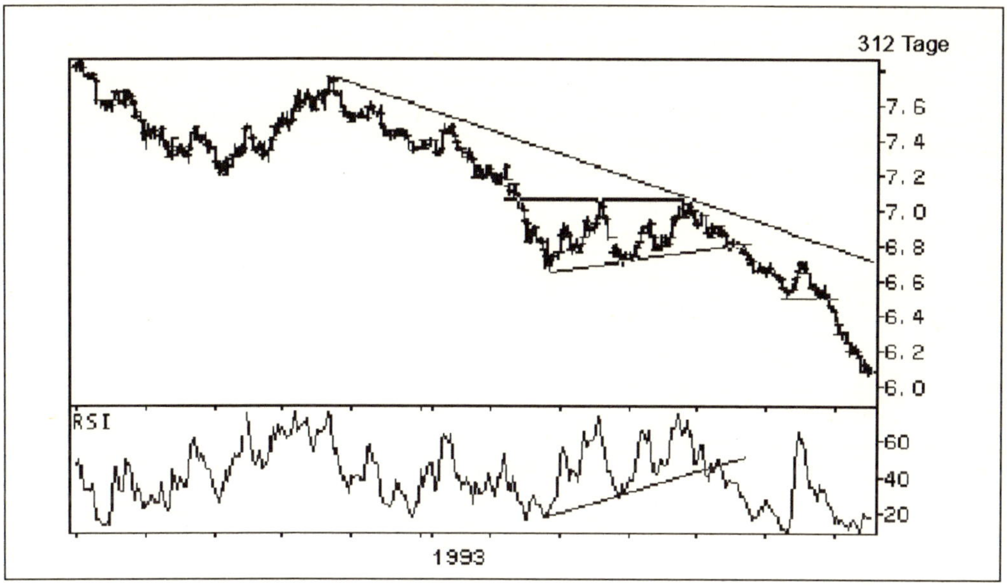

Abb. 16.9: Rendite der 30-jährigen US-Schatzanweisungen (II)

Von diesem Punkt an musste man mit dem Trend gehen. Schließlich zeigte das Chart im Oktober 1993 eine Hausse-Divergenz zwischen der sinkenden Rendite und dem steigenden Indikator. Dies war das Signal, dass ein Boden erreicht worden war. Dieser Boden kann als unvollständiger Doppelboden klassifiziert werden (siehe Abbildung 16.10).

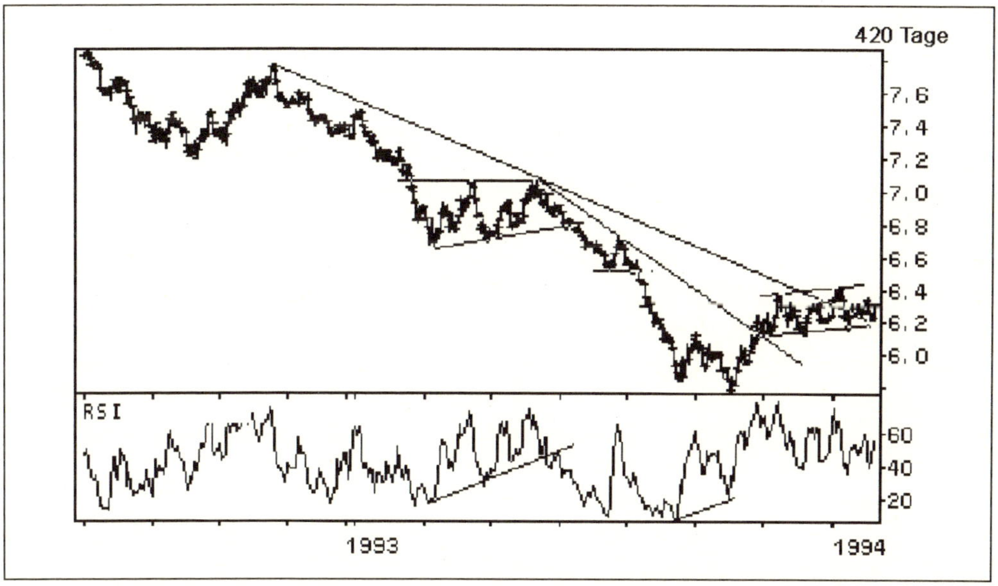

Abb. 16.10: Rendite der 30-jährigen US-Schatzanweisungen (III)

Als der kurzfristige Trend im November gebrochen wurde, entstand ein Kaufsignal und als Zielmarke hätte man wiederum den langfristigen Trend ansehen können. Als die Rendite diese Zone erreichte, verharrte sie einige Wochen in einer engen Bandbreite. Da das Momentum neutral war, musste man auf das nächste Signal warten: den Ausbruch aus dem unvollständigen Rechteck. Wie in Abbildung 16.11 erkenntlich, brach die Rendite nach oben aus und es bildete sich ein starker Aufwärtstrend.

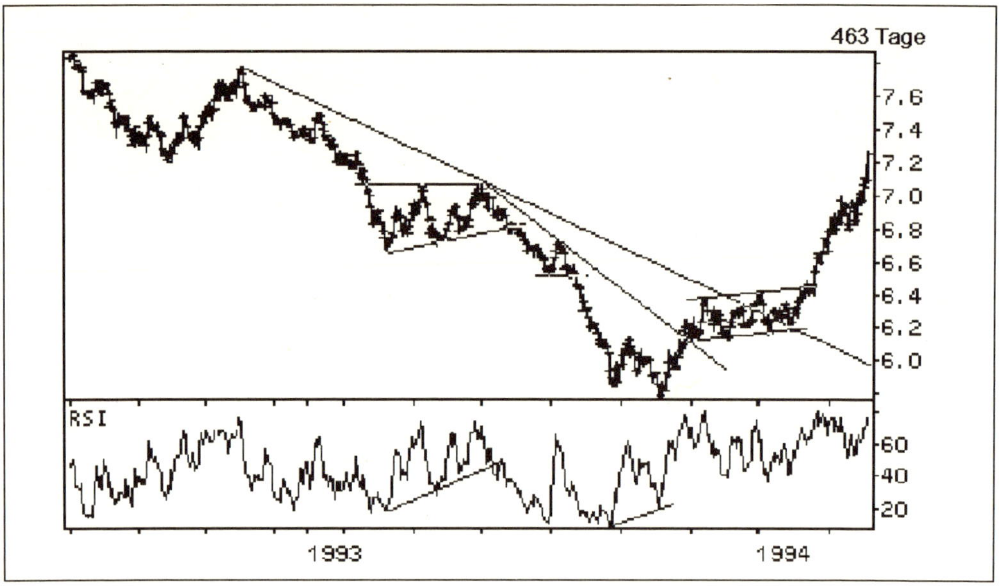

Abb. 16.11: Rendite der 30-jährigen US-Schatzanweisungen (IV)

Schlussfolgerungen

Zahlreiche der in diesem Kapitel analysierten Chartformationen waren unvollständig. Hätte man sich bei der Anlageentscheidung auf den Zeithorizont der Analyse (Tageskurse über mehrere Monate) verlassen, dann wären Verlustgeschäfte unvermeidlich gewesen. Und genau so ist die Börsenrealität. Daher ist es wichtig, ein falsches Börsengeschäft früh zu erkennen und das Gesamtszenario mit kurz- und langfristigem Trend zu berücksichtigen. Chartformationen sind selten völlig eindeutig, weil einige Marktteilnehmer nicht warten, bis sie sich vollständig herausgebildet haben. Dies schränkt ihre Aussagefähigkeit aber nicht grundsätzlich ein.

Teil IV

Der Prozess der Kapitalanlage

17
Die Anlageentscheidung

Die Unterschiede zwischen einem Daytrader und einem langfristig orientierten Kapitalanleger hinsichtlich ihrer Anlagestrategie ergeben sich aus ihrem unterschiedlichen Zeithorizont. Die technische Analyse mag dem Daytrader ein Verkaufssignal geben, während der langfristig orientierte Anleger gleichzeitig ein Kaufsignal erhält. Beide jedoch müssen ihre Anlageentscheidungen in die Tat umsetzen.

Die Fragen

Wenn alle Trends, Chartformationen und Indikatoren analysiert worden sind, müssen die Kriterien festgelegt werden, die schließlich über das Handeln oder Nichthandeln entscheiden. Dazu gehören:

- das Kursziel für einen Sieger,
- das Limit bei Stop-Loss-Orders für einen Verlierer (der Kurs, bei dem ein im Verlust liegender Wert abgestoßen wird) und
- der Kurs, zu dem der Handel durchgeführt werden soll.

Vielleicht sind Sie optimistisch in Bezug auf eine bestimmte Aktie oder einen Rohstoff. Stellen Sie sich dennoch die folgenden Fragen:

- Wie ist bei den festgelegten Kurszielen und Limits für Stop-Loss-Orders das Verhältnis zwischen potenziellen Gewinnen und Verlusten?
- Handele ich mit dem oder gegen den langfristigen Trend?
- Sollte ich bei dem aktuellen Kurs handeln oder auf einen besseren Kurs warten?

Die ersten beiden Fragen sind leicht zu beantworten, wenn die vorhergehende Analyse vollständig war. Die dritte Frage ist schwieriger zu beantworten, die Antwort hängt vom Analysezeitpunkt ab.

Wenn die technischen Ausbrüche bereits eingetreten oder Umkehrsignale bereits gegeben wurden, dann ist es vielleicht zu spät, um auf diese Signale zu reagieren. Es kann sich in diesem Fall empfehlen, auf die erste Korrektur zu warten.

Wenn andererseits diese Signale gerade eintreten, dann ist es vielleicht für die meisten Anleger – mit Ausnahme der aggressivsten – noch zu früh zum Handeln.

Keine Furcht vor dem Markt!

Wenn die Kursziele und die Limits für Stop-Loss-Orders festgelegt sind und die charttechnischen Signale ausgelöst wurden, kann der Kapitalanleger den Handel ohne Furcht ausführen. Die möglichen Verluste sind begrenzt, und die erwarteten Gewinne sollten das Risiko dieser Verluste ausgleichen.

Wenn das Gewinnpotenzial mindestens dreimal so groß wie das Verlustpotenzial ist, lohnt sich das Geschäft. Kapitalanleger, die nur in 40 Prozent der Fälle erfolgreich sind, gehören bereits zur Spitzenklasse. Der Wert der sechs Verlustgeschäfte wird durch den Wert der vier erfolgreichen Geschäfte bei weitem ausgeglichen.

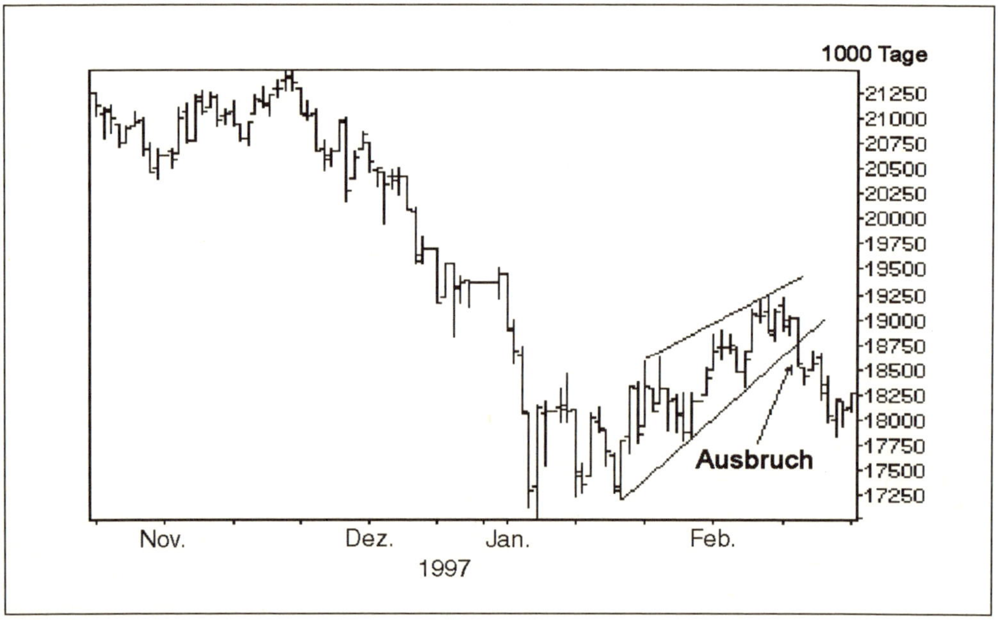

Abb. 17.1: Nikkei-Index

Der Nikkei-Index (siehe Abbildung 17.1) befand sich bis Anfang 1997 in einer ausgeprägten Baisse. Nachdem er innerhalb einer Woche fast 2000 Punkte verloren hatte, trat er in eine steigende dreieckförmige Korrekturzone ein, die bis Ende Februar anhielt, als der Nikkei-Index erneut einbrach. Kurzfristig orientierte Kapitalanleger hätten während des großen Kurseinbruchs am 28. Februar früh verkaufen sollen. Langfristig orientierte Anleger hätten mit dem Verkauf vielleicht bis zum Ende des Tages gewartet. Es lohnt sich aber zu prüfen, warum sie es in jedem Fall hätten tun sollen.

Die technische Analyse zeigte, dass sich der Nikkei in einem langfristigen Abwärtstrend befand. Aufgrund der Keilgröße ließen sich im Februar ein unteres Kursziel von 17 750 (siehe Kapitel 15) und eine Widerstandslinie bei 18 875 Punkten ermitteln, die als Stoppsignal dienen konnte. Der Schlusskurs am 28. Februar betrug 18 557, sodass der Abstand zum Kursziel (und somit die potenzielle Gewinnmarge bei einem Verkauf) ungefähr 1 000 Punkte betrug. Der Verlust beim Stop-Loss-Kurs gegenüber einem Verkauf genau an der Widerstandlinie betrug 300 Punkte. Dieses Chance-Risiko-Verhältnis war besser als 3 zu 1 und daher günstig.

Am 7. März 1997 brachen Baumwoll-Terminkontrakte aus einem abfallenden Dreieck in einer kleinen Kurslücke nach oben aus (Abbildung 17.2). Dies hätte beim Schlusskurs einen sofortigen Kaufauftrag auslösen müssen. Am nächsten Tag gab der Preis morgens um einige Punkte nach, bevor er nach oben explodierte. Bei falscher Einschätzung der Chancen und Risiken hätte der Anleger den gesamten Gewinn des Folgetags verpasst. Bei einem zu wählenden Stoppkurs knapp unterhalb der Trendlinie bestand das Risiko in einem möglichen Verlust von nicht mehr als 75 Punkten. Angesichts der Größe des Dreiecks betrug das Gewinnpotenzial dagegen ungefähr 550 Punkte.

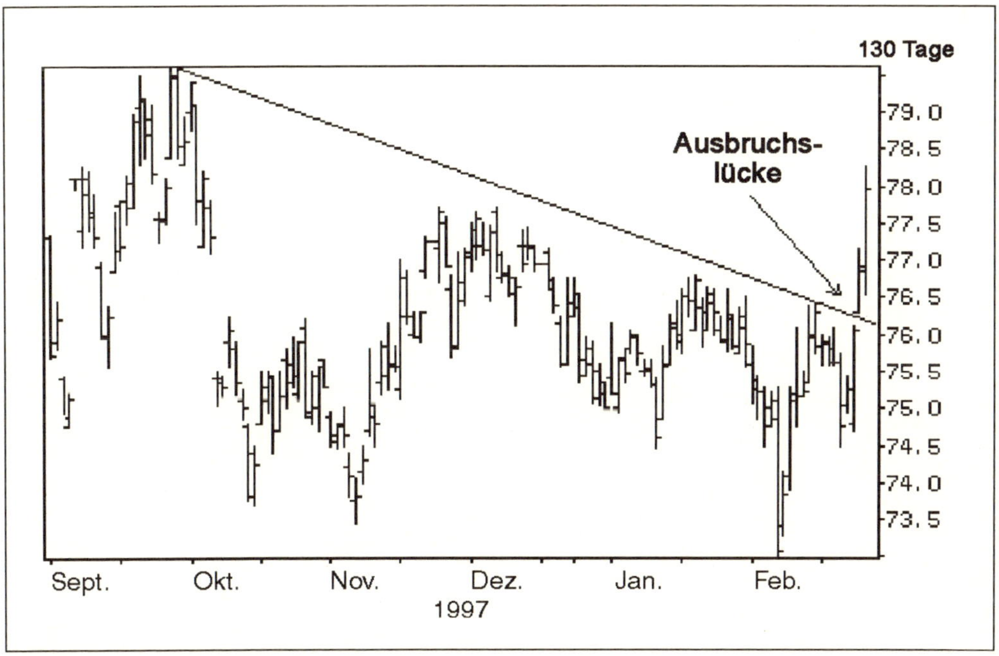

Abb. 17.2: Baumwoll-Terminkontrakte

Damit kommen wir zum Szenario der späten Analyse. Wie hätten Sie sich entschieden, wenn Sie erst einige Tage nach dem Ausbruch von diesem erfahren hätten? Zu diesem Zeitpunkt müssen Sie entscheiden, ob der verbleibende mögliche Gewinn von 450 Punkten das potenzielle Risiko von nun 175 Punkten noch aufwiegt. Dieses Mal ist das Chance-Risiko-Verhältnis schlechter als 3 zu 1, daher wäre es besser, auf einen Rückschlag zu warten, den Markt neu zu bewerten und dann zu entscheiden.

Wenn Sie zu dem Ergebnis kommen, dass der Preis noch steigt, ist es am besten, einen engeren Stoppkurs festzulegen. Fällt der Baumwollpreis und beweist damit, dass Sie Unrecht haben, scheiden Sie aus dem Markt aus. Obgleich der Stoppkurs ursprünglich durch die Unterstützungslinie bestimmt wurde, kann dieser neue Stoppkurs einfach ein willkürlich gewählter prozentualer oder punktemäßiger Abschlag gegenüber dem Kaufpreis sein. Wo auch immer der Stoppkurs festgelegt wird, er verbessert das Chance-Risiko-Verhältnis durch Begrenzung Ihrer Verluste.

Zur Abrundung dieses Abschnitts wollen wir ein Verlustgeschäft betrachten, um zu zeigen, dass der rechtzeitige Ausstieg aus einer Position genauso wichtig ist wie der Einstieg. In Abbildung 17.3 sank der Kassakurs des australischen Dollars zum US-Dollar am 7. November unter seine technische Unterstützungslinie. Dies musste einen Verkaufsauftrag auslösen. Am nächsten Tag vollzog der Preis jedoch eine Kehrtwende und durchbrach seine frühere Unterstützungslinie nach oben – den festgelegten Stoppkurs bei diesem Verkaufsgeschäft. Nun galt es sofort von einer Baisse- in eine Hausseposition zu wechseln. In den folgenden drei Wochen explodierten die Preise.

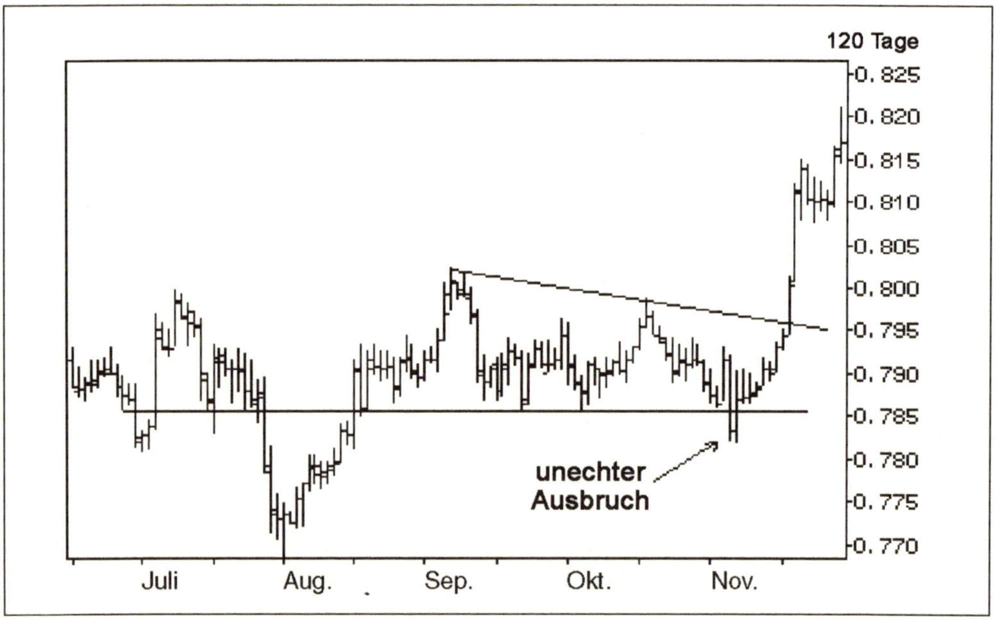

Abb. 17.3: Australische Dollar in US-Dollar

Denken Sie also daran, rechtzeitig zu handeln. Solange Sie Chancen und Risiken eines Geschäfts richtig beurteilen, sollten Sie die Tatsache nicht fürchten, dass Sie wahrscheinlich in 60 Prozent der Fälle Verlustgeschäfte machen werden.

18
Wie erkennt man, dass man falsch liegt?

Einen Trend für ungültig erklären

Wie wir in Kapitel 7 gesehen haben, können Kurse beziehungsweise Preise die Grenzen von Chartformationen kurz durchbrechen, ohne sie zu entwerten. Wenn dies geschieht, schnellen die Kurse oder Preise in der Regel nach ein oder zwei Perioden in die Formation zurück.

Anhand der Börsenumsätze und des Verhaltens des Momentum-Indikators kann man zwar oft erkennen, ob die Verletzung der Chartformation signifikant war oder nicht. Aber die Analyse hängt dennoch davon ab, wie stark ausgebildet die Chartformation oder der Trend waren und wie viel Kraft der Kurs beziehungsweise Preis beim Durchbruch entwickelte.

Wenn die Chartformation oder der Ausbruch schwach ausgebildet waren, kann es notwendig sein, die Trendlinie oder die Grenze der Chartformation an die neue Entwicklung anzupassen.

Änderung eines Trends

Je häufiger eine Trendlinie vom Kurs berührt wird, desto stärker wird sie und desto signifikanter ist ein Durchbruch. Kleine Verletzungen des Trends können bedeuten, dass die Originallinie zu eng gesetzt wurde und angepasst werden sollte.

In Abbildung 18.1 berührte der Kurs die mittelfristige Trendlinie siebenmal, ohne sie zu verletzen. Am 27. März durchbrach der Kurs schließlich die Trendlinie nach oben, unterstützt durch den kurzfristigen Aufwärtstrend. Der Umsatz war an diesem Tag gering und an den nächsten beiden Tagen handelte es sich eher um eine Seitwärtsbewegung als um einen Aufwärtstrend. Entsprechend wurde die Trendlinie neu gelegt; sie umfasste nun auch den Schlusskurs vom 28. März. Am nächsten Tag bestätigte der Markt diese Einschätzung: Der Kurs fiel deutlich und beendete den kurzfristigen Aufwärtstrend (Abbildung 18.2).

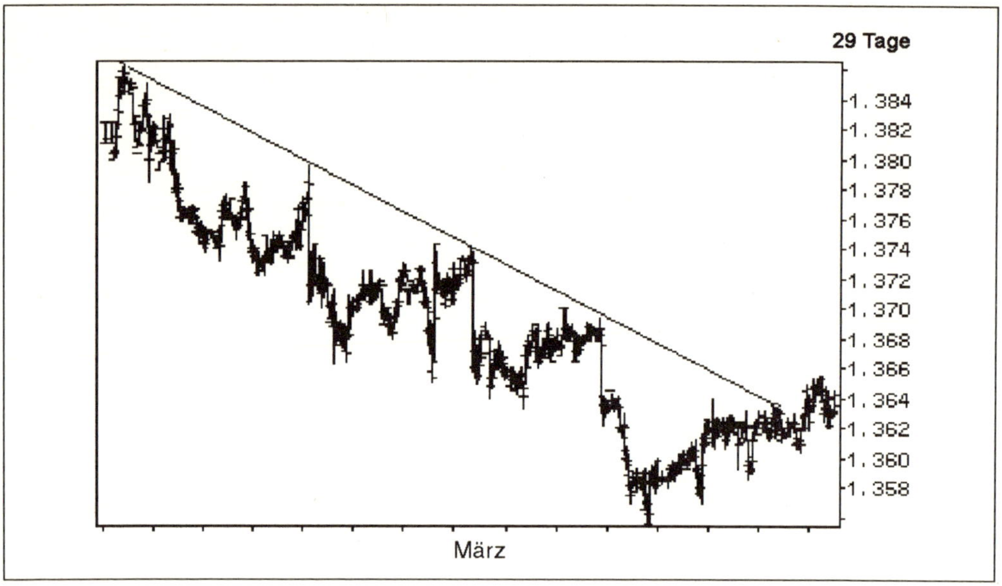

Abb. 18.1: US-Dollar in Kanadischen Dollar (I)

Abb. 18.2: US-Dollar in Kanadischen Dollar (II)

Die Zeit bricht den Trend

Wenn der Kurs aus einer Chartformation wie zum Beispiel einem Dreieck ausbricht, dann tendiert er im Allgemeinen in die Richtung des Durchbruchs. Die typischen Bedingungen für einen gültigen Durchbruch sind eine signifikante Kursänderung bei steigenden Börsenumsätzen. Eine Kursänderung ist signifikant, wenn sie nicht nur einige Punkte beträgt. Dreiecke haben eine weitere Bedingung: Die Kurse sollten nach ungefähr zwei Dritteln der Dreieckslänge ausbrechen. Abbildung 18.3 zeigt jedoch, dass das Dreieck erst nahe der Kegelspitze durchbrochen wurde, wo die obere und untere Begrenzungslinie aufeinander treffen. Ausbrüche müssen auf Preisänderungen, nicht den Zeitablauf zurückzuführen sein.

Jetzt, wo das Dreieck ungültig ist, kann die verbleibende ungebrochene Trendlinie unter Umständen an Bedeutung zunehmen. Für den Goldpreis (siehe Abbildung 18.3) blieb die untere Begrenzungslinie weiterhin eine gültige Unterstützungslinie. Wenn ein Dreieck jedoch isoliert und nicht als Teil einer Chartformation oder eines langfristigen Trends auftritt, müssen beide Begrenzungslinien ignoriert werden.

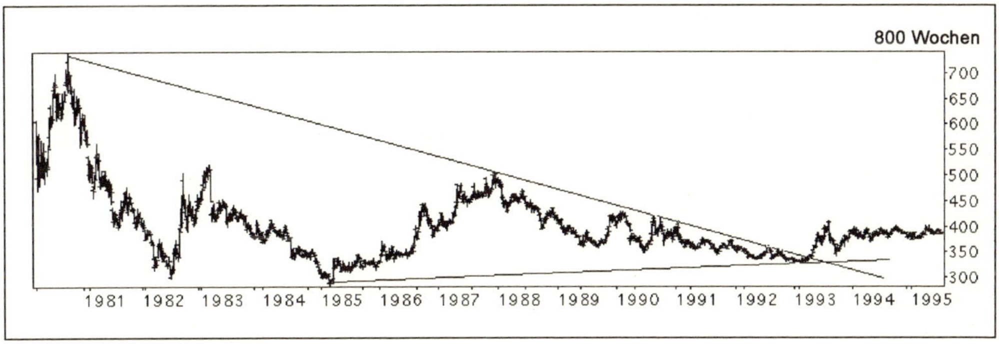

Abb. 18.3: Goldpreis

Noch einmal: Bleiben Sie flexibel!

Obgleich quantitative Methoden ihren Platz in der technischen Analyse haben, spielen Erfahrungen und Beurteilungsvermögen immer noch eine wichtige Rolle. Solange Habgier und Furcht die Finanzmärkte regieren, können die Regeln für die Ermittlung von Trends und Chartformationen zumindest vorübergehend gebrochen werden, ohne das Ergebnis einer Anlageentscheidung zu ändern.

Denken Sie daran, dass das Erfolgsgeheimnis der technischen Analyse darin liegt, bei der Anwendung von Indikatoren und ihrer Interpretation flexibel zu sein. Lassen Sie den Markt sprechen, aber ignorieren Sie den Akzent.

19 Manchmal ist es gut, falsch zu liegen

In der Regel identifizieren Kapitalanleger im Rahmen der technischen Analyse eine Chartformation und warten dann, dass der Kurs beziehungsweise Preis nach oben oder unten ausbricht. Häufig gibt der Markt jedoch bereits innerhalb der Formation einen Hinweis auf seine Absichten und erlaubt dem aggressiven Anleger, mit einem frühen Geschäft zusätzlichen Gewinn zu erzielen.

Frühwarnsignale in Chartformationen

In einer Konsolidierungsformation wie zum Beispiel einer Flagge, einem Rechteck oder einem Dreieck schwankt der Kurs beziehungsweise Preis nach oben und unten. Je häufiger der Kurs die Grenzen der Chartformation berührt, desto stärker ist diese und desto signifikanter wird der eventuelle Ausbruch sein. Wenn der Markt eine gewisse Stärke entwickelt hat, fällt er häufig nicht wieder auf die untere Grenze der Chartformation zurück. In Verbindung mit anderen Hausse-Indikatoren deutet dies an, dass der Ausbruch mit einiger Sicherheit nach oben erfolgen wird und zwar zu dem Zeitpunkt, an dem der Kurs das nächste Mal die obere Grenze erreicht.

Abbildung 19.1 zeigt die Entwicklung des FTSE-100-Index. Der im Juli 1993 begonnene Kursanstieg korrigierte im Verlauf desselben Jahres zweimal in einer Flaggenformation. Die zweite Korrektur, die im Oktober begann, zeigte eine sehr klare Chartformation, in der der Kurs Ende November nicht mehr die untere Grenze erreichte. Ein Momentum-Indikator (in der Abbildung nicht ausgewiesen) stieg und der Kurs brach mit beträchtlicher Stärke durch die obere Begrenzung der Chartformation.

Häufig werden Aktien lange Zeit in einer Bandbreite gehandelt. Wenn dann in einem Chart Abweichungen auftauchen (das heißt der »langweilige« Markt aufwacht), muss sorgfältig analysiert werden.

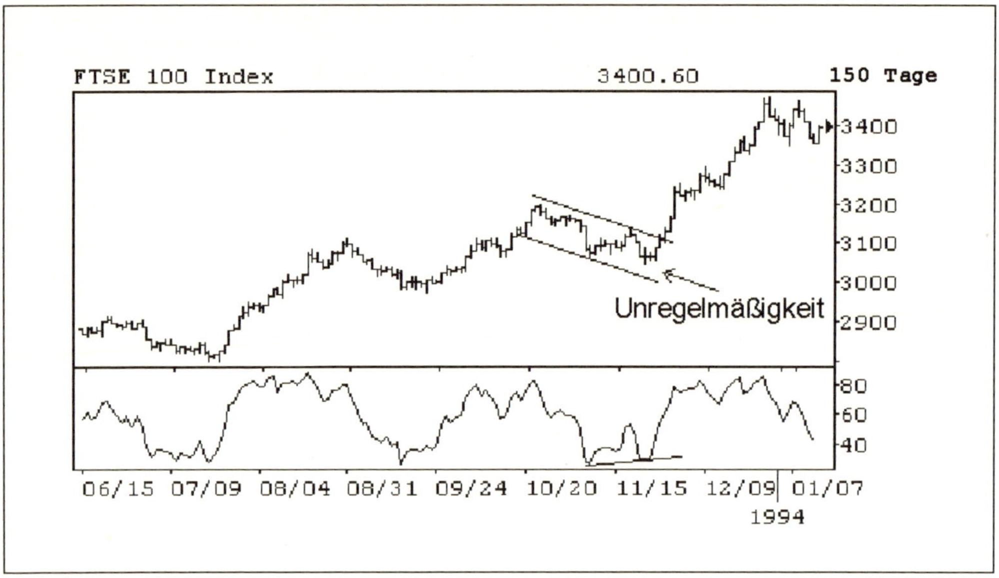

Abb. 19.1: FTSE-100-Index

Abbildung 19.2 zeigt, dass der Nikkei-Index sich innerhalb eines dreimonatigen Rechtecks bewegte, das im Juni 1994 begann. Anfang August erreichte der Kurs nicht den Boden des Rechtecks, aber Indikatoren wie der Stochastik-Indikator (nicht abgebildet) bestätigten dies nicht. Gegen Ende desselben Monats erreichte der Kurs nicht die obere Begrenzung des Rechtecks, und dieses Mal bestätigte der Stochastik-Indikator diese Beobachtung. Denken Sie immer an die Grundregel der technischen Analyse: Jedes Signal muss durch andere Indikatoren bestätigt werden – je mehr, desto besser.

Abb. 19.2: Nikkei-Index

Unregelmäßigkeiten in Chartformationen helfen Verluste zu vermeiden

Ende Juli 1994 zeigte der Nikkei-Index eine weitere Auffälligkeit (siehe Abbildung 19.2). Der Kurs fiel unter die Unterstützungslinie des Rechtecks – ein klares Verkaufssignal. Doch am nächsten Tag schloss der Kurs wieder innerhalb des Rechtecks. Dieser unechte Ausbruchsversuch signalisierte allen Anlegern, die am Vortag verkauft hatten, dass sie falsch lagen und die Aktien mit einem kleinen Verlust zurückkaufen sollten.

Selbst komplexere Chartformationen können Auffälligkeiten oder Unregelmäßigkeiten zeigen. Eine Kopf-Schulter-Formation, normalerweise eine Umkehrformation, wird vervollständigt, wenn der Kurs durch die Nackenlinie bricht. Die Chartformation, die sich im April und Mai 1994 bei Weizen-Terminkontrakten bildete (siehe Abbildung 19.3), schien einen Preisanstieg zu prognostizieren. Doch als der

Preis die Nackenlinie erreichte, fiel er, anstatt nach oben durchzubrechen. Anleger, die einen Ausbruch nach oben vorweggenommen hatten, wussten sofort, dass sie falsch lagen und dass sie diese Käufe rückgängig machen sollten.

Im Juni stieg der Weizenpreis noch einmal bis zur Nackenlinie, erreichte sie aber nicht. Dieses Versagen war das Frühwarnsignal für eine schwache Marktverfassung, und dies wurde durch mehrere Indikatoren bestätigt. Der Markt brach in der Folge zusammen.

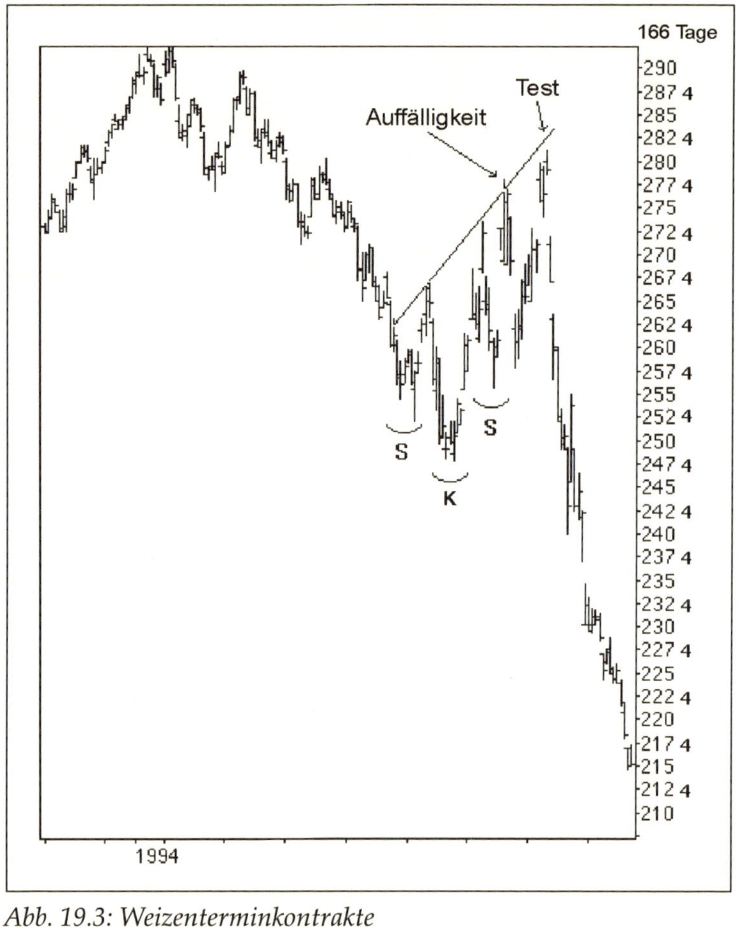

Abb. 19.3: Weizenterminkontrakte

Zusammenfassung

Wenn der Kurs beziehungsweise der Preis in Chartformationen nicht erwartungsgemäß reagiert, kann dies ein Frühwarnsignal darstellen, das aggressiven Anlegern zusätzliche Gewinnmöglichkeiten eröffnet. Eine solche Situation weist die Anleger auch darauf hin, dass sie falsch liegen und ihre Anlageentscheidung revidieren können. Um die wahren Absichten des Marktes erkennen zu können, muss die Chartformation durch andere Indikatoren bestätigt werden.

Beachten Sie, dass Abbildung 19.4 die gleiche Kursentwicklung darstellt wie Abbildung 19.3. Der einzige Unterschied liegt in der charttechnischen Interpretation. In diesem Fall wurde eine Flagge als Trendbestätigungsformation gebildet. Das Ergebnis war dasselbe.

Ich betone immer wieder: Seien Sie in der Auslegung von Chartformationen flexibel und offen genug, um sich an den Markt anzupassen.

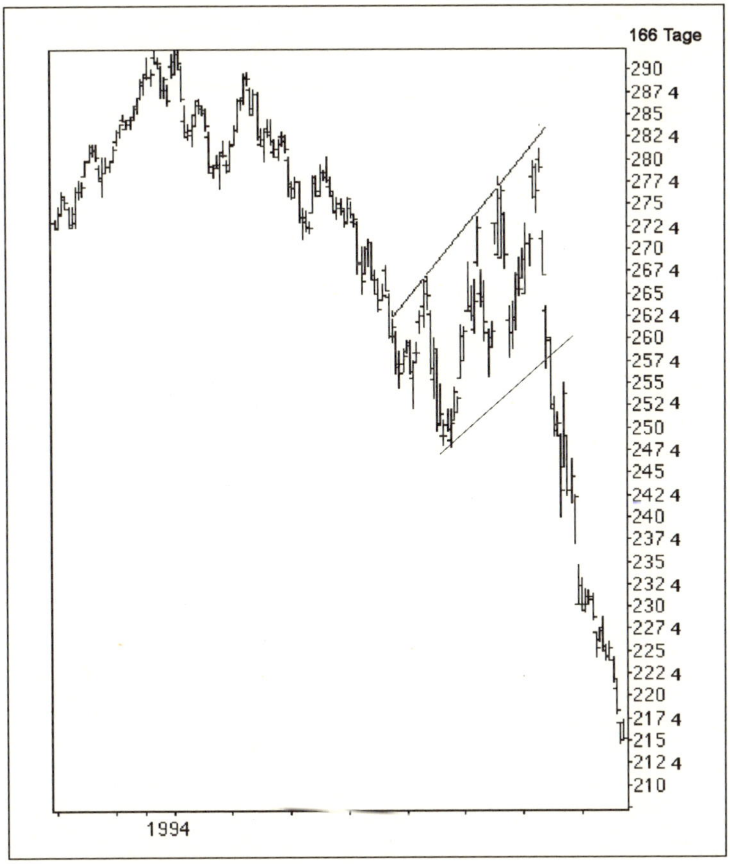

Abb. 19.4: Weizenterminkontrakte

20
Wann sollte man verkaufen?

Die meisten Ratgeberbände für Anleger beschäftigen sich überwiegend mit der anfänglichen Kaufentscheidung. (Geht es um Terminkontrakte oder Optionen, kann sich die Anfangsentscheidungs auch auf den Verkauf einer Kauf- oder Verkaufsoption beziehen.) Damit wird allerdings nur eine Seite der Medaille behandelt, und es kann dazu führen, dass Kapitalanleger schließlich einen Teil ihrer Gewinne – wenn nicht das ganze Anfangskapital – wieder verlieren.

Aus diesem Grund verbinde ich in diesem Kapitel verschiedene Konzepte, die wir bereits behandelt haben, und betrachte, wie man Gewinnziele erreichen kann. Wir wissen bereits, wann wir aussteigen müssen, wenn wir falsch liegen. Jetzt wollen wir herausfinden, *wann wir aussteigen müssen, wenn wir richtig liegen.*

Der Trend ist zu Ende

Dies ist eine der schwierigsten Aufgaben für jeden Kapitalanleger: Wie erkennt man Hochs und Tiefs?

Nicht immer ist das möglich. Mithilfe der technischen Analyse lassen sich aber Umkehrsignale und Verletzungen der Trendlinie sowie der Unterstützungs- und Widerstandslinie feststellen – wichtige Hilfen bei der Entscheidung, eine Aktie zu halten oder zu verkaufen.

Es können folgende subjektive Maßstäbe angewendet werden:

- Sind Sie mit dem bereits erzielten Gewinn zufrieden? Hat die Aktie Ihr Kursziel erreicht? Eine alte Börsenweisheit lautet wie folgt: »Bullen machen Geld, Bären machen Geld, Schweine werden getötet.« Verzichten Sie nicht aus Habgier auf die Durchführung einer exakten Analyse.

- Ist die Kurssteigerung der Aktie oder des Marktes einfach beendet? Seitwärtsbewegungen bilden eine von vielen möglichen Chartformationen, und diese können Hinweise auf die nächste Bewegung geben. Zahlreiche Kapitalanleger wollen nicht unter dem Auf und Ab eines unruhigen Marktes leiden, wenn es andere Aktien gibt, die immer noch einen starken Aufwärtstrend aufweisen.
- Hat die Kurssteigerung das Chancen-Risiko-Verhältnis zu Ihren Ungunsten verändert? Dieser Punkt hat viel mit dem oben erwähnten Kursziel zu tun. Stellen Sie sich beispielsweise vor, Sie hätten eine Aktie mit einem Gewinnziel von zehn Punkten und einem Risiko von drei Punkten gekauft. Der Kurs ist nach dem Kauf um acht Punkte gestiegen. Nun müssen Sie prüfen, ob die verbleibende Gewinnchance von zwei Punkten nicht mit einem neu entstandenen Kursverlustrisiko verbunden ist. Grund dafür könnte zum Beispiel die Änderung des Gesamtmarktes, die Entwicklung einer Chartformation der Aktie selbst oder auch Neuigkeiten oder Änderungen auf einem anderen Markt (wie zum Beispiel eine Erhöhung der Zinssätze oder der Rohölpreise) sein. Nur weil das Chart eine Chartformation wie aus dem Lehrbuch zeigt, bedeuten Ausbruch und Kurssteigerung nicht, dass das Kursziel tatsächlich erreicht wird. Die Erreichung von Zielen kann wahrscheinlich sein – aber es gibt keine Garantie.

Niedriges Momentum und nachlassende Marktdynamik

Der Markt kann wie ein lebendes Wesen ermüden. Obwohl er weitere Kursgewinne oder -verluste verzeichnet, nimmt die Geschwindigkeit der Veränderung ab. Dies zeigt sich auf vielfältige Weise in den Charts.

Divergenz

Diesen Aspekt haben wir bereits behandelt. Wenn der Kurs steigt, aber die Geschwindigkeit und / oder Kraft der Aufwärtsbewegung abnimmt, zeigt dies, dass die Haussespekulanten ihre Überzeugung verlieren.

Momentum-Indikatoren wie der RSI messen die Geschwindigkeit der Kurssteigerung. Wenn die Geschwindigkeit abnimmt, bedeutet das, dass die Haussespekulanten den Kurs nicht mehr so aggressiv wie bisher nach oben treiben. Wenn der Börsenumsatz und damit die Breite der Marktbeteiligung abnehmen, reicht die Kraft des Aufschwungs nicht mehr aus, um ihn aufrechtzuerhalten.

Branchen

Einzelne Branchen führen im Konjunkturaufschwung. Einige Branchen reagieren, wenn die Konjunktur anspringt. Andere treiben die reife Wirtschaft. Wieder andere glänzen, wenn die Konjunktur allmählich zurückgeht. Mithilfe von Branchenanalysen können Sie feststellen, an welcher Stelle des Konjunkturzyklus wir uns gerade befinden – aber das sprengt den Rahmen dieses Buches.

Auf der Grundlage von Branchenanalysen lässt sich jedoch auch die Verfassung des Aktienmarktes beurteilen. Wenn nur wenige Branchen den Aktienindex nach oben treiben, dann ist der breite Markt nicht gesund. Konzentrieren Sie sich auf die führenden Branchen. Sie müssen aber mit der Möglichkeit rechnen, dass sich der Gesamtmarkt weiter abschwächt. Eine solche Entwicklung kann die gesunden Branchen mit in den Abgrund ziehen.

Der S&P-Index für die Automobilbranche entwickelte sich monatelang besser als der Gesamtaktienindex S&P 500, bis er Ende Mai 1994 seine relative Trendlinie nach unten durchbrach (siehe Abbildung 20.1). Dies signalisierte, dass die Autoindustrie anfing, sich schlechter als der Gesamtmarkt zu entwickeln, und es ratsam war, sein Geld aus dieser Branche abzuziehen.

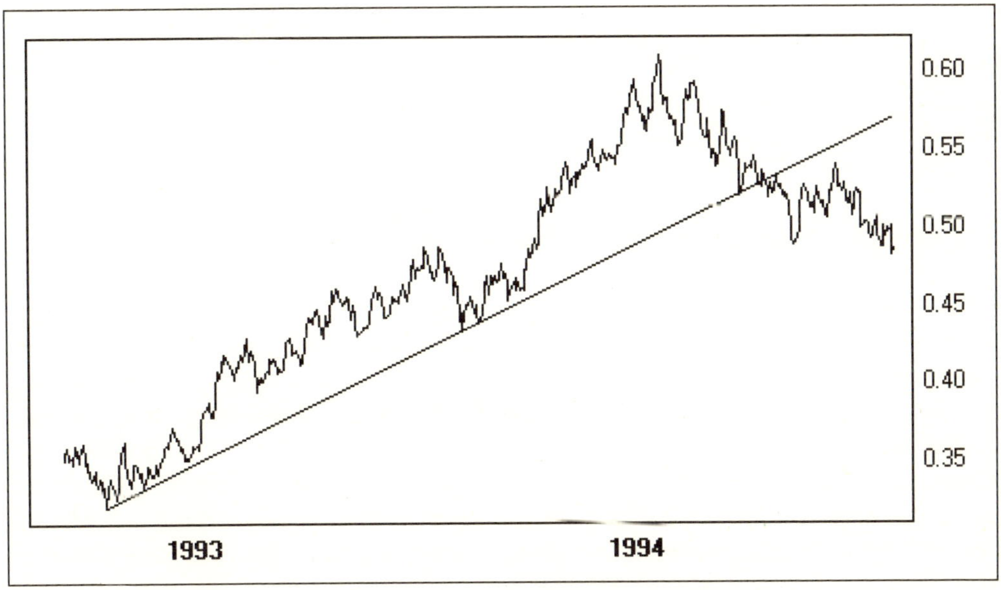

Abb. 20.1: S&P-Index Automobilbranche im Verhältnis zum S&P 500

Marktbreite

Marktbreite ist in der Regel die Bezeichnung für das Ausmaß der Beteiligung einzelner Aktien an einer Kursentwicklung und weniger für das Ausmaß der Beteiligung von Kapitalanlegern. Am Ende eines Trends konzentriert sich die Marktbewegung häufig auf wenige Branchen oder Aktien. Indikatoren für die Marktbreite wie zum Beispiel die Advance-Decline-Linie (AD-Linie), die Anzahl der neuen Hochs und Tiefs sowie die Richtung der kumulierten Börsenumsätze beginnen von den größeren Indizes abzuweichen (siehe Abbildung 20.2).

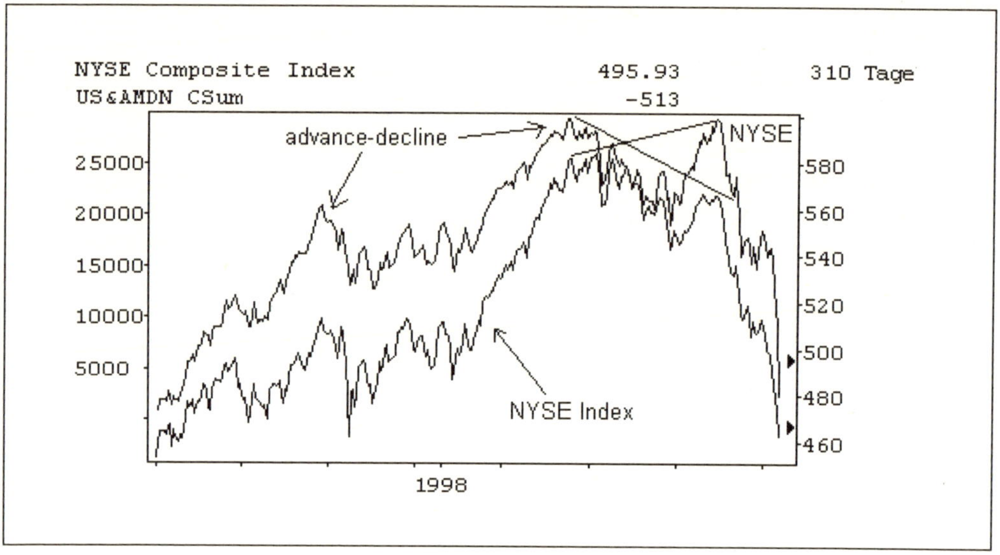

Abb. 20.2: NYSE-Composite-Index

Schocks durch ungewöhnliche Nachrichten oder Marktverhältnisse

Bei guten Nachrichten sollten Aktienkurse steigen, bei schlechten sollten sie fallen. Soweit die Theorie. In der Praxis bleibt jedoch viel Raum für eine subjektive Bewertung, weil Sie nicht nur Nachrichten oder Ereignisse als gut oder schlecht klassifizieren, sondern auch feststellen müssen, ob die Aktie angemessen darauf reagiert hat.

Aktien, die sich unerwartet verhalten, teilen Ihnen etwas mit. Betrachten Sie eine Aktie, deren Kurs seit Wochen gestiegen ist und bei der nun der Quartalsbericht ansteht. Die Zahlen werden veröffentlicht und sind gut, sie erfüllen die Erwartungen der Analysten, aber die Aktie verliert einige Punkte. Warum? Die Anleger haben diese Aktie in der Erwartung gekauft, dass die Gewinne gut ausfallen würden. Die folgende bekannte Börsenmaxime berücksichtigt dieses Phänomen: »Kaufe bei Gerüchten, verkaufe bei Nachrichten.«

Aktienkurse fallen bei guten Nachrichten, wenn die Nachrichten entweder nicht gut genug sind (die Erwartungen waren zu hoch) oder jeder, der kaufen wollte, bereits gekauft hat (es fehlt an neuer Nachfrage). Wenn der Aktienkurs bei guten Nachrichten nachgibt und nach unten aus einer Formation ausbricht, ist das fast immer ein guter Verkaufszeitpunkt. Das Umgekehrte gilt für schlechte Nachrichten und einen darauf folgenden Ausbruch aus einer Chartformation nach oben (siehe Abbildung 20.3).

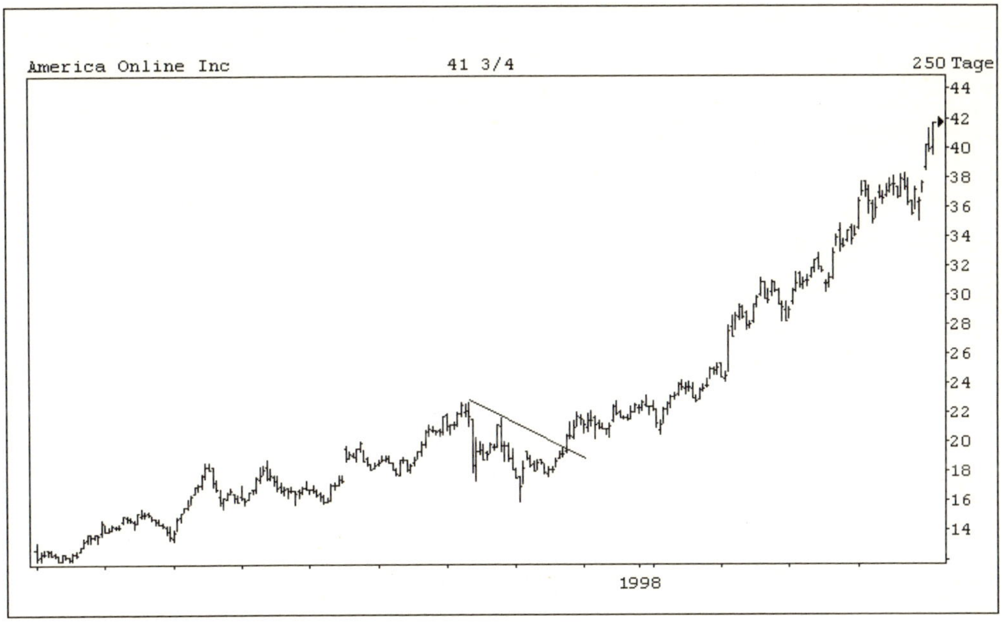

Abb. 20.3: AOL

Ungewöhnliche Marktverhältnisse wie zum Beispiel ein Kollaps in einem anderen Markt oder größere Inflationsschübe können den Aktienkurs ebenfalls stark beeinflussen. Der Golfkrieg 1991 war ein gutes Beispiel für ein solches externes Ereignis. Nach der Kriegserklärung setzte eine explosive Kurssteigerung ein. Das scheint überraschend: Was könnte in einer globalen Wirtschaft ungünstiger für das Geschäft sein als Krieg? Kunden werden zu Feinden, Lieferungen werden auf Kriegsanstrengungen umgestellt und Arbeiter werden abgezogen (siehe Abbildung 20.4).

In diesem Fall hatten schlechte Nachrichten wie der Anstieg der Ölpreise neben anderen Faktoren die Aktienkurse bereits seit Wochen gedrückt. Überall herrschte Pessimismus. Diese Spannungen entluden sich, als der Krieg begann und die Anleger außerhalb des Kriegsgebietes erkannten, dass ihre Volkswirtschaften nicht betroffen waren. Trotz der scheinbar schlechten Nachrichten explodierten daraufhin die Aktienkurse.

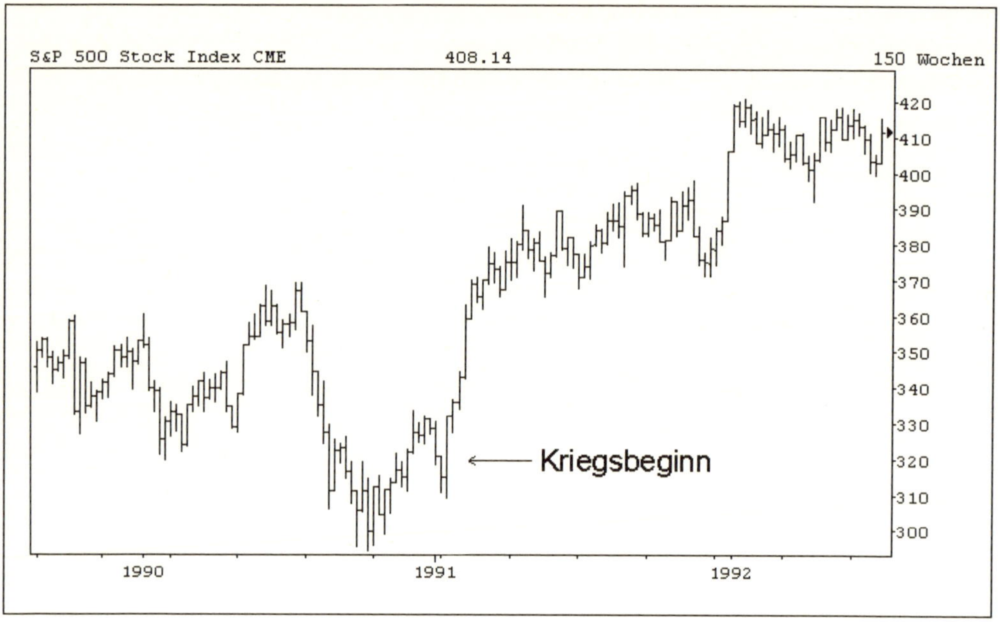

Abb. 20.4: S&P 500

Plötzliche und ungewöhnliche Kursanstiege

Manchmal besitzen Sie eine Traumaktie. Sie steigen bei einem niedrigen Kurs ein und plötzlich steigt ihr Kurs. Was ist geschehen? Sie haben die Aktie vielleicht aufgrund eines Ausbruchs in einem Chart, eines stabilen Aufwärtstrends oder einer Nachfragesteigerung gekauft, daher wissen Sie, dass Ihr Kursgewinn nicht nur auf Glück beruht.

Die technische Analyse liefert nicht in allen Fällen eine Erklärung, daher ist es wichtig, einen Blick auf neue Ereignisse, Marktverhältnisse oder die Spekulation zu werfen.

Zweifellos ist etwas geschehen, das die Kurssteigerung ausgelöst hatte. Versuchen Sie, die Stimmung der Marktteilnehmer zu ergründen und festzustellen, inwieweit die Realität und die Auffassungen der Anleger (sprich: die Fundamentaldaten und der Marktpreis) auseinander fallen. Was auch immer der Grund für den plötzlichen Anstieg war, vermutlich wird Ihr Momentum-Indikator Ihnen sagen, dass der Markt übertreibt, dass er sich zu schnell entwickelt hat und das Risiko eines Zusammenbruchs besteht.

Denken Sie an die Redensart »Kaufe bei Gerüchten, verkaufe bei Nachrichten«. Wenn die Fakten ans Licht kommen oder die Seifenblase platzt, bricht der Kurs der Aktie ein. Sie müssen nicht gierig sein, da Sie bereits einen schönen Gewinn erzielt haben.

In Kapitel 15 haben wir Chancen und Risiken behandelt. Wenn Sie eine Aktie besitzen, die in kurzer Zeit um 50 Prozent gestiegen ist, ist das Risiko eines Kurseinbruchs größer als die Wahrscheinlichkeit einer weiteren Kurssteigerung um 50 Prozent.

Anhänger der technischen Analyse streben danach, den Hauptimpuls einer Kursbewegung zu erwischen, und die meisten vermeiden es, ihre Zeit mit der Suche nach den Hochs und Tiefs zu verbringen.

Wenn Ihre Aktie noch steigt, nachdem Sie sie verkauft haben, dann fügen Sie sich in Ihr Schicksal. Das Verhältnis von Risiko und Chance war nicht günstig. Und der Kursanstieg fand entgegen den Erwartungen statt. Selbst der größte Außenseiter gewinnt manchmal.

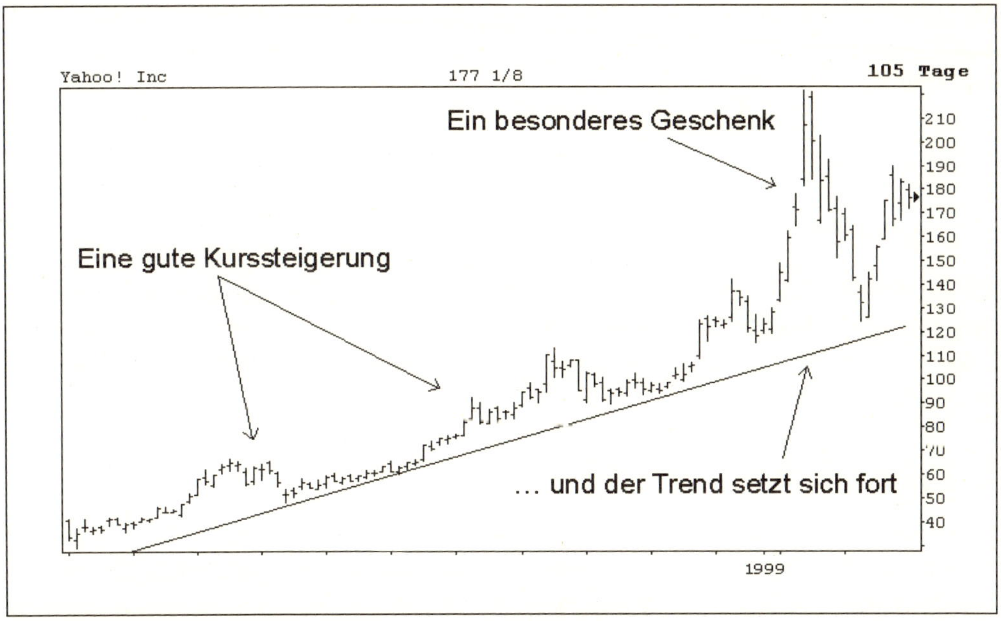

Abb. 20.5: Plötzliche und ungewöhnliche Kurssteigerungen

Doch für Sie war die Gefahr eines Rückschlags nun zu groß. Selbst wenn der Kurs noch um 20, 50 oder 100 Prozent steigen sollte, nachdem Sie verkauft haben, sollten Sie sich bewusst machen, dass dies selten vorkommt.

Sie sind im Spiel, um klug zu investieren, nicht, um zu spekulieren. Wie schon gesagt: »Bullen machen Geld, Bären machen Geld, Schweine werden getötet.«

Trendumkehrformationen

Umkehrformationen sind hervorragende Hinweise, dass der Trend in Gefahr ist. Eine einfache Umkehrformation wie zum Beispiel ein Umkehrtag kann das erste Ereignis im Übergang von der Hausse zur Baisse sein. Der Trend bleibt vielleicht noch intakt, die Unterstützungslinie hält zunächst, aber etwas ist geschehen, um die Haussespekulanten zu veranlassen, sich allmählich zurückzuziehen, und den Baissespekulanten zu erlauben, die Macht zu übernehmen. Es könnte eine Gewinnmeldung, ein Streik, ein Prozess oder einfach die Bemerkungen eines bekannten Analysten sein. Was auch immer der Grund ist, das Ergebnis ist eine Verschiebung der Gewichte von den Haussespekulanten zu den Baissespekulanten.

Selbstverständlich sind die größeren, komplexeren Umkehrformationen, die sich im Laufe der Zeit entwickeln, die besseren Signalgeber. Sie warnen deutlich, dass sich etwas verändert hat und dass man verkaufen sollte, bevor der Kurs sinkt.

Börsenumsatzspitzen

Der Börsenumsatz ist auf jedem Markt eine wichtige Kennzahl, weil er Hinweise auf bevorstehende Marktaktivitäten geben kann. Im Gegensatz zu abgeleiteten Indikatoren können Daten einer einzelnen Periode eine beträchtliche Bedeutung haben. Wenn eine Aktie oder ein Terminkontrakt plötzlich ein Vielfaches des durchschnittlichen Börsenumsatzes aufweist, dann ist etwas Wichtiges geschehen oder steht bevor.

Ausbrüche

In der Regel ist eine plötzliche Steigerung des Börsenumsatzes die Bestätigung eines Ausbruchs. Abbildung 20.6 beschreibt ein realistisches Beispiel. Mitte Dezember 1997 trat bei Oracle eine Umsatzspitze auf, als der Kurs die Unterstützungslinie durchbrach. Der Kurs verharrte mehrere Wochen lang an dem bisherigen Unterstützungsniveau von 27¼, aber der hohe Umsatz des Ausbruchstages hatte den dominierenden Trend geändert.

Auf dem Chart ist im September ebenfalls eine Kurslücke zu sehen, die bei hohen Börsenumsätzen eintrat, doch dieser Umsatz war subjektiv nicht hoch genug. Die Börse interpretierte dies als Bruch der Konsolidierung, nicht als Änderung des Haupttrends. Die spätere Lücke im März 1998 wurde nicht durch ungewöhnlich hohe Umsätze begleitet, da die durchschnittlichen Börsenumsätze bereits einige Monate früher in die Höhe geschossen waren.

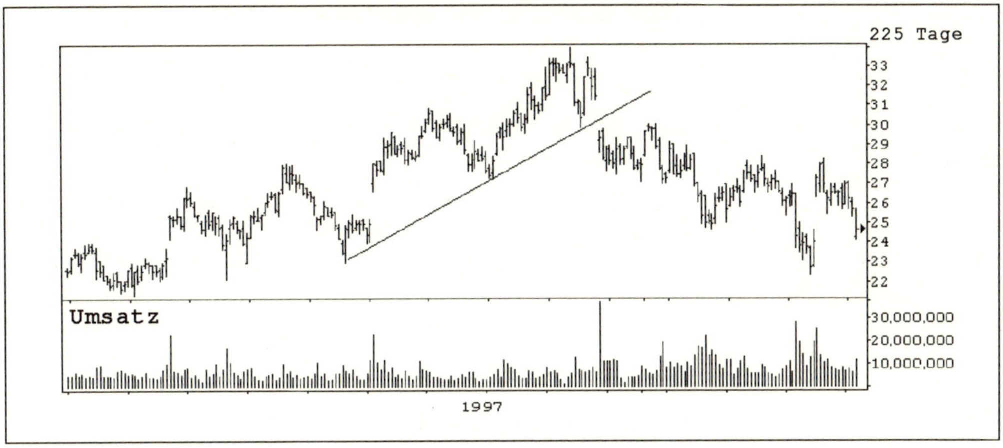

Abb. 20.6: Oracle

Kaufhöhepunkte

Ein Verkaufs- oder Kaufhöhepunkt tritt nach einem langen Abwärts- oder Aufwärtstrend ein, wenn sowohl der Kurs als auch der Börsenumsatz einen Extremwert ausbilden. Dies signalisiert die Erschöpfung des Kauf- oder Verkaufsdrucks, der den Trend bewirkte.

In Abbildung 20.7 beschleunigt sich der Abwärtstrend gegen Ende noch einmal und mündet in einen großen Verkaufstag. An diesem Tag wurde der tiefste Kurs festgestellt.

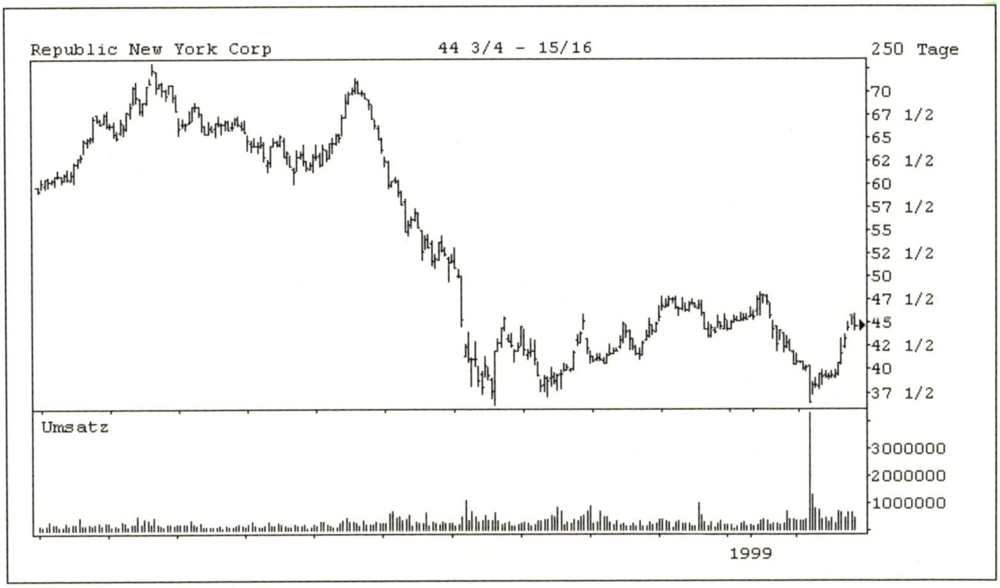

Abb. 20.7: Republic New York Corp.

Das Kursziel ist erreicht

Wenn das Kursziel erreicht wird, ist das häufig ein guter Zeitpunkt für einen Verkauf. Diese Erkenntnis muss allerdings gegen die folgende bekannte Anlegermaxime abgewogen werden: »Lassen Sie Ihre Gewinne laufen.« Diese Maxime legt nahe, Aktien nur zu verkaufen, wenn ihr Kurs zu fallen beginnt. Eine bessere Strategie wäre, die ganze Situation neu zu bewerten und zu überprüfen, ob die relevanten Indikatoren auf weiter steigende Kurse hindeuten. Trifft das zu, sollten Sie ein neues Kursziel sowie Kriterien dafür festlegen, wann Sie in dem Fall, dass der Markt gegen Sie läuft, aussteigen wollen.

Stop-Loss-Orders

Als Stop-Loss-Order wird ein Auftrag zum Verkauf von Wertpapieren bezeichnet, der bestens (das heißt zu jedem Preis) ausgeführt wird, sobald der Kurs das vom Anleger festgelegte Limit unterschritten hat. Das Gegenstück zur Stop-Loss-Order ist die Stop-Buy-Order. Dabei handelt es sich um einen Kaufauftrag, der billigst (das heißt zu jedem Preis) ausgeführt wird, sobald der Kurs das vom Anleger festgelegte Limit überschreitet.

Einige Handelssysteme verwenden Stop-Buy-Orders auf dem Aktienmarkt, um an Kurssteigerungen zu partizipieren. Privatanleger verwenden Stop-Loss-Orders, um Aktien zu verkaufen, die im Kurs gefallen sind.

Wenn eine Aktie zum Beispiel beim Kurs von 50 Euro mit einem Kursziel von 65 Euro gekauft wird, könnte ein Stopp-Loss-Limit von 45 Euro gesetzt werden. Dabei könnte es sich um das Niveau einer Unterstützungslinie handeln, um einen Kurs, der um einen bestimmten Prozentsatz unter dem ursprünglichen Kaufpreis liegt, oder das Limit spiegelt ein akzeptables Risiko im Verhältnis zum potenziellen Gewinn wider. In allen Fällen werden die Verluste begrenzt.

Die Festlegung eines Stop-Loss-Kurses versachlicht die Anlageentscheidung. Das Erreichen des Limits ist ein klarer Hinweis, dass Ihre Kaufentscheidung falsch war. Zögern Sie nicht. Begrenzen Sie Ihre Verluste jetzt!

Professionelle Anleger, die ständig Zugriff auf Realtime-Börsendaten haben, verwenden vielleicht mentale Limits. Mit anderen Worten, sie haben ihre Limits im Kopf und verkaufen, wenn diese erreicht werden. Sie wissen jedoch im Voraus, was auf dem Markt geschehen muss, um zu beweisen, dass ihre ursprüngliche Kaufentscheidung falsch war.

Ein Problem im Zusammenhang mit Stop-Loss-Orders besteht darin, dass der Kurs stark fallen und Ihr Limit erreichen kann, nur um anschließend zu einer neuen Aufwärtsbewegung anzusetzen. Ihre ursprüngliche Entscheidung schien richtig, aber Sie haben mit dem Geschäft einen Verlust erwirtschaftet. In diesem Fall sind Sie versucht, in Zukunft Limits zu ignorieren – aber das wäre ein gravierender Fehler.

Warum ein Fehler? Weil es nicht rational wäre. Sie würden eine Verlustposition halten, weil es unangenehm ist, einen Verlust zuzugeben. Sie hoffen, dass der Markt es Ihnen erlaubt, verlustfrei aus der Position herauszugehen. Dies ist eines der gefährlichsten Ziele bei Kapitalanlagen. Die rationale Analyse wird durch Hoffnungen ersetzt.

Sie werden vielleicht ausgestoppt und verpassen einen großen Kursanstieg, aber Sie werden nie schwere Verluste erleiden. Es gibt immer eine andere Aktie, die man kaufen kann. Sagen Sie das jetzt laut, selbst wenn Sie nicht allein sind: »Es gibt immer andere Aktien, die man kaufen kann.«

Würden Sie jetzt bei diesem Kurs kaufen?

In einer vollkommenen Welt kann ein Computer Hunderte von Variablen, die von Zinssätzen bis zu politischen Einflüssen reichen, überwachen, um Ihr Portfolio ständig neu zu bewerten. In der Realität können Sie sich in regelmäßigen Abständen fragen: »Würde ich diese Aktie jetzt kaufen?« Hier sind einige Fragen, mit denen Sie beginnen können:

- Mein Kursziel wurde erreicht. Würde ich zu diesem Kurs wieder kaufen?
- Mein Kursziel wurde noch nicht erreicht. Würde ich die Aktie bei diesem Kurs kaufen, auch wenn ich den ersten Kursanstieg verpasst hätte?
- Der Kurs stagniert. Sieht meine Aktie selbst immer noch gut aus?
- Es gibt neue Nachrichten. Hat meine Aktie richtig reagiert?

Es gibt viele Gründe, eine Aktie zu verkaufen. Die meisten können auf die technischen Bedingungen der Aktie selbst zurückgeführt werden. Andere kommen von außen. Für unsere Überlegungen gibt es drei wichtige Aspekte:

- Sind Sie mit dem Gewinn, den Sie bereits erzielt haben, zufrieden?
- Steigt der Kurs einfach nicht mehr?
- Hat die Kurssteigerung das Chance-Risiko-Verhältnis negativ beeinflusst?

Diese Fragen liefern einen guten Rahmen für die Entscheidung und sind nicht sonderlich schwierig zu beantworten.

21
Warum investieren Sie?

Psychologische Einflüsse (zum Beispiel das Selbstwertgefühl) erschweren Anlageentscheidungen. Anstatt rational zu entscheiden und eine falsche Anlageentscheidung zu korrigieren, sagen sich manche Kapitalanleger: »Ich will keinen Verlust machen, deshalb verkaufe ich, wenn ich meinen Einstandskurs wieder erzielen kann.« Wie oft haben Sie diese Chance tatsächlich?

Nun, Senator Goldwater wurde nicht Präsident. Mit seiner Einstellung sind Sie Ihren Konkurrenten vielleicht moralisch überlegen, aber diese verdienen mehr Geld. Vergessen Sie nicht, warum Sie investieren.

Hier ist Ihr neues Credo: »Ich möchte lieber Geld verdienen, als den Markt immer perfekt einzuschätzen.«

Sie werden wahrscheinlich häufiger falsch liegen, als Ihnen lieb ist. Das Geheimnis besteht darin, damit richtig umzugehen. Wenn Sie falsch liegen, dann sollten Sie es früh zugeben. Der Markt zwingt Sie nicht zum Aussteigen. Ihrem Bankkonto ist es egal, wie klug Sie sind oder ob Sie sich vor Ihrem Investmentclub in Verlegenheit gebracht haben.

Mit allem Respekt vor dem verstorbenen Senator Goldwater, aber er wäre kein guter Kapitalanleger gewesen. Das Ziel lautete nämlich, Präsident zu werden.

Ihr Selbstwertgefühl? Lassen Sie es außen vor.

Teil V

Analyseinstrumente und Fallstudien

22
Die technische Ausstattung: Was Sie wirklich benötigen

In der heutigen Informationsgesellschaft sind selbstverständlich diejenigen im Vorteil, die die neuen Informations- und Kommunikationstechnologien optimal nutzen. Dies darf aber nicht darüber hinwegtäuschen, dass die Grundgesetze der Börse weiterhin gelten: Angebot und Nachfrage bestimmen noch immer das Marktgeschehen.

Die immer weiter expandierenden Märkte sind zwar so unübersichtlich geworden, dass eine Person allein das Marktgeschehen nicht mehr übersehen und analysieren kann. Gleichwohl lassen sich die Konzepte der technischen Analyse auch mit einfach zu handhabenden Technologien auf die Finanzmärkte anwenden. Benötigen Sie dazu vier Computer-Bildschirme, Realtime-Börsendaten, ein Tabellenkalkulationsprogramm und eine ständige Berieselung mit Nachrichten? Antwort: Als professioneller Kapitalanleger vielleicht, aber als privater Anleger, der Sie ja sind, zweifellos nicht. Schließlich ist die Kapitalanlage nicht Ihre Hauptbeschäftigung, und Sie verlassen sich zur Vorbereitung Ihrer Anlageentscheidungen auch nicht allein auf die technische Analyse.

In diesem Kapitel werden wir die technische Ausstattung der professionellen Anleger kennen lernen und untersuchen, inwieweit sie für Ihre Zwecke geeignet ist.

Realtime-Daten

Mit Realtime-Daten können Sie die Kursbildung an den Börsen laufend verfolgen. Sie beobachten den Markt praktisch im gleichen Augenblick wie die handelnden Personen. Im Gegensatz dazu zeigen beispielsweise Balkencharts auf Tagesbasis nur eine nachträgliche Zusammenfassung des Börsengeschehens (Eröffnungs-, Höchst-, Tiefst- und Schlusskurs).

Laufende Kursnotierungen, die sich entlang des Bodens Ihres PC-Bildschirms bewegen, sind immer beeindruckend. Fragen Sie sich jedoch selbst, ob Sie die Wertpapierkennnummern so schnell lesen können, wie sie erscheinen. Kennen Sie die Wertpapierkennnummern überhaupt? Fortlaufende Kursnotierungen sind reine Unterhaltung und helfen Ihnen nicht bei der Kapitalanlage.

Was ist mit Online-Informationsdiensten, die Ihnen laufende Kursnotierungen auf Ihren heimischen PC liefern können? Dieses Angebot ist schon sinnvoller, weil Sie entscheiden können, welche Daten angezeigt werden sollen. Benötigen Sie diese Informationen für Ihre Anlageentscheidungen? Meine Antwort lautet: Sofern Sie keine Anlagestrategie verwenden, bei der es für Ihre Entscheidungen auf Bruchteile von Prozenten ankommt, ist diese Art von Information nicht von substanzieller Bedeutung.

Realtime-Daten benötigen Sie dann, wenn Sie kurzfristig orientierter Anleger sind. Vielleicht sind Sie auch versiert genug, um aus den Kursnotierungen Marktindikatoren zu berechnen, die Sie für langfristige Anlagen verwenden können. Für unser Ziel einer Ergänzung Ihrer eigenen Analyse sind Realtime-Daten dagegen nicht erforderlich. Es ist jedoch empfehlenswert, Ihre Wunschaktien und / oder Ihr gegenwärtiges Portfolio zu verfolgen, um festzustellen, ob diese Titel Ihre festgelegten Kauf- oder Verkaufsziele im Börsenverlauf erreichen.

Es ist vorteilhaft für Sie, wenn Ihr Anbieter auch Daten zu Unternehmensgewinnen und Dividenden sowie andere Fundamentaldaten liefert.

Chartsoftware

Ohne Chartsoftware müssen Sie sich durch die Kurstabellen Ihrer Zeitung quälen, um die relevanten Börsendaten zu finden, und diese dann manuell in Charts eintragen. Wie viele Aktien können Sie auf diese Weise verfolgen? Selbst wenn Sie keine Realtime-Daten benötigen, werden Sie im Verlauf Ihrer Anlegerkarriere sicher Hunderte, wenn nicht Tausende von Aktien beobachten müssen, das heißt jeweils vielleicht mehrere Dutzend gleichzeitig.

Es gibt zahlreiche gute Chartprogramme, die diese Anforderungen erfüllen. Leider ist der Aufwand für die Aktualisierung der Daten sehr hoch. Die Spitzenpakete enthalten auch Module zur Datenbankpflege. Für Portfolio-Manager ist dieser Service unverzichtbar.

Viele Online-Services bieten heute bereits die Möglichkeit, die Daten per Knopfdruck zu aktualisieren oder fehlende Daten durch automatische Anwahl des Internets zu ergänzen.

Welche Software brauchen Sie also? Wie Sie in diesem Buch sehen, benötigen private Anleger und Mitglieder von Investmentclubs nur ein Chartprogramm mit Basisfunktionen. Diese Anleger wollen die Vorbereitung ihrer Anlageentscheidungen durch die technische Analyse der Finanzmärkte verbessern. Sie wollen wissen, wie die gehaltenen oder ins Auge gefassten Aktien charttechnisch zu beurteilen sind. Sie möchten darüber hinaus alamiert werden, wenn die Charts in den negativen Bereich drehen und somit weitere Analysen erforderlich werden, um den richtigen Verkaufszeitpunkt zu bestimmen.

Was Ihre Chartsoftware leisten muss

Zur Analyse von Aktien muss Ihre Chartsoftware verschiedene Kurscharts, Trendlinien und ergänzende Daten zeichnen können und Ihnen die Möglichkeit bieten, zwischen verschiedenen Zeithorizonten und Darstellungsformen auszuwählen.

Kurscharts

- *Balkencharts* sind ein Muss. Sie zeigen Eröffnungs-, Höchst-, Tiefst- und Schlusskurs für jeden Tag und bilden die Grundlage der technischen Analyse. Kerzencharts verwenden die gleichen Daten und die meisten Softwarepakete bieten beide Darstellungsformen an.
- *Liniencharts* verbinden die Schlusskurse in einer durchgehenden Linie. Sie sind übersichtlicher und vermitteln ein Gefühl für den Trend.
- *Zeithorizont:* Das Chartprogramm muss wahlweise Tages-, Wochen- oder Monatskurse verarbeiten können. Charts mit Intraday-Zeithorizont wie zum Beispiel laufende oder stündliche Kursnotierung sind nur bei entsprechender Datenverbindung verfügbar. Wie bereits gesagt: Für Privatanleger ist dieser Service in aller Regel nicht erforderlich.

Ergänzende Daten

Börsenumsätze müssen für jeden Tag verfügbar sein. Für Positionen wie zum Beispiel Aktienindizes oder Devisen, für die keine Umsätze ausgewiesen werden, muss ein Substitut verfügbar sein. Dazu gehören zum Beispiel der zugrunde liegende Börsenumsatz (die Summe der Umsätze der in einem Index vertretenen Aktien) und die Anzahl der Transaktionen pro Tag. Die Anzahl der Transaktionen pro Tag kann in den meisten Fällen als Ersatz für den Börsenumsatz dienen.

Momentum: Die meisten Softwarepakete bieten die Berechnung von RSI, Stochastik-Indikator, MACD et cetera an.

Gleitende Durchschnitte sind ein unverzichtbarer Standard für Chartsoftware. Sie müssen die Anzahl der Tage oder Wochen zur Berechnung des Durchschnitts festlegen können. Die Berechnung von 200-Tage-Durchschnitten ist ein Muss.

Indikatoren für die Marktbreite wie zum Beispiel die Advance-Decline-Linie (AD-Linie) werden in der Regel von den Datenlieferanten zur Verfügung gestellt und vom Chartprogramm gezeichnet.

Sonstige Optionen

Grafische Optionen von Chartprogrammen bieten die Möglichkeit, Trendlinien, Unterstützungs- und Widerstandslinien sowie Chartformationen automatisch einzeichnen zu lassen. Zweckmäßig ist auch, Texte und Markierungen in die Charts eingeben zu können.

Messinstrumente erlauben, Kursziele zu finden und zu markieren. Das Programm sollte die Möglichkeit bieten, eine vertikale Distanz, die Sie angeben, zu halbieren oder zu dritteln, um mögliche Kurskorrekturbereiche anzuzeigen. Auch horizontale (zeitliche) Distanzen müssen messbar und darstellbar sein.

Im Ergebnis wird Ihre Analyse zwar nicht auf eingehenden Berechnungen beruhen, doch die können Sie getrost den professionellen Anlegern überlassen. Schließlich trachten Sie nicht nach kleinen Kursgewinnen für ein umfangreiches Portfolio, sondern möchten mit einem vergleichsweise kleinen Depot gute Kursgewinne erzielen.

Abgesehen vom PC können Sie die Grundformen der technischen Analyse auch mit Lineal und Zirkel durchführen. Mit dem Lineal können Sie Trendlinien und Chartformationen zeichnen. Mithilfe eines Zirkels lassen sich Chartformationen in Bezug auf Zeit (horizontal) und Kursentwicklung (vertikal) messen und vergleichen. Wenn Sie vorsichtig sind, können Sie den Zirkel sogar auf Ihrem PC-Bildschirm verwenden, um zu messen. Das geht vermutlich noch schneller als mit einem Chartprogramm.

Internet

Das Internet bietet alle vorstehend erwähnten Informationen – einschließlich Realtime-Daten. Für Anfänger in der technischen Analyse kann das Internet eine gute Informationsquelle sein, da die meisten Daten kostenlos angeboten werden. Allerdings sind kostenlose Informationen zumeist nicht umfassend, und eine Gewähr für ihre Richtigkeit erhalten Sie ebenfalls nicht. Denken Sie stets daran, und überprüfen Sie vor einem Börsengeschäft möglichst Ihre Informationen bei einer Zweitquelle.

23
So bestücken Sie Ihren Werkzeugkasten

Nachdem Sie die wesentlichen Konzepte der technischen Analyse kennen gelernt haben, sind Sie nun gerüstet, um diese zur Vorbereitung Ihrer Anlageentscheidungen einzusetzen.

Jetzt geht es darum, für jede Aufgabe die richtigen Analyseinstrumente auszusuchen.

In diesem Kapitel wird beschrieben, welche das sind.

Aufgaben der technischen Analyse

Die Aufgaben der technischen Analyse beziehen sich auf die Analyse

- der *Kursentwicklung:* Das Ziel jedes Anlegers besteht darin, Aktien zu einem günstigen Kurs zu kaufen und zu einem höheren Kurs zu verkaufen, um durch den Kursunterschied Geld zu verdienen. Daher gilt der Analyse der Kursentwicklung die höchste Aufmerksamkeit. Dazu gehört die Ermittlung gleitender Durchschnitte und Trendlinien. Zur Beurteilung der künftigen Kursentwicklung werden Chartformationen analysiert.
- der *Börsenumsätze:* Diese werden herangezogen, um die Beteiligung des Marktes an einer Kursbewegung zu messen. Liquidität, die Anzahl der nicht glatt gestellten Kontrakte und die Marktbreite werden in diesem Zusammenhang untersucht. Die Marktbreite misst, wie viele Branchen an einer Kursänderung beteiligt sind und wie viel Geld in oder aus dem Markt fließt.
- des *Zeitraums:* Hausse- und Baissephasen gibt es auf allen Märkten, und jede Phase weist eine bestimmte Länge auf. Die Länge der Konjunktur- oder Saisonpha-

sen und das Wissen, wo sich der Markt innerhalb einer solchen Phase aktuell befindet, lässt Rückschlüsse auf die voraussichtliche Entwicklung des Marktes zu. Wirtschaftliche und politische Zyklen beeinflussen die Finanzmärkte.

- der *Stimmung:* Die Stimmungsanalyse deckt solche Aspekte wie Grad der Spekulation, öffentliche Meinung und herrschende Meinung ab. Stimmungen werden durch Umfragen sowie durch Beobachtung der spekulativ ausgerichteten Marktaktivitäten erforscht.

In der Praxis zeigt die technische Analyse der Finanzmärkte häufig die folgenden Schwächen:

- Es werden nur einzelne Aufgaben bearbeitet.
- Es werden nur wenige Indikatoren verwendet.

Eine solche Analysepraxis ist vergleichbar mit dem Vorhaben, einen Tisch nur mit zwei oder drei Beinen zu versehen. Vielleicht steht ein solcher Tisch eine Zeit lang, aber er ist nicht stabil genug, um schwere oder sich verschiebende Gegenstände zu tragen.

Professor Henry Pruden von der Golden Gate University formulierte den Grundsatz, dass für jede der vier oben genannten Aufgaben drei Indikatoren analysiert werden sollten.

Instrumente für jede Aufgabe der technischen Analyse

In der folgenden Übersicht werden die gängigen Analyseinstrumente für jede Aufgabe aufgeführt. Wenn nicht anders gekennzeichnet, haben wir diese bereits behandelt.

Kurse / Preise	Trendermittlung	• Trendlinien, Trendkanäle, gleitende Durchschnitte
	Chartformationen	• Dreiecke, Rechtecke, Flaggen, Kurslücken • Kerzencharts (siehe Kapitel 28)
	Momentum	• Momentum-Indikatoren wie RSI, Stochastik, MACD • Bollinger-Bänder (siehe Kapitel 30)
	Relative Höhe	• Benchmarking, relative Stärke • Logarithmischer Maßstab
Börsenumsatz	Marktpartizipation	• Umsatz, kumulierter Umsatz
	Liquidität	• Börsenkurswert, Anzahl gehandelter Aktien
	Marktbreite	• AD-Linie
		• Branchenanalysen

Abb. 23.1: Instrumente der technischen Analyse

Zeit	Zyklen (Kapitel 7)	• Form • Saison • Wirtschaftliche; politische
	Zeithorizont	• Kurz-, mittel-, langfristig • Trendformen
	Dauer	• Länge des Trends • Korrektur und Trend
Stimmung	Spekulation	• Optionen, Verhältnis von Verkaufs- und Kaufoptionen • Junk-Bonds, Börsenemissionen • Inanspruchnahme von Wertpapierkrediten • Wirkung guter und schlechter Nachrichten
	Psychologische Marktbeobachtung	• Geschäftsklima-Index • Konjunkturklima-Index • Prozentualer Anteil der börsenoptimistisch oder der börsenpessimistisch gestimmten Newsletters

Abb. 23.1: Instrumente der technischen Analyse (Forts.)

Kombinationsinstrumente

In der technischen Analyse sind einige Indikatoren so konzipiert, dass sie mehr als einen Analysebereich abdecken. Ihre Beherrschung setzt allerdings voraus, dass der Anwender die technische Analyse voll beherrscht.

Kurse und Zeit	• Marktprofil (weist die Zeit für jeden Kurs im Tagesverlauf aus und bildet Wertzonen auf dem Chart) • MESA (Maximum Entropy Spectral Analysis; untersucht die Daten hinsichtlich einer Bildung von Zyklen und projiziert diese in die Zukunft)
Kurse und Umsätze	• Geldfluss (Kurs × Anzahl der Transaktionen; wird als Indikator des Angebots-Nachfrage-Verhältnisses verwendet) • Darstellung der Balkenbreite nach Umsatzhöhe
Kurse und Stimmung	• Elliott-Wellen (siehe Kapitel 30)

Abb. 23.2: Kombinationsinstrumente der technischen Analyse

In der Praxis ist der Zahl der Daten, die man in einer Anlagestrategie sinnvoll kombinieren kann, eine Grenze gesetzt. Automatisierte Systeme und Systeme künstlicher Intelligenz können zwar über diese Grenze hinausgehen, aber sie erfordern auch mehr Fachwissen, Computerleistung und Disziplin zur Entwicklung und Umsetzung von Anlagestrategien. Die meisten Privatanleger kommen nach wie vor bestens mit Basisinstrumenten aus.

24 Einige Empfehlungen für die Praxis

Bevor Sie mit der technischen Analyse beginnen, möchte ich an dieser Stelle einige zentrale Gesichtspunkte zusammenfassen:

- *Lassen Sie den Markt sprechen:* Wenn Sie auch mithilfe der technischen Analyse nicht erkennen können, ob der Kurs einer Aktie steigt, fällt oder sich seitwärts entwickelt, dann sollten Sie sich einer anderen Aktie zuwenden. Wenn Sie stattdessen Ihre Analyse forcieren, dann sagen Sie praktisch dem Markt, was er tun soll. Denken Sie daran: Der Markt bestimmt die Marschrichtung, nicht Sie.
- *Seien Sie flexibel:* Folgen Sie dem Geist des Gesetzes, nicht den Buchstaben des Gesetzes. Seien Sie bei der Anwendung der Regeln der technischen Analyse nicht so streng, dass Sie den Trend nicht mehr finden. Legen Sie Trendlinien und Chartformationen ausreichend flexibel fest, sodass Sie beschreiben können, was wirklich im Markt geschieht.
- *Jagen Sie nicht einer bestimmten Aktie nach:* Es gibt immer andere Anlagemöglichkeiten.
- *Lassen Sie Ihr Selbstwertgefühl außen vor:* Wenn Sie falsch liegen, sollten Sie es sofort zugeben. Dann verlieren Sie vielleicht gelegentlich eine gute Aktie, aber Sie werden nie mit einem größeren Verlierer belastet. Vergessen Sie nicht, dass Sie Geld verdienen und nicht Recht haben wollen.
- *Ausgeglichen auszusteigen ist eine Verluststrategie:* Denken Sie nie, dass Sie warten sollten, um einen Verlierer zu verkaufen, wenn Sie ihn ohne Verlust abstoßen können. Wenn Sie eine Aktie beim Kurs von 55 kaufen und sie um 5 Punkte sinkt, dann muss sie 10 Prozent steigen, damit Sie ohne Verlust aussteigen können. Ist das realistisch? Verkaufen Sie Ihre Verlierer sofort, nachdem Sie erkannt haben, dass es falsch war, sie zu kaufen.

- *Ergibt Ihre Analyse Sinn?* Haben Sie Chancen und Risiken verglichen? Stehen Ihre Chartformationen mit dem früheren Trend im Einklang? Sie sollten zum Beispiel berücksichtigen, dass ein zwölfmonatiger Kursanstieg von 50 Prozent nicht durch eine zweiwöchige Zwei-Prozent-Flagge korrigiert werden kann.

Viel Glück bei Ihrer Analyse. Beginnen Sie langsam und sammeln Sie Erfahrungen. Allmählich können Sie zusätzliche Indikatoren heranziehen, um einen besseren Überblick zu bekommen. Vielleicht wollen Sie sich nach einiger Zeit nur noch auf die technische Analyse verlassen. Dann sind Sie in guter Gesellschaft.

25 Fallstudie »Anlageentscheidungen unter vollkommenen Bedingungen«

Nachdem Sie die Grundzüge der technischen Analyse beherrschen, wollen wir jetzt in einer Fallstudie die Vorbereitung von Anlageentscheidungen behandeln. Denken Sie bei der Lektüre dieses Kapitels daran, dass die technische Analyse Ihre gegenwärtige Methode der Aktienanalyse und -auswahl nicht ersetzen, sondern ergänzen soll. In unserer Fallstudie wollen wir insbesondere die folgenden Aspekte der technischen Analyse berücksichtigen:

- Ermittlung von Trends,
- Analyse von Chartformationen und
- Verwendung ergänzender Analysen zur Beurteilung des Aktienmarkts und zur Auswahl aussichtsreicher Aktien.

Der Analyseprozess zur Vorbereitung Ihrer Anlageentscheidung wird wie folgt gegliedert:

- Ist das *Umfeld für Aktien* günstig? Verwenden Sie zur Beantwortung dieser Frage die üblichen Indikatoren (Gewinnentwicklung, Inflation et cetera).
- Falls ja: Auf welche *Branchen* sollten Sie sich konzentrieren?
- Welche *Aktien* der besten Branchen sollten Sie kaufen?
- Welche *Analysetechniken* sollten Sie anwenden?
- Wie lautet das *Kursziel*?
- Was kann Sie veranlassen, Ihre Auffassung zu ändern und bald nach dem Kauf *auszusteigen*?

- Was kann Sie veranlassen, eine Aktie zu *verkaufen*, bevor sie ihr Kursziel erreicht hat?
- Müssen Sie verkaufen, wenn die Aktie das *Verkaufssignal* erreicht?

Möglicherweise werden Sie diesen Prozess nicht bei jeder Anlageentscheidung vollständig durchlaufen, aber dies ist die Grundstruktur des Analyseprozesses.

Ist das Umfeld für Aktien günstig?

Wir wollen in diesem Zusammenhang nicht beurteilen, ob die Kapitalanlage in Aktien gegenüber einer Anlage in Immobilien, fest verzinslichen Wertpapieren oder Vollblutrennpferden zu bevorzugen ist. Das würde den Rahmen dieses Buches sprengen. Für unsere Fallstudie treffen wir die Annahme, dass in Aktien investiert werden soll. Das Ziel unserer Analyse lautet daher, die besten Anlagetitel auszuwählen.

Die Aktienauswahl ist unverzichtbar; nur die stärksten Hausse- oder Baissemärkte machen sie überflüssig. Doch warum müssen Sie den Markt insgesamt analysieren? Diese Frage können wir mit der Analogie von der Flut und den Booten beantworten. Die Flut hebt bekanntlich alle Boote, sofern nicht ein einzelnes Boot ernsthafte Schäden aufweist. Die Ebbe lässt alle Boote sinken. Diese Analogie hat folgende praktische Bedeutung: Günstige Nachrichten über Fundamentaldaten oder Entwicklungen (Einführung neuer Produkte, neue Abschlüsse) lassen den Kurs einiger Aktien steigen. Mithilfe der technischen Analyse kann ermittelt werden, welche Aktien ge- oder verkauft werden sollten. Ein gutes Chart liefert eine Kauf- oder Verkaufsempfehlung – unabhängig davon, ob der Aktienindex steigt, fällt oder stagniert. Eine Kurssteigerung, die nur der Entwicklung des Aktienindex entspricht, liefert nur durchschnittliche – nicht optimale – Gewinne.

Wir wollen annehmen, Ihre Analyse hätte ergeben, dass Aktien ein Teil Ihres gesamten Anlageportfolios bilden sollten. Aufgrund Ihrer Fundamentalanalyse haben Sie Hinweise auf einige aussichtsreiche Branchen erhalten und Ihr Anlageberater hat Anlageempfehlungen ausgesprochen. Durch Anwendung der technischen Analyse können Sie die Auswahl geeigneter Wertpapiere wesentlich verbessern.

Die Branchenanalyse

Untersuchungen haben gezeigt, dass Branchenanalysen auf dem Aktienmarkt zu einer besseren Aktienauswahl führen können. Anstatt diese Behauptung durch Analyseergebnisse zu stützen, wollen wir sie aus logischer Sicht betrachten. Dabei gehen wir von der wohl unumstößlichen Tatsache aus, dass es Konjunkturzyklen gibt. Wenn die Wirtschaft wächst, werden Waren benötigt, die von Energie über Investitionsgüter bis zu dem Kapital reichen, das erforderlich ist, um das Wachstum zu finanzieren. Verbraucher verändern ihr Verhalten beim Kauf von lebensnotwendigen Gütern und Luxusgütern. Ressourcen werden ausgebeutet. So lässt sich der Produktlebenszyklus von der Startphase über die Wachstums- und Reifephase bis zur Rückgangsphase beschreiben. Lassen Sie uns diese Begriffe auf die verschiedenen Arten von Unternehmen anwenden, um feszustellen, welche unterschiedlichen Ergebnisse Kapitalanlagen in verschiedenen Branchen im Verlauf verschiedener Konjunkturphasen erzielen. In diesem Zusammenhang sprechen wir noch nicht von einzelnen Titeln, sondern von Branchen – es geht zum Beispiel darum, ob man Aktien von Herstellern alkoholfreier Getränke besitzen sollte.

Im Folgenden sind einige Beispiele für Branchenanalysen aufgeführt:

- *Energieversorgung:* Dazu gehören Unternehmen wie Royal Dutch Shell, Elf Aquitaine und Schlumberger.
- *Investitions- und Industriegüter:* Denken Sie an Unternehmen wie Navistar und Cisco, die von einem starken Wirtschaftswachstum profitieren.
- *Finanzdienstleistungen:* Wenn Unternehmen expandieren, benötigen Sie Kapital. Denken Sie in diesem Zusammenhang an die Deutsche Bank, UBS oder Citigroup.
- *Güter des täglichen Bedarfs:* Es besteht immer Nachfrage nach Lebensmitteln und Kleidung sowie Arzneimitteln und Genussmitteln (Zigaretten, alkoholische Getränke). Was lässt sich über den Zustand der Konjunktur aussagen, wenn diese Aktien stärker steigen als die Aktien von Wachstumsbranchen?
- *Luxusgüter:* Bei steigenden Einkommen geben Verbraucher mehr für Luxusgüter (Rolls-Royce, Rolex-Uhren) aus. Wer stellt diese Güter her? Wer beliefert diese Hersteller?
- *Rohstoffe:* Wer kontrolliert die Rohstoffe? Rohstofflieferanten bilden in einer Hausse im Allgemeinen die Nachhut und übernehmen am Ende einer Hausse die Führung. Das Angebot wird knapper und die Inflation nimmt in einer reifen Wirtschaft zu, daher entwickeln sich diese Unternehmen dann am besten.

Wenn die Wirtschaft am Boden liegt und die Inflation hoch ist, verdienen einige Branchen immer noch Geld. Wenn die Wirtschaftslage gut ist, sollten auch die übrigen Branchen ihre Gewinne maximieren können. Ganz gleich, wie sich das Umfeld für Aktien darstellt, einige Aktien werden Kurssteigerungen erzielen und andere Kursverluste.

Wo sollten Sie mit der Auswahl von Branchen beginnen? Die Antwort liegt im Konjunkturverlauf. Wie können Sie mithilfe der technischen Analyse ermitteln, wo ein Unternehmen im Konjunkturverlauf steht? Die Antwort lautet: mit der relativen Stärke. Im Klartext: Welche Branchen steigen schneller oder fallen langsamer im Kurs als der Gesamtmarkt (gemessen am jeweils relevanten Aktienindex)? Steigen Goldaktien derzeit schneller? Dann ist die Wahrscheinlichkeit hoch, dass sich der Konjunkturzyklus seinem Ende zuneigt und der Abschwung bevorsteht. Setzen Sie darauf. Die Aktien mit den besten Erfolgsaussichten kommen aus den Branchen, die die Konjunkturlage jeweils begünstigt.

Versuchen Sie nicht, den ganzen Markt zu analysieren – das können Sie anderen überlassen. Bemühen Sie sich vielmehr, die besten Anlageobjekte zu finden.

Zur Erinnerung: Dieses Buch will Sie nicht von der Fundamentalanalyse zur technischen Analyse bekehren. Lassen Sie uns einmal betrachten, wie Sie diese beiden Disziplinen erfolgreich in einer Anlagestrategie verbinden können – unabhängig davon, wie der Markt sich bewegt.

Welche Branchen sind vielversprechend?

Die Auswahl der besten Branchen kann mittels eines einfachen Kennzahlen-Charts erfolgen. Wir haben dies die Analyse der relativen Stärke genannt. Dabei wird jede Branche im Verhältnis zum Gesamtmarkt gemessen. Verbessert oder verschlechtert sich das Verhältnis zwischen Versorger-Aktien und dem Marktindex (zum Beispiel DAX)? Mit anderen Worten, geht die Kennzahl nach oben oder unten?

Wenn Sie die Branchenindizes verwenden, die für die meisten Börsen auf der Welt verfügbar sind, können Sie diese Kennzahlen für jedes Land bilden. Bei Fortsetzung der Globalisierung werden zweifellos bald länder- oder kontinentübergreifende Branchenindizes entwickelt. Irgendein Finanzdienstleister oder ein Online-Informationsdienst wird diese Daten zusammenstellen, um eine Werbewirkung zu erzielen. Wer hat schließlich den Dow-Jones-Index oder den FTSE 100 erfunden?

Die Kennzahl zur Beurteilung der Branchen wird wie folgt gebildet: Branchenindex/Aktienindex (wie zum Beispiel S&P 500, TOPIX, DAX, Hang Seng). Untersuchen Sie nun, ob diese Kennzahl im letzten Monat, in den letzten sechs Monaten oder in den letzten fünf Jahren gestiegen oder gefallen ist. Je länger Ihr Anlagezeitraum, desto länger sollte der Analysezeitraum sein. Bilden Sie eine Rangfolge der Kennzahlen und filtern Sie die stärksten und schwächsten heraus. Zum Schluss sollten Sie die Kennzahlen zeichnen und den Trend ermitteln (vergleiche Abbildung 20.1).

Die höchsten Kennzahlen beschreiben die stärksten Branchen, in denen Sie Aktien als Anlageobjekte auswählen können. Solange der Trend stabil ist, sind diese Daten aussagefähig.

Welche Aktien der auserwählten Branchen sollte man kaufen?

Betrachten Sie jetzt die Ihnen vorliegenden Anlageempfehlungen. Stammen diese Werte aus den stärksten Branchen? Falls nicht, können sie zwar gut sein, aber um dies zu überprüfen, muss eine sorgfältige technische Analyse durchgeführt werden.

Nehmen wir an, einige der Anlageempfehlungen stammten aus den stärksten Branchen. Dann betrachten wir nun die entsprechenden Einzelcharts, um positive

Trends und Ausbrüche aus Chartformationen zu erkennen, die durch Daten zur Höhe der Börsenumsätze sowie durch Indikatoren wie Momentum und Stimmung ergänzt werden sollten. Anstatt hier frühere Beispiele zu wiederholen, verweisen wir auf die entsprechenden Abschnitte dieses Buches.

Risikobeurteilung

Doch sogar Aktien mit guten Charts und aus vielversprechenden Branchen mögen nicht immer die besten Kandidaten für eine Kapitalanlage sein. In welchem Verhältnis stehen Chancen und Risiken? Zur Beantwortung dieser Frage vergleichen Sie das Kurssteigerungspotenzial bis zum oberen Kursziel mit dem potenziellen Verlust, falls Sie falsch liegen sollten. Die allgemeine Entscheidungsregel lautet: Der Gewinn sollte größer oder gleich dem dreifachen Risiko sein. Drei Punkte Verlust bei einer Aktie zu riskieren, die ein Kurssteigerungspotenzial von nur fünf Punkten hat, ist kein vernünftiges Risikomanagement. Denken Sie an Pferderennen, wo der Außenseiter eine Auszahlungsquote von 10:1 oder mehr aufweist. Der Favorit hat bessere Aussichten zu gewinnen, und daher liegt die Auszahlungsquote im Bereich von 3:2. Was geschieht, wenn sich die Quote des Außenseiters auf 50 : 1 erhöht? Dieses Chance-Risiko-Verhältnis lohnt vielleicht das Risiko.

Für den Anlageerfolg müssen Sie wissen, wann Sie verkaufen sollten. Es gibt zwei mögliche Gründe, die für einen Verkauf sprechen: Entweder war es ein Fehler, eine bestimmte Aktie zu kaufen, oder diese Aktie hat ihr vorgegebenes Kursziel erreicht. Manchmal müssen Sie verkaufen, weil sich die Marktverhältnisse geändert haben, bevor die Aktie ihr Kursziel erreichte. Legen Sie immer bereits vor dem Kauf fest, was geschehen muss, damit Sie verkaufen. Sie werden dafür mit einem ruhigen Schlaf belohnt.

Wie können Sie erkennen, dass Sie falsch liegen? Wenn eine Aktie das Kaufsignal ignoriert, das Sie zum Einstieg bewegt hat, sollten Sie sich eingestehen, dass der Kauf falsch war. Eine solche Situation entsteht beispielweise, wenn die Aktie unter die Ausbruchhöhe einer Chartformation (wie zum Beispiel eines Dreiecks) fällt, wenn sie nach einem Durchbruch über die Widerstandslinie sofort wieder unter diese zurückfällt oder wenn sie trotz aller Chartsignale einfach nicht im Kurs steigt.

Beim Verkaufssignal zu verkaufen ist einfach. Am schwierigsten ist der Verkauf, bevor das Verkaufssignal tatsächlich erreicht ist. Hier müssen Sie flexibel genug sein, eine Änderung des Trends, des Momentums oder der Branchenstärke zu erkennen, und klug genug, Ihr Selbstwertgefühl bei der Entscheidung hintanzustellen. Denken Sie an eine Situation, wenn Sie zum Beispiel in einen Ausbruch aus einem Dreieck hineinkaufen und die Aktie kein neues Hoch erreicht. Das Dreieck, das Sie so sicher erkannt zu haben glaubten, war vielleicht keine echte Formation. In der Erkenntnis, dass das Dreieck falsch war, können Sie Ihre Position neu beurteilen und mit einem kleinen Gewinn davonkommen, den Sie vielleicht gar nicht verdienen.

Vergessen Sie nicht zu handeln

Wenn Sie Ihre Analyse beendet und Ihre Aktien ausgewählt haben, müssen Sie kaufen. Der Markt wird Ihnen bald sagen, ob Sie die richtige Auswahl getroffen haben. Beim Poker gilt die Redensart: »Sie müssen wissen, wann Sie die Karten halten und wann Sie sie ausspielen müssen.« Dies gilt auch auf dem Aktienmarkt. Sie werden zwangsläufig einige Verlustgeschäfte machen. Stellen Sie sich darauf ein und trachten Sie danach, die Auswirkungen dieser Geschäfte auf Ihr Portfolio zu minimieren.

Das klingt zwar alles schön und gut, setzt aber voraus, dass eine Vielzahl von Informationen verfügbar und die Chartformationen klar definiert sind. Im nächsten Kapitel werden wir sehen, wie die Wirklichkeit aussieht und wie Sie das Beste aus den zumeist unvollständigen Informationen und unvollkommenen Bedingungen machen können, die in der Realität bestehen.

26
Fallstudie »Anlageentscheidungen unter realistischen Bedingungen«

Anlageentscheidungen unter vollkommenen Bedingungen haben wir in Kapitel 25 behandelt. Leider entspricht eine derartige Situation nicht der Realität der Finanzmärkte. Die folgende Redensart drückt dies treffend aus: »Der Markt versucht alles, damit möglichst viele Marktteilnehmer möglichst viel Geld verlieren.« Vor jeder technischen Analyse sollten Sie sich bewusst sein, dass sich die Finanzmärkte selten klar präsentieren.

In diesem Kapitel wollen wir behandeln, wie die technische Analyse in der harten Realität eingesetzt werden kann, um festzustellen, ob die Kaufempfehlungen Ihres Anlageberaters oder Ihre derzeitigen Aktien gute Anlagen sind.

In der Realität entspricht nichts der Theorie. Aktien folgen nicht immer den Chartformationen und brechen nicht stets mit der gleichen Stärke oder auch nur in die gleiche Richtung aus.

Sie müssen wissen, ob das Umfeld für Kapitalvermögen günstig ist. Das Gesamtklima für Kapitalvermögen und insbesondere für Aktien, fest verzinsliche Wertpapiere und Geldwerte bestimmt Ihren Anlagemix. Dieses Klima kann sich sehr schnell ändern; daraus ergibt sich eine Unsicherheit für Anlageentscheidungen.

Zwei Dinge sind daher zunächst festzulegen:

- *Wie aggressiv wollen Sie sich verhalten?* Unabhängig vom Klima können mit Aktien und Anleihen gewisse Gewinne erzielt werden. Vielleicht müssen Sie Ihre Renditeerwartungen zügeln. Das klingt nach harter Arbeit, aber die leisten Sie ja bereits mit Ihrer gegenwärtigen Methode der Aktienanalyse und -auswahl.

- *Auf welche Branchen wollen Sie sich konzentrieren?* Wenn die Renditeerwartungen für Aktien aus Industrie- und Dienstleistungsunternehmen schlecht ist, dann sollten Sie in Schlüsselindustrien investieren, für die in guten und schlechten Zeiten Nachfrage besteht. Vielleicht sollten Sie einen Blick auf Terminkontrakte und Optionsscheine werfen. Ist die Inflation sehr hoch? Falls ja, dann sind bestimmte Branchen keine gute Anlage.

Wenn Sie festgelegt haben, wie aggressiv Sie sich verhalten und welche Branchen Sie analysieren wollen, beginnt die technische Analyse: Sie untersuchen die Charts verschiedener Aktien und Branchenindizes. Vielleicht sind Ihnen diese Aktien empfohlen worden oder Sie haben sie anhand der in Kapitel 25 beschriebenen Vorgehensweise ausgewählt. Wie auch immer: Wenn Sie über eine Liste potenzieller Anlagekandidaten verfügen, ist es unerheblich, wie Sie diese erhalten haben. Mithilfe der technischen Analyse werden Sie in jedem Fall einige Kaufkandidaten ausfindig machen, die Sie vergleichen können, um die bestmögliche Kapitalanlage zu bestimmen.

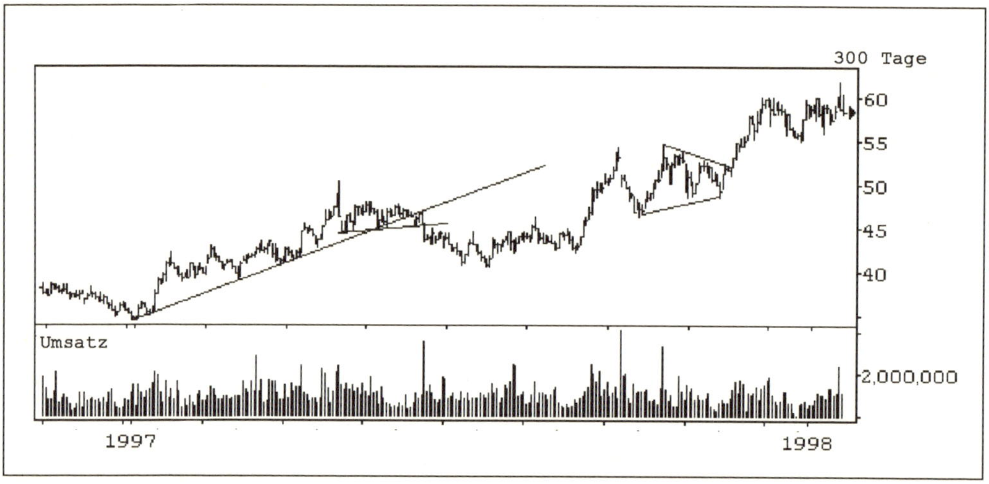

Abb. 26.1: Delta Airlines (I)

Abbildung 26.1 zeigt die Kursentwicklung von Delta Airlines im Zeitraum von November 1996 bis Januar 1998. Bei dieser Datenfülle sind die Balken etwas zusammengepresst, aber die Darstellung ist für unseren Zweck aussagefähig. Wie man erkennen kann, gab es Anfang 1997 einen Aufwärtstrend. Der Kurs erreichte im April einen Höchststand und vollzog dann eine scharfe Trendumkehr nach unten. War dies ein wichtiges Verkaufssignal? Im Rückblick können wir feststellen, dass dies nicht der Fall war. Ein Chart mit einem kürzeren Analysezeitraum hätte eine Overbought-(Überkauft-)Situation gezeigt, in der die Käufer sich überboten und den Kurs zu aggressiv nach oben trieben. Die Börsenumsätze zeigten keine bemerkenswerte Veränderung, sodass Sie als Besitzer dieser Aktie wahrscheinlich zunächst den weiteren Verlauf der Entwicklung abgewartet hätten.

In den nächsten Wochen trat ein Seitwärtstrend ein. Wäre der Kurs an der Aufwärtstrendlinie abgeprallt, hätte Sie dies in der Vermutung bestärkt, dass der Trend noch intakt ist. Aber bald danach rutschte der Kurs unter die Trendlinie. Wie also hätte man handeln sollen? Die Theorie würde in einer solchen Situation empfehlen zu verkaufen, weil die Kurssteigerung beendet schien und der Kurs dann die Trendlinie durchbrach.

Nach nur zwei Tagen stoppte der Kursverlust an einem Punkt, der sich als Boden eines Dreiecks herausstellte. Hätten Sie rechtzeitig erkannt, dass es sich um ein Dreieck handelt? Es war nicht eindeutig zu erkennen, aber es existierte. Der Theorie zufolge hätten Sie annehmen müssen, dass sich die Unterstützungslinie des Dreiecks und die Unterstützungslinie des Trends am Ausbruchspunkt schneiden würden, weil Sie verkaufen würden, wenn eine dieser Linien durchbrochen worden wäre. Die Trendlinie wurde tatsächlich durchbrochen, aber der Kurs fiel zunächst nicht weiter. Als auch das Dreieck durchbrochen wurde, war das der zweite Hinweis darauf, dass sich der Trend von einem Aufwärts- in einen Abwärtstrend umgekehrt hatte, und die Steigerung der Börsenumsätze am zweiten Verlusttag bestätigte diese Vermutung.

Halten Sie einen Augenblick inne. Hätten Sie das Dreieck wirklich erkannt? Es war früh da, aber in der Hitze der Anlageentscheidung hätte man es vermutlich übersehen. Ohne es zu erkennen, hätten Sie sich auf den Trenddurchbruch stützen müssen. Da die Trendlinie eine relativ starke Chartformation war – weil der Kurs die Trendlinie sieben- bis neunmal berührt hatte –, hätten Sie bei Anwendung der Regeln immer noch die richtige Entscheidung getroffen. Die Berücksichtigung des Dreiecks hätte jedoch die Sicherheit erhöht, rechtzeitig zu handeln.

Vielleicht werden Sie nun einwenden: »Ich investiere langfristig.« Für die technische Analyse ist das aber ohne Belang: Das Chart hätte auch 300 Wochen statt 300 Tage umfassen können. Die Ergebnisse wären die gleichen gewesen.

Nun gehen wir weiter zum Dreieck im Oktober 1997. Zu dieser Zeit erholte sich der amerikanische Aktienmarkt von der asiatischen Wirtschaftskrise und den Auswirkungen auf den Hightech-Sektor. Delta Airlines ist keine Technologieaktie. Nachdem die Aufregung ein wenig abgeklungen war, widmeten sich die Anleger wieder den technischen und fundamentalen Grundlagen des Marktes. Im Mittelpunkt der Aufmerksamkeit standen die sinkenden Energiepreise; Rohöl und verwandte Produkte waren in einer starken Baisse gefangen. In einer solchen Situation suchen alle Marktbeobachter nach Branchen, die von dieser Marktlage profitieren. Und einer der großen Energieverbraucher sind selbstverständlich Fluglinien.

Bei Delta deutete das Dreieck an, dass sich die Anleger über die Zukunft der Aktie im Unklaren waren und überlegten, ob die niedrigen Energiepreise die möglichen wirtschaftlichen Auswirkungen der Asienkrise ausgleichen würden. Als eine Kurssteigerung aus dem Dreieck heraus einsetzte, war dies ein klares Signal, dass sich die niedrigen Energiepreise durchgesetzt hatten und dass es Zeit war zu kaufen. Natürlich fehlte die Lehrbuch-Bestätigung einer deutlichen Erhöhung des Börsenumsatzes. Der kleine Anstieg war jedoch gut genug und aufgrund der gemessenen Höhe des Dreiecks konnte man mit einer Kurssteigerung um zehn Punkte rechnen, die auch tatsächlich eintrat.

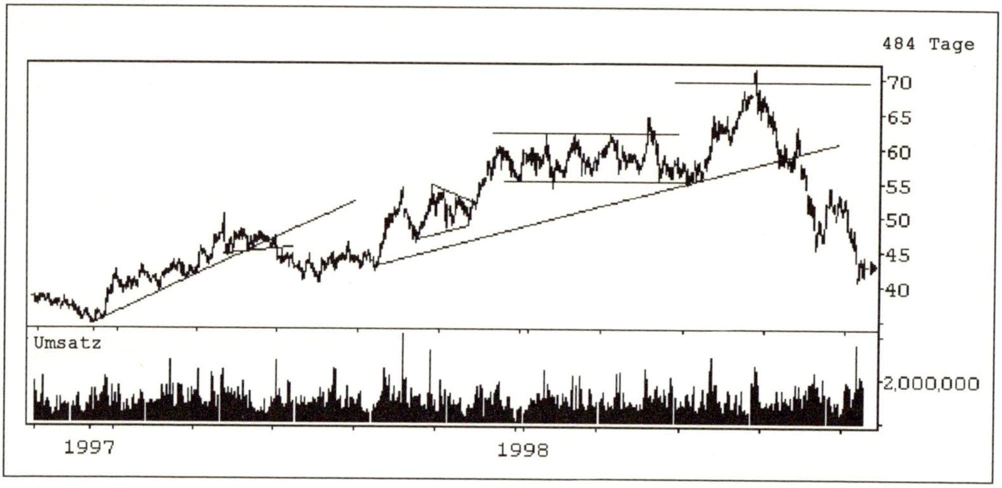

Abb. 26.2: Delta Airlines (II)

In Abbildung 26.2 wird der Betrachtungszeitraum um neun Monate erweitert. Nach Erreichen des Kursziels einer Steigerung um zehn Punkte befand sich Delta mehrere Monate lang in einem Seitwärtstrend. Das Rechteck wurde gezogen, aber es gab einige Sonderbewegungen. Man musste den unechten Januar-Einbruch und den April-Ausbruch nach oben ignorieren. Vielleicht hätte ein kurzfristig orientierter Kapitalanleger diese Chartformation benutzt, um die Hochs zu verkaufen und die Tiefs zu kaufen. Als Anleger wären Sie nicht sehr glücklich gewesen, weil Sie kein klares Kauf- oder Verkaufssignal erhalten hätten.

Damals nicht sichtbar war der seit Januar 1997 gültige langfristige Aufwärtstrend. Doch im Sommer 1998 erreichte das Rechteck diese Trendlinie, und nun war sie deutlich zu erkennen. Da Sie wissen, dass der Trend im Allgemeinen die Oberhand behält, wenn eine Konsolidierungsphase mit einem langfristigen Trend zusammentrifft, hätten Sie nun nach Kaufgründen gesucht. Sie wissen, dass ein Durchbruch nach unten hier ein sehr klares Verkaufssignal wäre, aber solange er ausbleibt, müssen Sie eine Kurssteigerung für wahrscheinlicher halten.

Hätten Sie anhand des Charts ohne die langfristige Trendlinie gehandelt, wäre Ihnen die Kurssteigerung vom Boden des Rechtecks bis zur Spitze entgangen. Wenn Sie am Boden des Rechtecks gekauft hätten mit der Absicht, an seiner oberen Begrenzung wieder zu verkaufen, dann hätten Sie profitiert, aber das wäre keine langfristige Anlagestrategie gewesen. Die Umsatzspitze zu Beginn der Kurssteigerung hätte aggressive Anleger zu einem Kauf veranlassen können. Die damit verbundenen Chancen waren aber aus Sicht eines normalen Anlegers nicht groß genug.

Als die Kurse das Dach des Rechtecks erreichten, war es Zeit, nach Anzeichen für einen Ausbruch nach oben zu suchen. Die Aktie stagnierte zunächst zwischen dem Rechteckdach und dem unechten Ausbruch im April. Eine nähere Betrachtung des Marktes zeigte, dass sich in der Stagnation eine Hausse-Flagge ausbildete. Danach war der Ausbruch im April ein gutes Kaufsignal. Der Kurs stieg um weitere zehn Punkte, das entsprach der Höhe des Rechtecks.

Zusatzfrage: Betrachten Sie den Teil des Charts vom unechten Ausbruch bis zur Flagge. Welche Formation erkennen Sie? Antwort: Tasse mit Henkel.

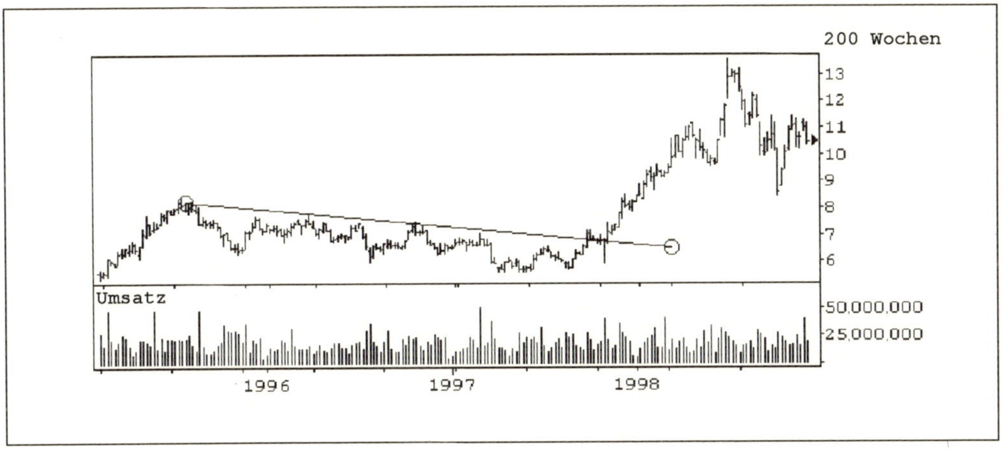

Abb. 26.3: News Corporation

Wenn Sie immer noch nicht davon überzeugt sind, dass die technische Analyse für den langfristig orientierten Kapitalanleger nützlich sein kann, dann sollten Sie unbedingt das folgende Beispiel betrachten.

Die News Corporation (siehe Abbildung 26.3) beendete Ende 1997 einen langen schwachen Abwärtstrend. Angesichts der Größe, Länge und Form der Chartformation bildete der Ausbruch nach oben ein sehr gutes Kaufsignal. Sie können einen klaren Übergang von einer Baissephase in eine Haussephase erkennen.

Hätten Sie diese Aktie auch allein gefunden? Erfahrene Anwender der technischen Analyse hätten sie vielleicht aufgrund der steigenden Böden vor dem Ausbruch erkannt.

Ein Geldfluss-Indikator, der Privatanlegern normalerweise nicht zur Verfügung steht, hätte eine zunehmende Kauftätigkeit und eine Nachfragesteigerung gezeigt. Das Analyseteam Ihres Anlageberaters verfügt vermutlich über diese Daten.

Viel wahrscheinlicher ist es, dass Ihr Anlageberater von der Abteilung Fundamentalanalyse seiner Firma einen Bericht erhalten hätte, dem zufolge die Medienbranche angesichts des anbrechenden Internet-Zeitalters günstige Aussichten hat und News Corporation jetzt Gewinne erzielt. Die ersten Kurssteigerungen hätten Sie zwar verpasst, aber das sollte Sie nicht stören. Ihr Ziel ist es, den größeren Teil der Kurssteigerungen mitzunehmen.

Betrachten Sie den Abwärtstrend einmal genauer. Wo sollte die Trendlinie gezogen werden? In Abbildung 26.3 berührt die Linie drei Kurshochs sehr genau. Im Oktober 1997 erfolgte ein kleiner Ausbruch nach oben, der sich aber nicht fortsetzte. Im Gegenteil kam es vielmehr zusammen mit dem australischen Aktienmarkt zu einem starken, wenn auch kurzfristigen Kurseinbruch, der als Reaktion auf die asiatische Krise erfolgte. Anstatt die technische Analyse dafür zu verfluchen, dass sie ein weiteres zweideutiges Handelssignal lieferte, muss man die Gelegenheit dazu nutzen, um die Trendlinie mithilfe dieser neuen Daten zu aktualisieren. Auch wenn Ihr Ego aufgrund eines solchen unechten Ausbruchs leiden mag, führt die dadurch erzwungene Überprüfung Ihrer Analyse doch dazu, dass Sie zum Handeln bereit sind, wenn der wahre Ausbruch schließlich erfolgt. Als dieser Moment eintrat, bewegte sich der Markt geradewegs nach oben.

Dies sieht im Nachhinein großartig aus. Selbstverständlich können Sie die Revision einer Trendlinie stets rational erklären und kleine vorübergehende Verluste ignorieren. Entscheidend ist aber, dass der frühe unechte Ausbruch nicht überzeugend bestätigt war. Die wichtigste Regel für die Anwendung der technischen Analyse lautet: *Ein Ausbruch ist überzeugend, wenn die Kursentwicklung durch einen Momentum-Indikator, ungewöhnlich hohe Börsenumsätze und/oder hohe Anlegerbeteiligung bestätigt wird.* Unsere Aktie dagegen reckte ihren Kopf über die Trendlinie, konnte aber nicht ausbrechen. Ein halber derartiger Börsentag bei fehlender Bestätigung reicht nicht aus. Als der Kurs am nächsten Tag auf die Trendlinie zurückfiel, musste man das als Hinweis darauf werten, dass dieser Ausbruch nicht stark genug war.

Noch einmal anders formuliert: Eine Aktie sollte sich deutlich von der Trendlinie entfernen, um ein überzeugendes Signal zu geben, dass sie ausgebrochen ist. Wenn Sie darauf warten, werden Sie einen Teil des möglichen Gewinns verlieren, aber vergleichen Sie das mit dem Risiko, falsch zu liegen.

Das Folgende geschah auf der Trendlinie in einer Chartformation, die einer Flagge ähnelte. Die zweite Grundregel der technischen Analyse lautet: *Wenn ein Kurs seine Widerstandslinie erreicht und nicht schnell wieder fällt, ist dies ein Zeichen von Stärke.* Selbst in diesem ungewöhnlichen Fall, in dem es einen einwöchigen Schock gab, hielt die schnelle Erholung den Haussecharakter der Chartformation am Leben.

Im Beispiel von Delta Airlines (siehe Abbildung 26.2) erreichte der Markt eine Unterstützungslinie am Boden des Rechtecks, ohne schnell nach oben zu springen. Dies wäre normalerweise ein Baissesignal, da der Kurs nicht wie erwartet auf die Unterstützungslinie reagierte. In diesem Fall jedoch befand sich der Kurs auch in der Nähe einer Unterstützungslinie (der langfristigen Trendlinie), und unter Berücksichtigung der relativ langen Zeitspanne vor dem Rückprall war die Annahme einer Baisse trotz der zunächst ausbleibenden Kurssteigerung überholt. Die Modifikation der zweiten Grundregel der technischen Analyse lautet: *Wenn der Kurs zu einer Wi-*

derstandslinie tendiert und diese nicht schnell durchbricht, ist das ein Zeichen von Stärke. Wenn der Kurs seitwärts in eine Widerstandslinie tendiert, sollten Sie dieses schlechte Zeichen nicht zu ernst nehmen.

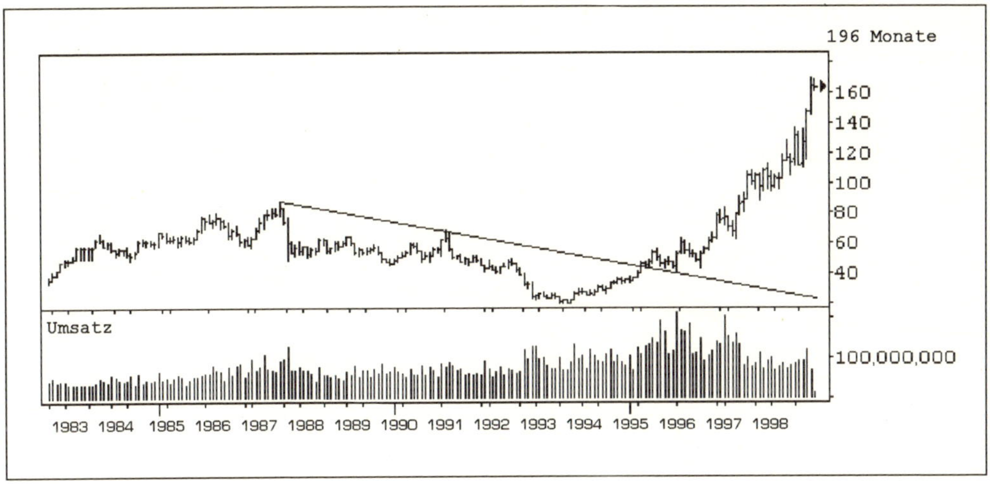

Abb. 26.4: IBM

Jetzt wollen wir eine langfristige Betrachtung durchführen. IBM (siehe Abbildung 26.4) zeigte den gleichen Übergang von der Baisse zur Hausse wie die News Corporation in Abbildung 26.3, allerdings in deutlich verlangsamter Form. Wie Sie sehen können, dauerte es zehn Jahre, bis der Aktienkurs wieder das Niveau erreichte, das er vor dem Börsencrash von 1987 eingenommen hatte. War die Abwärtstrendlinie sehr stark oder sehr offensichtlich? Nicht unbedingt, doch wenn die Trendlinie eingezeichnet wird, liefert sie zumindest eine Grundlage für die weitere Analyse. Das beste Signal war vielleicht der Ausbruch über die Widerstandslinie, die durch das Zwischenhoch von 1991 definiert wurde. Obgleich man dabei 20 Punkte der Kurssteigerung verpasst hätte, hätte man dennoch die nachfolgende Kurssteigerung von 90 bis 100 Punkten voll mitgemacht. Wie bereits gezeigt: Sie müssen versuchen herauszufinden, ob eine Aktie sich in einem Aufwärtstrend befindet, und dann den größten Teil der Kurssteigerung mitnehmen.

Im Zeitraum von Mitte 1994 bis Anfang 1997 wurden die Aktien der Deutschen Bank in einem Korridor gehandelt, bis der Kurs schließlich nach oben ausbrach (siehe Abbildung 26.5). Dies schuf die Basis, von der aus eine signifikante Kurssteigerung erfolgen konnte, und in wenigen Monaten erreichte der Kurs sein oberes Ziel. Dieses Ziel ließ sich aus der Projektion der Höhe des Korridors am Ausbruchspunkt ableiten und ist in Abbildung 26.5 dargestellt. Die Länge und Höhe der Basis bestimmt für Aktien – genau wie das Fundament eines Gebäudes –, wie hoch der Kurs steigen kann.

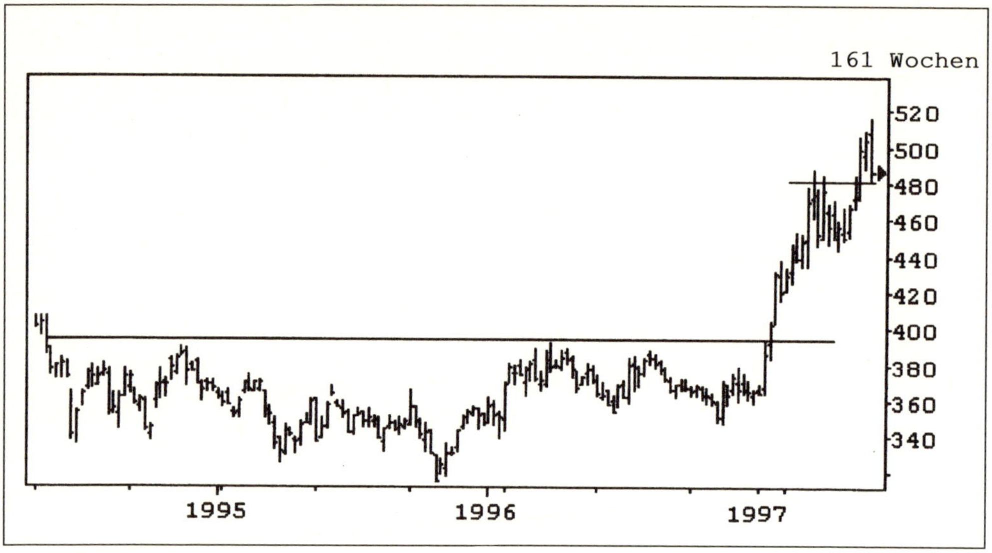

Abb. 26.5: Deutsche Bank

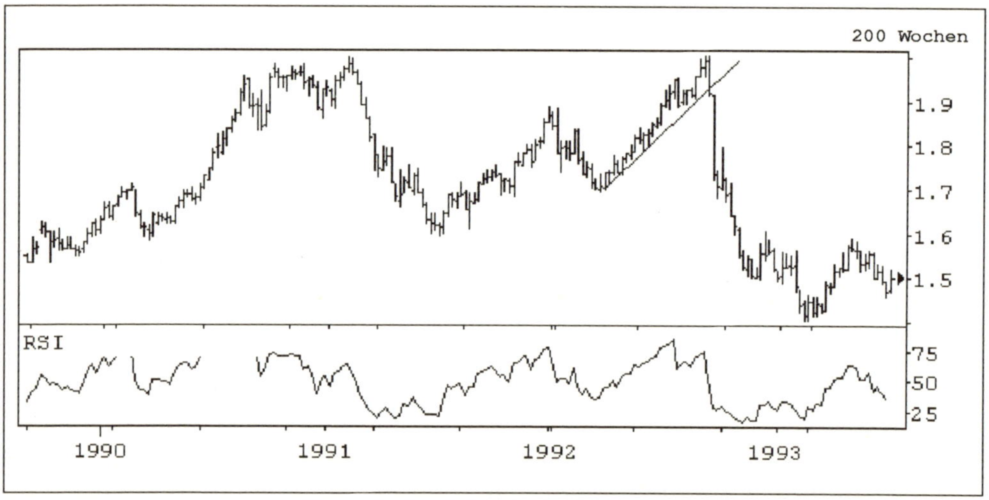

Abb. 26.6: Pfund Sterling in US-Dollar

Wenn Sie Ihr neues Wissen durch Erfahrung ergänzen, denken Sie allmählich wie professionelle Kapitalanleger. Abbildung 26.6 zeigt die Entwicklung des Wechselkurses des Pfund Sterling zum US-Dollar für den Zeitraum, der zum Zusammenbruch von 1992 führte. Sie mussten nicht George Soros sein, um vor dem Blutbad auszusteigen. Der Kurs lag an der Widerstandslinie, brach die Trendlinie in einer Umkehr und zeigte eine RSI-Divergenz. Da es nicht gelang, die Widerstandslinie nach oben zu durchbrechen, gilt die zweite Grundregel. Sie wären vermutlich kein Milliardär wie George Soros geworden, hätten aber doch mit großem Gewinn Ihr

Portfolio um solche Aktien bereinigen können, die unter einem möglichen Kurszusammenbruch gelitten hätten.

Wir haben uns bei diesen Beispielen nur auf wenige Aspekte der Chartanalyse konzentriert, weil sie in den meisten Fällen genügend Informationen über den Trend und die Art der Konsolidierung, die sich in einer Chartformation vollzieht, liefert. Denken Sie daran, dass Märkte genau drei Möglichkeiten haben: Sie können sich nach oben, nach unten oder seitwärts bewegen. Es klingt banal, aber mehr kann nun einmal nicht passieren, wenn der Kurs die einzige abhängige Variable und Zeit die einzige unabhängige Variable ist.

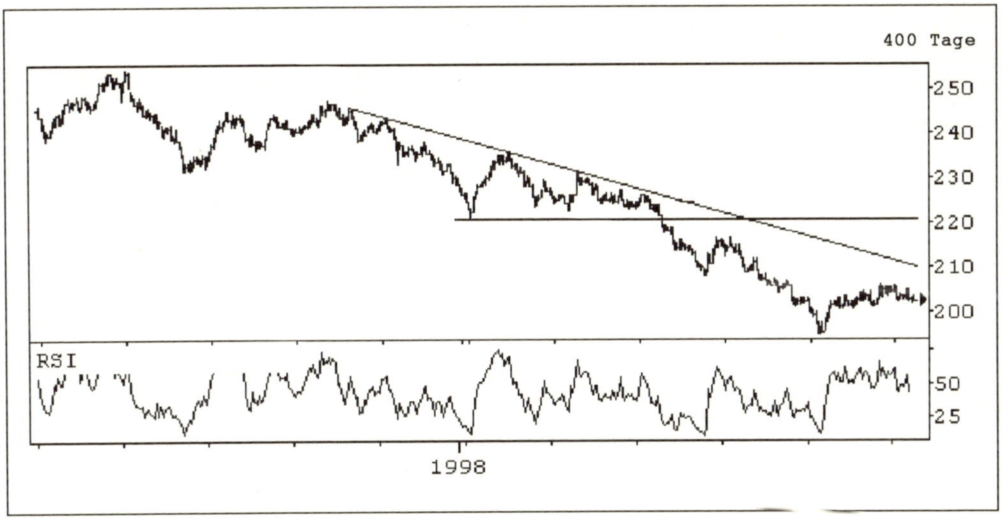

Abb. 26.7: CRB-Rohstoffindex

Abbildung 26.7 zeigt den Bridge / CRB-Index der Warenterminpreise. Dies ist ein gutes Beispiel dafür, wie ein Dreieck und der Trend zusammenwirken. Obwohl die meisten Leser sicherlich keine Warentermingeschäfte abschließen werden, kann man aus diesem Beispiel lernen. Der Index wurde vor Jahrzehnten vom Commodities Research Bureau entwickelt, um die Entwicklung der Rohstoffpreise zu beurteilen. Er wird insbesondere auch zur Messung der Inflation verwendet, obwohl viele die Auffassung vertreten, dass es ein besserer Indikator für den Anleihemarkt ist. Als Kapitalanleger können Sie diesen Index verwenden, um Rohstoffaktien zu beurteilen.

In Abbildung 26.7 können Sie sofort erkennen, dass die Rohstoffpreise fast zwei Jahre lang einen Abwärtstrend zeigten. Ihre erste Frage sollte wie folgt lauten: Warum wurde die Trendlinie nicht vom höchsten Punkt aus gezogen? Einfach ausgedrückt: Die Linie, die vom höchsten Punkt gezogen werden könnte, würde die Situation nur schlecht beschreiben, weil sie nur zweimal von den Rohstoffpreisen berührt würde. Die Linie, die vom zweiten Hoch gezogen wurde, ist aussagefähiger, weil sie siebenmal von den Rohstoffpreisen berührt wird und dem späteren Preisanstieg im August 1998 näher kommt. Denken Sie daran, dass es nicht um die Genauigkeit, sondern um die Aussagefähigkeit der technischen Analyse geht, weil Sie schließlich Geld verdienen wollen.

In den ersten vier Monaten des Jahres 1998 erzielte der CRB-Index sinkende Hochs, aber keine absteigenden Tiefs. Die Tiefs stiegen sogar leicht an. Daher musste man zu der Schlussfolgerung kommen, dass der Markt kurzfristig in einen Seitwärtstrend eingschwenkt war. Dies geschah jedoch alles unterhalb der langfristigen Abwärtstrendlinie, sodass der Haupttrend nach unten gerichtet blieb.

Auf dem ersten Boden des Dreiecks im Januar wusste man als Beobachter nicht, dass sich eine derartig starke Trendlinie entwickelte. Man konnte nur sehen, dass verschiedene Momentum-Indikatoren wie zum Beispiel der RSI (siehe Abbildung 26.7) eine Überverkauft-Situation anzeigten. Als der CRB-Index sein erstes Hoch im Dreieck erreichte, war die Trendlinie noch immer nicht eindeutig, aber das Momentum hatte einen Extremwert erreicht und deutete an, dass dies kein guter Kaufzeitpunkt war.

Als der CRB-Index nach Erreichen dieses Hochs wieder fiel, war es endlich möglich, die Trendlinie zu zeichnen. Anschließend konnte man beobachten, wie sich das Dreieck in eine aussagefähige Chartformation entwickelte. Und als dieses Dreieck schließlich im Mai nach unten durchbrochen wurde, konnte man mit großer Sicherheit annehemen, dass sich der Abwärtstrend der Rohstoffpreise fortsetzen würde. Man konnte sogar die bereits behandelte Messtechnik anwenden, um das Juni-Tief zu prognostizieren (die einfache Dreieckshöhe), ebenso wie das August-Tief (das Zweifache der Dreieckshöhe).

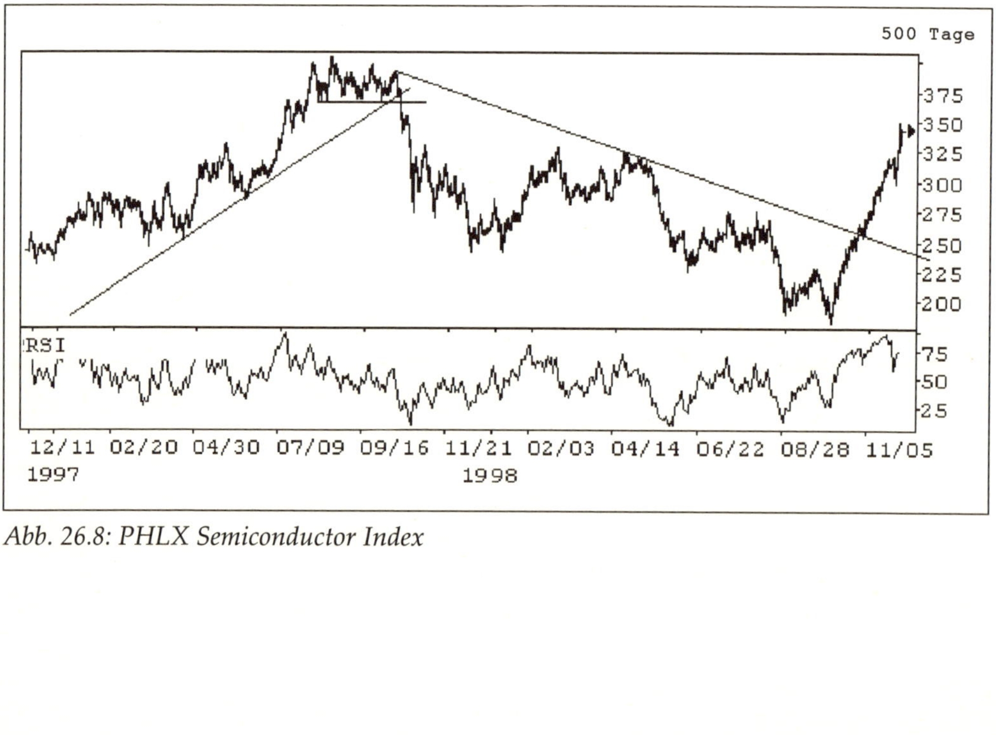

Abb. 26.8: PHLX Semiconductor Index

Manchmal entwickeln sich Chartformationen auch in der Realität wie im Lehrbuch. Ein gut definiertes abwärts gerichtetes Dreieck durchbricht seine Unterstützungslinie und der Kurs sinkt. Oder das Dreieck wird zum gleichen Zeitpunkt durchbrochen wie eine unterstützende Trendlinie. Genau dies ereignete sich bei Halbleiteraktien auf dem amerikanischen Aktienmarkt im dritten Quartal 1997 (siehe Abbildung 26.8).

Mitte 1997 stagnierte der Halbleiter-Aktienindex der Börse in Philadelphia. Während Hausse- und Baissespekulanten ihre Positionen überprüften, nahmen die Kursschwankungen allmählich ab. Dies zeigte zunehmende Unsicherheit. In Kapital 8 haben wir gesehen, dass ein Dreieck in der Regel ein Zeichen ist, dass der Markt sich vor dem nächsten Schub in die gleiche Richtung, in die er sich vor Auftreten der Chartformation bewegte, ausruht. Wir haben auch festgestellt, dass es bei Dreiecken und anderen Chartformationendarauf ankommt zu warten, dass der Markt tatsächlich die Grenzen der Formation durchbricht, bevor man eine Anlageentscheidung trifft. In diesem Fall fand eine Trendumkehr vom erwarteten Aufwärtstrend in einen Abwärtstrend statt.

Warum? Was ist hier geschehen? Eigentlich nichts, was man nicht hätte erwarten können. Selbst wenn man als Anleger darauf gelauert hätte, beim Ausbruch nach oben zu kaufen, wäre man nicht hereingefallen, wenn man tatsächlich den Regeln gefolgt wäre. Man hätte auf den Ausbruch gewartet.

Gab es irgendwelche Anzeichen dafür, dass dieses Dreieck eine Trendumkehr einleiten würde? Aufgrund der abfallenden oberen Begrenzung und des flachen Bodens handelte es sich um ein abwärts gerichtetes Dreieck, was auf etwas anderes als eine Pause im Kursanstieg hindeutete. Chartformationen bilden sich, wenn das Verhalten der Hausse- und Baissespekulanten mehr oder weniger aggressiv wird. Hier warteten die Baissespekulanten nicht auf höhere Kurse, um (sukzessiv auf jeder Spitze im Dreieck) zu verkaufen. Die Haussespekulanten warteten jedoch jeweils auf die Wiederkehr des gleichen niedrigeren Kurses, bevor sie kauften, und das verschob das Angebots-Nachfrage-Verhältnis zugunsten der Baissespekulanten.

In früheren Beispielen habe ich erwähnt, dass der Einbruch an den Hauptbörsen Ende 1997 im Zusammenhang mir der Wirtschaftskrise in Asien stand. Die Prognosen lauteten, dass die Exporte nach Asien dramatisch zurückgehen würden und Technologieaktien am stärksten von den Auswirkungen dieser Entwicklung betroffen seien. Der Halbleiter-Aktienindex bestätigte diese Auffassung: Er brach Anfang Oktober – also noch vor dem Börsencrash – ein. Die technische Analyse zeigte diese Entwicklung früher als die Medien.

Der Abwärtstrend, der dem ersten Kurseinbruch folgte, ist auf dem Chart deutlich zu sehen. Vor April 1998 konnte man die neue Abwärtstrendlinie jedoch nicht zeichnen. Zur Chartanalyse hätten hier andere Techniken eingesetzt werden müssen, die den Rahmen dieses Buches sprengen würden.

Wie konnten Sie erkennen, dass es Zeit war, wieder in diese Branche zu investieren? Die Abwärtstrendlinie bot eine Hilfestellung, war aber nicht sehr zuverlässig.

Auffällig ist dagegen die W-Formation im Zeitraum von August bis Oktober 1998. Sie kann subjektiv als doppelter Boden bezeichnet werden, aber die beiden Böden sind nicht genau gleich. Obwohl die Chartformation nicht klar ausgeprägt ist, hat diese Formation die anderen Eigenschaften einer aussagefähigen Basisformation und möglichen Trendumkehr.

Erstens ist die Formation ein klares W. Der Kurs fiel stark, durchlief eine eindeutige, doch vorübergehende Erholung und fiel auf sein altes Tief zurück. Das Momentum-RSI (siehe Abbildung 26.8) bewegte sich jedoch nicht auf das frühere Tief zurück, und dies stellte eine Hausse-Divergenz zwischen dem RSI und dem Halbleiter-Aktienindex dar. Da die Kurse sogar unter das erste Tief zurückfielen, war die Divergenz besonders aussagefähig.

Nun gut, der Kurs bildete also eine typische Chartformation und zeigte eine Divergenz. Welche Konsequenzen hätte man daraus ziehen müssen? Erinnern Sie sich an unsere Erkenntnis aus Kapitel 9: Ein Markt wird interessant, wenn der Kurs über die mittlere Spitze des W steigt. An diesem Punkt muss die Baisse vorbei sein, weil der Kurs ein höheres Hoch erreichte und eine kleine Widerstandslinie durchbrach. Denken Sie daran, dass ein Abwärtstrend durch eine Reihe von aufeinander folgenden niedrigeren Hochs und tieferen Tiefs definiert ist. Hier haben wir jedoch ein höheres Hoch. Wenn Sie gleichzeitig die anderen technischen Signale berücksichtigen, gelangen Sie zu einer positiven Beurteilung der Halbleiter-Aktien.

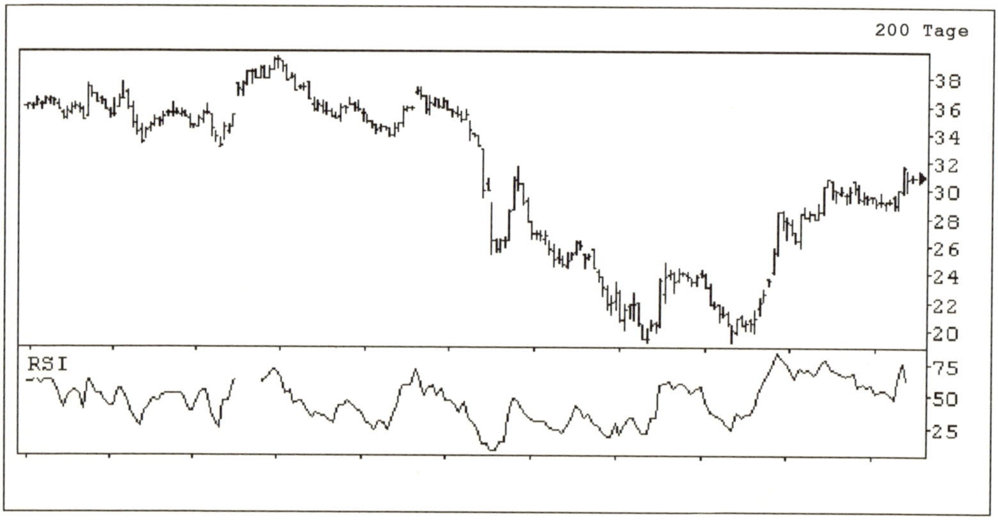

Abb. 26.9: St Jude Medical

Das Chart von St Jude Medical (siehe Abbildung 26.9) zeigt das typische Erscheinungsbild des doppelten Bodens (W-Formation). Das W ist hier breiter als in Abbildung 26.8, weil eine Zeitspanne von nur 200 Tage dargestellt wird, aber hinsichtlich seiner Größe und Dauer ist es vergleichbar. Allerdings tritt hier die Hausse-Divergenz an der falschen Stelle auf. Wenn das der Fall ist, dann ist dies ein schlechter Indikator. Mit etwas Flexibilität können Sie aber in dieser nicht eindeutigen Chartformation die gleiche Bedeutung erkennen. Sie sehen die Unterstützungslinie am Boden des W und erhalten ein Kaufsignal, wenn das Niveau der mittleren Spitze durchbrochen wird.

Zusammenfassung

Die Charts zeigen Ihnen, wohin sich der Markt entwickelt.

Das Erfolgsgeheimnis besteht darin, nicht den Markt zu antizipieren, sondern bereit zu sein zu handeln, wenn der Markt Ihnen sagt, dass er zum Aufbruch bereit ist. Wenn Sie das strenge Regelwerk etwas lockern, können Sie selbst uneindeutige Chartformationen lesen, die in der Praxis so häufig auftreten.

Solange der Geist der Regeln nicht verletzt wird, sollten sie immer noch stark genug sein, Ihnen die richtigen Signale zu geben.

27
So überprüfen Sie die Anlageempfehlungen von Finanzdienstleistern

Wenn Sie Anlageempfehlungen von Finanzdienstleistern erhalten, sollten Sie eine Chartanalyse durchführen und die Empfehlungen überprüfen. Widmen Sie sich dabei den folgenden Fragen:

- Wie ist der gegenwärtige Trend und die Chartformation?
- Unter welchen Bedingungen wurde die Aktie ge- beziehungsweise verkauft (Börsenumsatz, Momentum)?
- Falls kein Trend ersichtlich ist: Liegen positive Ungleichgewichte vor?
- Um welche Branche handelt es sich und wie geht es der Branche?
- Wie steht die Aktie im Vergleich zu anderen Aktien da?

Wenn die Anlageempfehlung nicht überzeugt

Wenn Ihnen eine Aktie zum Kauf empfohlen wird, die auf dem Chart nur mittelmäßig aussieht, sollten Sie diese Aktie einige Wochen beobachten. Manchmal reagiert der Kurs nur verzögert auf fundamentale Nachrichten.

Die technische Analyse kann Ihnen signalisieren, wann der richtige Kaufzeitpunkt gekommen ist.

Abbildung 27.1 zeigt die Kursentwicklung von Western Atlas, die Anfang 1997 schwach aussah. Nach einer Kurslücke im Mai bei einer Umsatzspitze brach sie aus einer Konsolidierungsphase aus und setzte zu einer fünfmonatigen Kurssteigerung an.

Kurslücken sind wichtige Signale, und in Verbindung mit hohen Börsenumsätzen sind sie sehr zuverlässig. Die Fundamentaldaten ändern sich kurzfristig zumeist nicht sehr stark. Das fundamentale Kaufsignal kann vor, während oder nach dem Kursausbruch eingetreten sein.

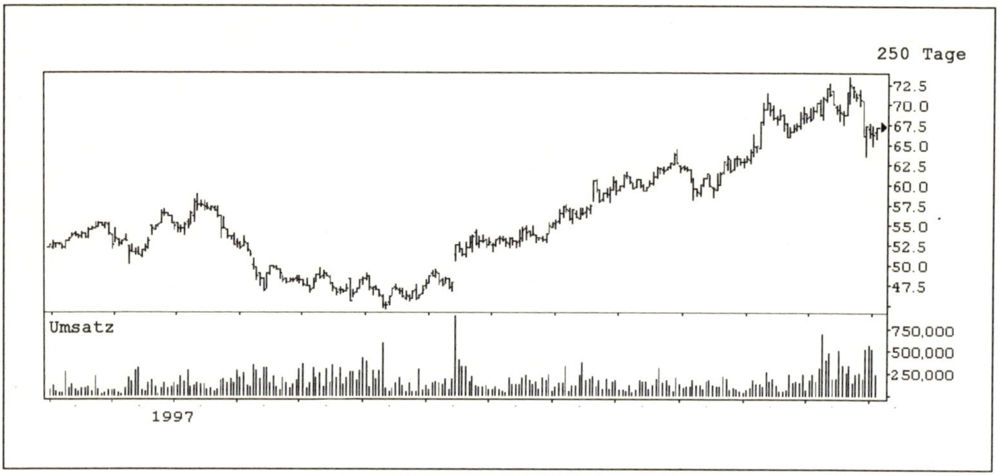

Abb. 27.1: Western Atlas

Jetzt wollen wir eine Verkaufswarnung betrachten, die Sie veranlassen soll, ein anderes Kapitalanlageobjekt zu suchen.

Abbildung 27.2 zeigt den letzten Kurseinbruch von Echo Bay Mines im Januar 1998 bei extrem hohen Umsätzen. Wenn zu diesem Zeitpunkt auch keine Trendumkehr erfolgte, war das Aktienüberangebot doch jedenfalls nach diesem Verkaufstag erschöpft, und in der Folge stabilisierte sich der Kurs.

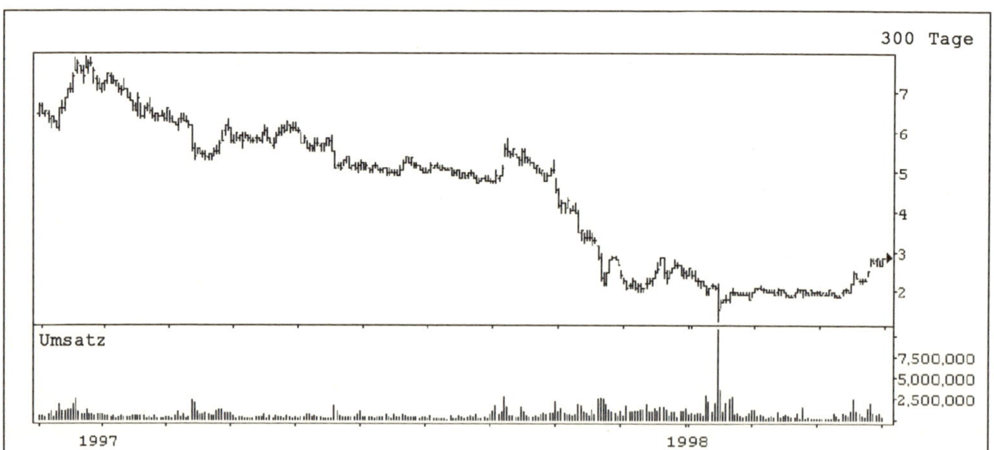

Abb. 27.2: Echo Bay Mines

Diese Aktie hatte ihren Boden gefunden. Jetzt war es zu spät, um zu verkaufen und damit Kapital vor einem weiteren Verlust zu retten, obwohl die Fundamentaldaten immer noch sehr schlecht aussahen. Selbstverständlich war nicht zu erkennen, ob eine Trendumkehr erfolgen und der Kurs steigen würde, aber man konnte sicher sein, dass nun genügend Zeit sein würde, die Aktien in Ruhe abzustoßen.

Ausbruchwarnung

Aktien können wochen- oder monatelang bei niedrigen Börsenumsätzen in engen Bandbreiten gehandelt werden. Wenn der Börsenumsatz bei unverändertem Kurs plötzlich eine Spitze zeigt, ist dies als Warnsignal zu werten. Eine kleine Anzahl von Marktteilnehmern hat Interesse an der Aktie gefunden und dies zeigt sich durch die Umsatzsteigerung. Aber da der Informationsfluss nicht perfekt ist, folgt die Mehrheit der Marktteilnehmer diesem Signal nicht und der Kurs stagniert. Schließlich erkennt die »Herde« die Situation. Dann bricht der Kurs aus seinem bisherigen Handelskorridor aus.

Abbildung 27.3 zeigt, dass die Aktien von Charming Shoppes Mitte 1997 in einer engen Bandbreite gehandelt wurden. Am 27. Juni zeigte der Börsenumsatz eine Spitze, ohne dass der Kurs sich bewegte. Zwei Tage später brach der Kurs aus seiner bisherigen Bandbreite aus und setzte zu einer zwölfwöchigen Kurssteigerung an.

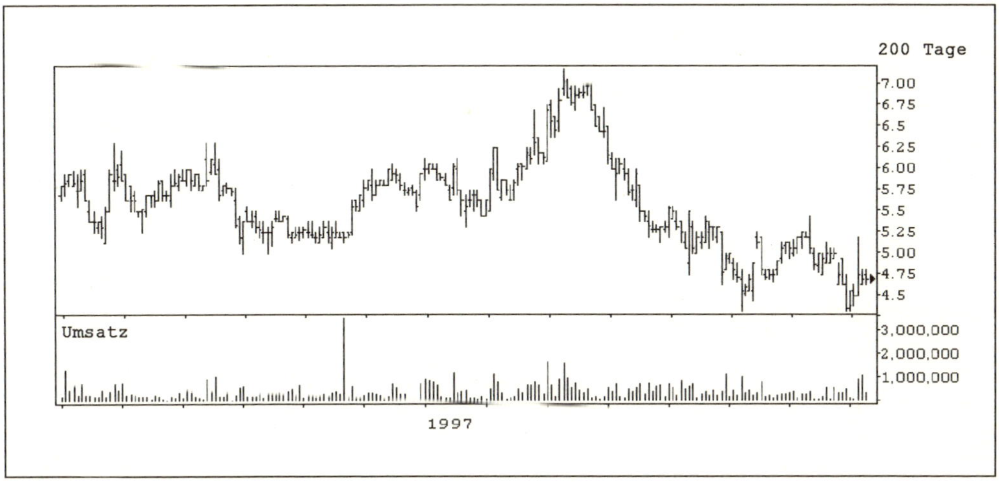

Abb. 27.3: Charming Shoppes

Bestätigung erforderlich

Nicht alle Umsatzspitzen haben eine nachhaltige Bedeutung. Auf dem Aktienmarkt führen Dividenden-Mitnahmestrategien, legale Insider-Aktivitäten, Verfallstermine von Optionen und Veränderungen in der Zusammensetzung von Aktienindizes häufig zu starken Börsenumsätzen. Auch die Futures-Märkte können an den großen Verfalls- und Umschichtungsterminen Umsatzspitzen zeigen. Der Umsatz von First Union Corp (siehe Abbildung 27.4) erreichte im September 1997 eine Spitze, löste aber weder eine neues Hoch noch einen Ausbruch aus einem Seitwärtskorridor oder einer Chartformation aus. In diesem Fall war die Umsatzspitze das Ergebnis eines bevorstehenden Joint-Ventures.

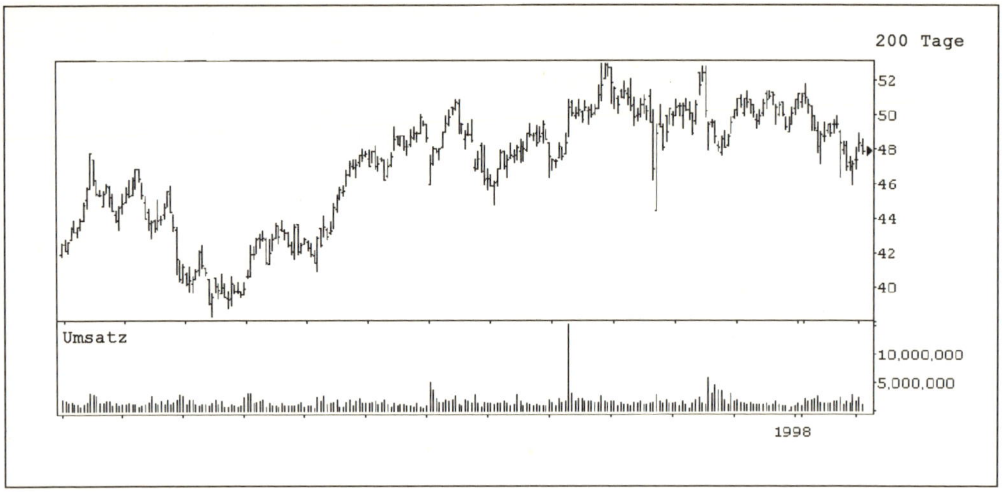

Abb. 27.4: First Union Corp

Umsatzspitzen haben eine unterschiedliche Bedeutung, je nachdem wo sie in einem Chart auftreten. Sie sollten als Warnsignal oder Bestätigung betrachtet werden und nicht als eigenständiges Kauf- oder Verkaufssignal.

Wenn Ihnen eine Aktie empfohlen wird und es keinen klaren Hausse-Hinweis im Trend oder eine positive Divergenz in einem Indikator gibt, sollten Sie den Börsenumsatz beobachten. Eine Umsatzspitze geht einem Ausbruch meist voraus oder tritt gleichzeitig mit diesem auf; nur selten steigt der Umsatz erst nach dem Ausbruch.

Die Bewertung von Aktien

Die Bewertung von Aktien wurde in Kapitel 14 behandelt. Wenn einige Kaufempfehlungen Ihres Anlageberaters diese Kriterien erfüllen, dann haben Sie den ersten Schritt zu einer erfolgreichen Kapitalanlage bereits getan.

Der nächste Schritt besteht nun darin, die betreffenden Aktien mit den anderen Titeln der jeweiligen Branchen und die Branchen wiederum mit dem Aktienindex für den Gesamtmarkt zu vergleichen. Bezüglich der Analyse der relativen Stärke verweise ich auf Kapitel 20.

Die Endauswahl

Nach Abschluss der genannten zwei Schritte haben Sie die Anlageempfehlungen auf einige wenige Kandidaten zurückgeführt, die die zu Beginn dieses Kapitels aufgeführten Kriterien für die Kapitalanlage erfüllen. Analysieren Sie die relative Stärke der Aktien dieser kleinen Gruppe, bis Sie die aussichtsreichsten Titel herausgefiltert haben. Da Ihr Anlagekapital begrenzt ist, sollten Sie die Besten der Besten auswählen.

Wenn Sie so vorgehen, handeln Sie bei der Beurteilung und Auswahl von Aktien wie die Manager der großen Investmentfonds.

Teil VI

Spezialthemen der technischen Analyse

28
Kerzencharts

Während in Europa und Amerika im Rahmen der technischen Analyse überwiegend Balkencharts mit Tageskursen verwendet werden, sind in Asien Kerzencharts weit verbreitet. Sie finden auch im Westen zunehmende Verbreitung.

Kerzencharts verwenden zwar die gleichen Daten wie Balkencharts, aber sie betonen die Eröffnungs- und Schlusskurse, nicht die Höchst- und Tiefstkurse. Die Chart-Softwarepakete enthalten im Allgemeinen auch eine Option zur Erstellung von Kerzencharts.

Bereits lange vor der Entwicklung der Balkencharts und der Point-and-Figure-Charts (siehe dazu Kapitel 30) verwendeten die Japaner eine eigene Form der Chartanalyse, die sich schließlich zur heutigen Form der Kerzencharts entwickelte. Zahlreiche Formationen von Kerzencharts ähneln den Chartformationen der im Westen gebräuchlichen technischen Analyse.

Darüber hinaus bieten Kerzencharts verschiedene Vorteile wie zum Beispiel anschauliche Bezeichnungen für besondere Chartbilder sowie die Möglichkeit, bestimmte Chartbilder zu einer aussagekräftigen Analyse zu verbinden.

Lesen von Kerzencharts

Ein Kerzenchart enthält wie ein Balkenchart den Eröffnungs-, Höchst, Tiefst- und Schlusskurs. Kerzen haben einen so genannten »*Körper*«, der den Unterschied zwischen Eröffnungs- und Schlusskurs darstellt. Eine *schwarze Kerze* bedeutet, dass der Schlusskurs unter dem Eröffnungskurs lag (siehe Abbildung 28.1). Eine *weiße Kerze* bedeutet, dass der Schlusskurs über dem Eröffnungskurs lag.

Die dünnen Linien über und unter dem Kerzenkörper werden »*Schatten*« oder »*Docht*« genannt. Die Dochte repräsentieren den Höchst- und den Schlusskurs der dargestellten Periode. Je kürzer der obere Docht auf einer schwarzen Kerze ist, desto näher war der Eröffnungskurs dem Höchstkurs. Das Verhältnis zwischen Eröffnungs-, Höchst-, Tiefst- und Schlusskurs bestimmt das Aussehen der Kerze. Kerzenkörper können lang oder kurz, schwarz oder weiß sein. Dochte können lang oder kurz ausfallen.

Grundformen von Kerzencharts

Lange schwarze Kerzen repräsentieren eine Baisseperiode. Der Eröffnungskurs lag nahe beim Höchstkurs, der Schlusskurs nahe am Tiefstkurs der Periode.

Lange weiße Kerzen verkörpern eine Hausseperiode. Der Eröffnungskurs lag nahe beim Tiefstkurs und der Schlusskurs nahe am Höchstkurs der Periode.

Kurze Kerzen können schwarz oder weiß sein. Die kurze Kerze repräsentiert eine relativ enge Bandbreite zwischen dem Eröffnungs- und dem Schlusskurs der Periode. Kleine Kerzen sind neutral, sofern sie während einer Seitwärtsbewegung auftreten, aber sie können ein wichtiges Element im Rahmen anderer Formationen sein.

Doji-Linien (auch Linien-Kerzen genannt) beschreiben Perioden mit gleich hohem Eröffnungs- und Schlusskurs. Die Länge des Dochts kann variieren.

Indikatoren für Trendänderungen

Anhand bestimmter Kerzentypen oder Kombinationen von Kerzen lassen sich wahrscheinliche Trendänderungen prognostizieren.

Der einfachste Indikator ist der *Schirm*. Diese Bezeichnung wurde davon abgeleitet, dass die Form dieses Symbols an einen Regenschirm erinnert. Der Schirm weist folgende Erkennungsmerkmale auf:

- einen kurzen Körper am oberen Ende der Handelsbandbreite mit kleinem oder ohne oberen Docht;
- einen unteren Docht, der mindestens zweimal so lang wie die Kerze ist. Die Farbe der Kerze ist nicht wichtig.

Regenschirme können entweder eine Hausse oder eine Baisse signalisieren, je nachdem, wo sie in einem Trend erscheinen. Im Rahmen eines Abwärtstrends werden sie *Hammer* genannt und sind ein Hausse-Signal. Wenn ein Schirm im Rahmen eines Aufwärtstrends erscheint, ist er ein Baisse-Signal und wird als *Hängender* bezeichnet.

Die Umarmung ist ein starkes Signal für einen Trendwechsel. Bei dieser Formation ist nur der Körper wichtig, die Dochte werden praktisch ignoriert. Die *Baisse-Umarmung* beinhaltet eine Kerze mit schwarzem Körper, der den weißen Körper der Vorperiodenkerze verschlingt. Mit anderen Worten, im Rahmen eines Aufwärtstrends begann der Markt die Periode mit einer aufwärts gerichteten Kurslücke,

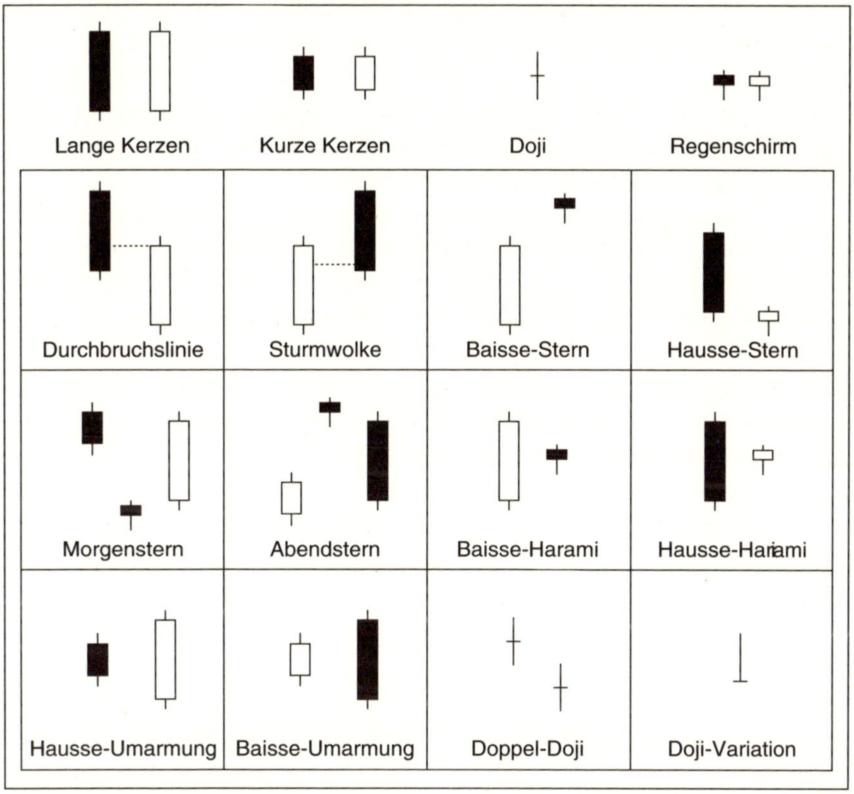

Abb. 28.1: Kerzenformen

schloss dann aber niedriger als am Ende der Vorperiode. Umgekehrt bezeichnet man eine Kerze mit weißem Körper am Boden eines Abwärtstrends, die den schwarzen Körper der Vorperiodenkerze verschlingt, als *Hausse-Umarmung*.

Die *Durchbruchslinie* ist ein Hausse-Signal. Diese Kombination besteht aus einer langen schwarzen Kerze, auf die in einem Abwärtstrend eine weiße Kerze folgt. Die weiße Kerze sollte mit einem niedrigeren Eröffnungskurs beginnen und dann über dem Mittelpunkt der schwarzen Kerze schließen. Hier tritt im Eröffnungskurs eine Kurslücke nach unten auf. Wenn die weiße Kerze den Mittelpunkt der schwarzen Kerze der Vorperiode nicht durchbricht, verstärkt sich voraussichtlich die Baisse.

Sturmwolken sind ein Baisse-Signal. Sie bilden das Gegenteil der Durchbruchslinie. Auf eine starke weiße Kerze folgt in einem Aufwärtstrend eine schwarze Kerze. Sturmwolken müssen eine schwarze Kerze haben mit einem Eröffnungskurs über dem Höchstkurs der weißen Kerze und einem Schlusskurs, der unter dem Mittelpunkt der weißen Kerze liegt.

Verschiedene Kerzenkombinationen werden als *Sterne* bezeichnet, weil sie wie ein Stern über der vorhergehenden Kerze stehen. Alle Sterne gelten als Indikatoren für einen Trendwechsel. Ein Stern ist eine kleine Kerze oder ein Doji nach einer

Kurslücke zu einer vorhergehenden langen Kerze. Selbst wenn sich die Dochte überlappen, wird eine derartige Formation als Stern bezeichnet, da nur die Kerzenkörper wichtig sind.

Der *Morgenstern* ist ein Hausse-Signal. Diese Bezeichnung ist treffend, weil dieser Indikator erscheint, bevor die Sonne in Form höherer Kurse am Börsenhimmel aufgeht. Nach einer langen schwarzen Kerze gibt es eine Kurslücke nach unten zu einer kleinen Kerze. Dieser folgt eine weiße Kerze, die über dem Mittelpunkt der schwarzen Kerze vor dem Stern schließt. Der Morgenstern ähnelt der Durchbruchslinie mit einem Stern in der Mitte.

Der *Abendstern* ist ein Baisse-Signal. Er ist vergleichbar mit einer Sturmwolke mit einem Stern in der Mitte.

Der *Doji-Stern* erscheint nach einer längeren Trendbewegung und setzt sich aus einer Kurslücke und einer Doji-Linie (Eröffnungskurs = Schlusskurs) zusammen. Er ist das Gleiche wie ein Abend- oder Morgenstern, jedoch mit einem Doji in der Mitte, und weist oft auf ein unmittelbar bevorstehendes Hoch oder Tief hin. Doji-Sterne symbolisieren häufig bevorstehende Wendepunkte, aber konservative Anleger sollten warten, ob die Kerze des nächsten Tags eine Änderung des Trends bestätigt.

Die *Sternschnuppe* erscheint bei kurzfristigen Hochs im Markt und ist ein Baisse-Signal. Sie ist eine Kerze mit kleinem Körper am unteren Ende der Kursbandbreite und mit einem langen oberen Docht.

Harami-Linien signalisieren abnehmendes Momentum und zeigen damit, dass ein Markt unentschlossen und eine Trendänderung möglich ist. Sie entstehen, wenn eine lange Kerze von kurzen gefolgt wird, deren Körper vollständig im Bereich der Bandbreite der Vorperiodenkerze liegt. Wenn die Harami-Linie ein Doji ist, wird sie als *Harami-Kreuz* bezeichnet. Das Harami-Kreuz ist bei der Prognose eines Trendwechsels nützlich – insbesondere nach einer langen weißen Kerze im Rahmen eines Aufwärtstrends.

Alle genannten Formationen müssen wie bei Balkencharts durch Kurs- beziehungsweise Preisänderungen bestätigt werden.

Trendfortsetzungsindikatoren

Formationen in Kerzencharts können auch anzeigen, dass der Markt seinen gegenwärtigen Trend fortsetzt. Als Beispiel hierfür sei das so genannte *Fenster* erwähnt.

Ein Fenster ist das Gleiche wie eine Kurslücke in der technischen Analyse. Bei Balkencharts sagt man »die Lücke füllen«, der entsprechende Ausdruck bei Kerzencharts lautet »das Fenster schließen«. Fenster können genauso wie Kurslücken zu Unterstützungs- oder Widerstandszonen werden. Dochte werden bei der »Schließung des Fensters« ebenfalls berücksichtigt. Ungeschlossene Fenster signalisieren die Fortsetzung des Trends.

Dojis

Dojis spiegeln die Unentschlossenheit des Marktes wider. Nachdem der Markt im Verlauf des Tages sehr starke Ausschläge nach oben und unten gezeigt hat, schließt er zum Eröffnungskurs.

Wenn Sie in kurzer Zeit zwei oder mehr Dojis auf einem Markt sehen, wo diese normalerweise nicht auftreten, dann könnte eine starke Trendänderung bevorstehen. Doppel-Dojis prognostizieren zunehmende Volatilität.

Doji-Variationen sind zum Beispiel *Rikschakuli* (sehr lange Dochte) und *Grabstein* (kein unterer Docht und ein sehr langer oberer Docht). Ihnen kommt dieselbe Bedeutung wie herkömmlichen Dojis zu.

Sonstige Begriffe

Drei Buddhas sind mit Kopf-Schulter-Formationen vergleichbar.

Gegenangriffslinie: Auf eine starke weiße oder schwarze Kerze folgt in der nächsten Periode eine Kerze, die mit einer Kurslücke eröffnet und mit dem Schlusskurs der Vorperiode schließt. Die erste Kerze wird als »Angriff« und die zweite wird als »Gegenangriff« bezeichnet.

Als *Doppelspitze* werden zwei aufeinander folgende oder nahe beieinander liegende Kerzen mit dem gleichen oberen Docht (= gleiche Höchstkurse) bezeichnet. Ein *Doppeltief* hat die gleichen unteren Dochte (= gleiche Tiefstkurse).

Bei einer *Kurslücke mit zwei Krähen* eröffnet der Markt mit einer Kurslücke, schließt jedoch in der Nähe seines Tiefstkurses. In der Folgeperiode eröffnet der Markt zum gleichen Kurs und schließt mit dem gleichen Schlusskurs. Diese Formation signalisiert Unheil.

Analyse eines Kerzencharts (Fallstudie)

Nun wollen wir eine realistische Marktsituation mithilfe eines Kerzencharts analysieren. Abbildung 28.2 zeigt die Entwicklung des Kakaopreises. Die Frage lautet: »Wann findet der Abwärtstrend sein Ende?« Auf dem Kerzenchart sind Korrekturphasen und schließlich Signale für den Trendwechsel zu erkennen.

1. Der Markt befand sich in einem Abwärtstrend. Die Kurslücke nach unten (Fenster genannt) hätte in einem Balkenchart eine Fortsetzung des Preisrückgangs signalisieren können. Nach der Kurslücke tauchte eine kleine Kerze auf. Diese Konstellation wird als Stern bezeichnet und bedeutet, dass sich der Markt über seine Richtung unsicher ist. Am nächsten Tag eröffnete der Markt hoch und schloss innerhalb der Kerze vor der Lücke. Dies vervollständigte das Bild des Morgensterns und war ein Signal für eine Hausse-Trendwende.

2. War damit das Ende des Preisrückgangs bereits erreicht? Keineswegs. Die weiße Kerze schloss nicht über dem Mittelpunkt der ersten schwarzen Kerze. Die folgenden drei kleinen Kerzen deuteten an, dass der Markt keine echte Unterstützung auf der Käuferseite hatte, daher wurde der Trendkanal nicht durchbrochen.
3. Am Boden des Trendkanals erschien eine Hausse-Umarmung, da die weiße Kerze die vorhergehende schwarze Kerze »verschlang«.
4. Hier zeigte ein Doji an, dass der Aufschwung nicht durch genügend Kaufkraft unterstützt war. Der Markt eröffnete und schloss zum gleichen Preis nach einem Handel in einer großen Bandbreite. Dojis kündigen oft Marktspitzen an. Am nächsten Tag eröffnete der Markt tatsächlich mit einer Preislücke und fiel dann wieder, bis er schließlich unverändert schloss.

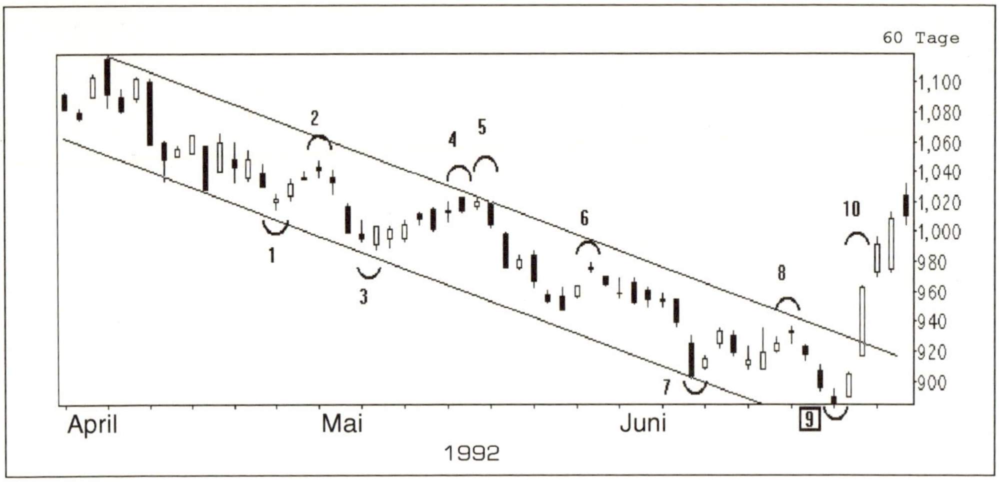

Abb. 28.2: Kakao-Terminkontrakte (Kerzenchart)

5. Mit der kleinen Kerze am nächsten Tag und einer weiteren langen schwarzen Kerze, die nicht aus dem Trendkanal ausbrach, wurde eine weitere Bestätigung gefunden. Diese Formation ist ein Harami und prognostiziert einen Trendwechsel.
6. Die Situation sah allmählich wieder günstiger aus, bis der folgende Stern zur Vorsicht mahnte. Diese Formation wurde am nächsten Tag mit einer Kurslücke nach unten zu einer schwarzen Kerze vervollständigt und erinnerte somit an einen Abendstern. Dieser war allerdings nicht ganz vollständig ausgebildet, weil die letzte Kerze tatsächlich innerhalb der Kerze schließen sollte, die vor der Kurs-/Preislücke liegt.
7. Auf dem Boden des Trendkanals bildete sich ein Harami.
8. An der Spitze des Trendkanals entstand wieder ein Doji.

9. Dieser Morgenstern war viel stärker als der frühere, da die letzte weiße Kerze lang ist und tief innerhalb des Bereichs der ersten schwarzen Kerze schließt. Hinzu kommt, dass die Kurse dieses Mal nicht auf den Boden des Trendkanals fielen und zudem der RSI bei Punkt 7 eine Überverkauft-Situation angezeigt hatte. Nun war tatsächlich der Boden erreicht.
10. Mit einer sehr starken weißen Kerze brach der Kurs aus dem Trendkanal aus.

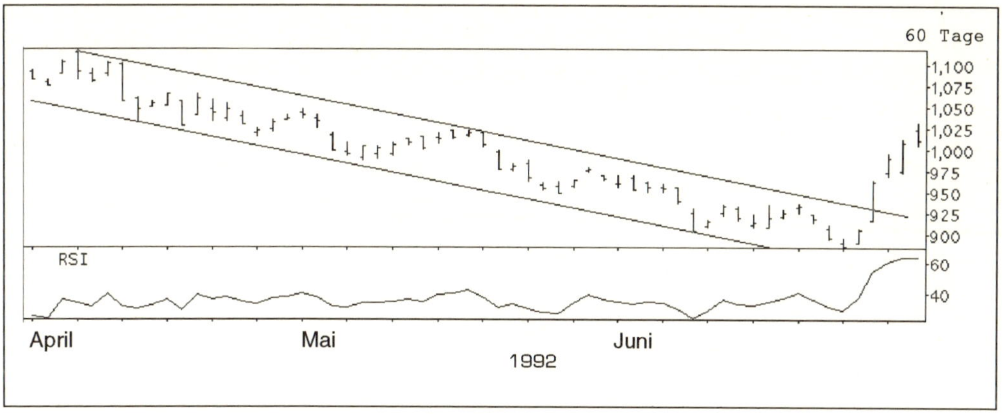

Abb. 28.3: Kakao-Terminkontrakte (Balkenchart)

Abbildung 28.3 zeigt den gleichen Markt als Balkenchart. Beachten Sie zunächst die oben erwähnte RSI-Divergenz. Achten Sie nun auf den Balken für den 25. Juni (jenem Tag, an dem der Morgenstern vollendet wurde): Er zeigt keinerlei Anzeichen für eine Hausse. Ein Anleger, der sich nach diesem Chart gerichtet und gewartet hätte, bis der Trend bricht, hätte die ersten 30 Punkte des Kursanstiegs verpasst.

29 Kursschwankungen

Die Kursentwicklung wird im Rahmen der technischen Analyse meistens anhand von Balkencharts analysiert. Diese beschränken sich auf die Beschreibung der Kursbewegung und vernachlässigen dabei zeitliche Aspekte.

Die Analyse von Kursschwankungen – auch Zyklenanalyse genannt – versucht, wiederkehrende größere und kleinere Spitzen und Täler in der Kursentwicklung festzustellen, um das Timing für den Kauf oder Verkauf von Aktien zu optimieren.

In diesem Kapitel werden wir dieses Analysefeld näher betrachten.

Was ist eine zyklische Kursschwankung?

Ein Zyklus ist eine Folge von regelmäßig wiederkehrenden Ereignissen. Der Auf- und Untergang der Sonne stellt zum Beispiel einen Tageszyklus dar. Die vier Jahreszeiten bilden einen Zyklus.

Auf Finanzmärkten und Warenbörsen wird ein Zyklus als Kursschwankung auf einem Markt von einem lokalen Hoch zu einem lokalen Tief und zurück definiert. Das natürliche Auf und Ab einer Aktie kann sich zum Beispiel regelmäßig in Dreimonatsperioden vollziehen. Alle drei Monate bilden fallende Kurse beziehungsweise Preise einen Boden. Zwischen den Böden bilden die steigenden Kurse ein Hoch. Wenn man weiß, wo diese Umkehr üblicherweise erfolgt, kann man Käufe am Zyklusboden und Verkäufe am Zyklusdach planen.

Zyklen können genauso wie Preistrends lang-, mittel- oder kurzfristig ausfallen. Ein bestimmter Markt weist vielleicht einen 20-Tages-, 52-Wochen- und Fünf-Jahres-Zyklus auf, die zusammenwirken und die gemeinsam Kursschwankungen beschreiben. Durch Addition der Zyklen kann die Kursentwicklung prognostiziert werden.

Um besser zu veranschaulichen, wie Zyklen addiert werden, beziehen wir uns wieder auf das Beispiel mit der Sonne und den Jahreszeiten. Durch Addition der Jahreszeiten und des Tageszyklus der Sonne kann man die wahrscheinliche Temperatur für jede Tageszeit an einem beliebigen Tag prognostizieren (siehe Abbildung 29.1).

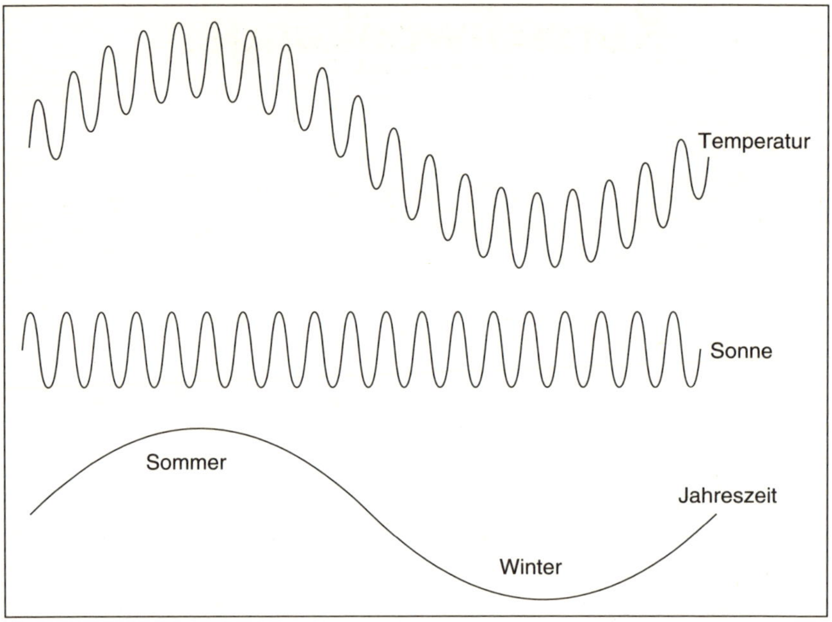

Abb. 29.1: Kursschwankungen

Amerikanische Schatzanweisungen zeigten Mitte der achtziger Jahre ein sehr ausgeprägtes zyklisches Verhalten (siehe Abbildung 29.2). Vom großen Tief Mitte 1984 bis zum großen Tief 1987 – beide mit dem Großbuchstaben »M« bezeichnet – können Sie einen ungefähr dreijährigen Zyklus ableiten. (Zwei größere Tiefs allein definieren noch keinen Marktzyklus. Hier bestätigt jedoch ein recht langfristiges Chart die Existenz eines annähernd dreijährigen Zyklus.) Innerhalb des langfristigen Zyklus gibt es einen mittelfristigen Zyklus von ungefähr acht Monaten Länge. Jedes Tief dieses kürzeren Zyklus ist mit einem kleinen »m« gekennzeichnet. Genau wie in dem vorstehenden Wetterbeispiel wird die wahrscheinliche Handelstätigkeit berechnet, indem die beiden Zyklen addiert werden. Bei kurzfristigerer Betrachtung könnte das Chart durch Tages- und Intraday-Zyklen ergänzt werden, um seine Prognosekraft zu verbessern.

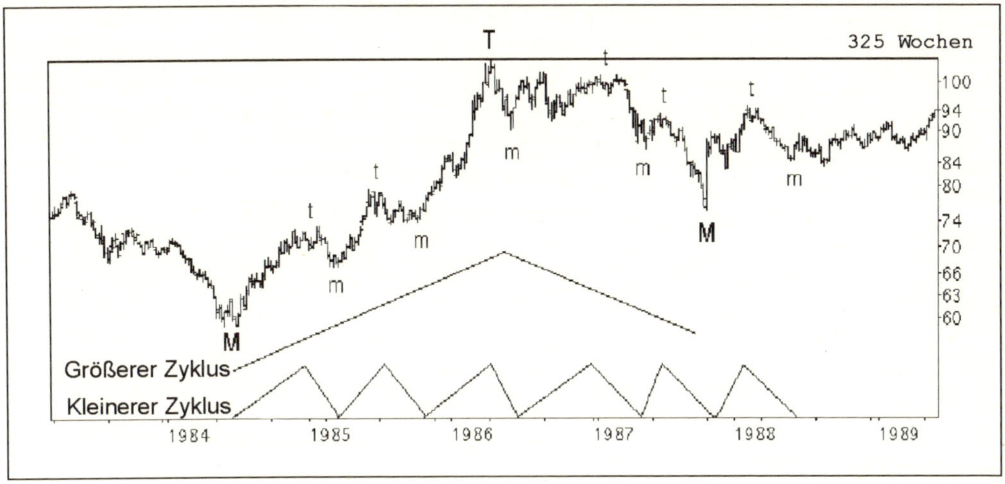

Abb. 29.2: US-Schatzanweisungen (I)

Verschiebung nach links oder rechts

Innerhalb eines Handelskorridors schwankt der Kurs ziemlich regelmäßig. In der Mitte des Zyklus ist der Kurs jeweils am höchsten. In einem Trendmarkt verschieben sich die Zyklusspitzen dagegen im Allgemeinen nach links oder rechts in Richtung des Trends. Dies stimmt mit der Beobachtung überein, dass die Kurse im Aufwärtstrend überwiegend steigen und im Abwärtstrend überwiegend sinken.

In dem Beispiel in Abbildung 29.2 verschiebt sich jedes Zwischenhoch (mit »t« bezeichnet) zwischen dem Haupttief 1984 (»M«) und dem absoluten Hoch (»T«) nach rechts. Nach der Trendumkehr verschob sich das einzige deutlich ausgeprägte Hoch nach links. In der Übergangsphase von der Hausse zur Baisse bewegten sich die Kurse bei hoher Volatilität seitwärts und die Spitzen lagen mehr in der Mitte.

Verkaufs- und Kaufsignale

In einem Seitwärtsmarkt wie zum Beispiel dem Zeitraum von Oktober 1993 bis Februar 1994 in Abbildung 29.3 zeigt das Chart einen kurzen Drei-Wochen-Zyklus. Jeder Zyklus-Boden trat an oder nahe der Unterstützungslinie bei 113 auf. Schatzanweisungen am Zyklusboden zu kaufen und die Position nach anderthalb Wochen umzukehren erwies sich als erfolgreiche Strategie mit niedrigem Risiko.

Die Zyklus-Hochs lagen in der Mitte des Zyklus (keine Verschiebung), da der Trend seitwärts gerichtet war. Der Zyklusboden Ende Januar berührte die Unterstützungslinie nicht, was die Notwendigkeit unterstreicht, unterstützende Indikatoren zu verwenden. Ein Anleger, der nur die Unterstützungs- und Widerstandslinie beachtet, hätte diese Gelegenheit verpasst.

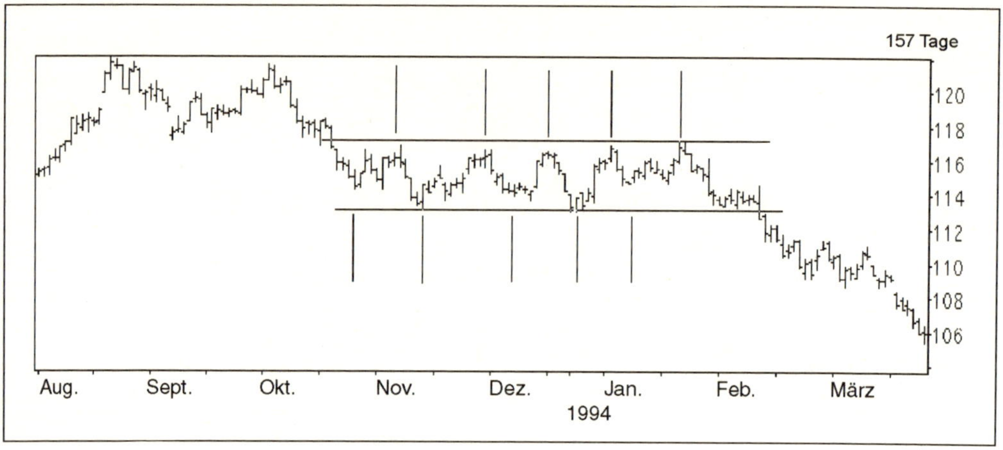

Abb. 29.3: US-Schatzanweisungen (II)

Bei einem Aufwärtstrend wie in Abbildung 29.2 liefern die Zwischenhochs gute Verkaufssignale vor jeder Zwischenkorrektur. Umgekehrt stellen die kleinen Zyklusböden bei einem Abwärtstrend eine gute Gelegenheit dar, um Leerverkäufe glattzustellen. Aufgrund des Abwärtstrends geben sie jedoch keine Kaufsignale.

Zusammenfassung

In diesem kurzen Überblick wurde gezeigt, wie Kurszyklen interpretiert werden können. In der Realität kann sowohl der Umfang als auch die Häufigkeit der Kursänderung (also die Zyklenlänge) im gleichen Markt von Zyklus zu Zyklus schwanken. Die Zyklenanalyse kann nützlich sein, um wahrscheinliche Wendepunkte zu prognostizieren. Sie lässt aber keine genauen Rückschlüsse auf die Beschaffenheit eines Marktes zu. Denken Sie daran, dass Sie immer auf den Markt hören müssen.

30 Weitere Konzepte und Fachbegriffe der technischen Analyse

In diesem Kapitel werden weitere Fachbegriffe und Konzepte, die Sie im Zusammenhang mit der technischen Analyse vielleicht schon gehört haben, kurz erläutert. Als Einsteiger müssen Sie diese Begriffe nicht unbedingt kennen. Betrachten Sie die folgenden Erläuterungen daher als Nachschlagemöglichkeit.

Open Interest

Als Open Interest bezeichnet man die Anzahl nicht glattgestellter Terminkontrakte oder Optionsgeschäfte. Auf dem Terminmarkt entfällt auf jeden Gewinner ein Verlierer. In diesem »Nullsummenspiel« ist jeweils ein Hausse- und ein Baissespekulant erforderlich, um einen Handel abzuschließen. Daraus folgt, dass es stets unterschiedliche Auffassungen darüber gibt, ob die Kurse steigen oder fallen werden. Je mehr Hausse- und Baissespekulanten in einem Markt aktiv sind, desto größer ist das Open Interest und desto stärker sind folglich die Auffassungsunterschiede. Wenn sich die Preise ändern, muss eine der beiden Gruppen Verluste erzielen. Wenn die Preise steigen, leiden die Baissespekulanten. Wenn die Preise sinken, leiden die Haussespekulanten.

Bollinger-Bänder

Die Bollinger-Bänder, auch als Volatilitätsbänder oder Standardabweichungshülle bezeichnet, wurden von John Bollinger entwickelt. Er vertrat die Auffassung, dass die Breite einer Hülle wie bei anderen Arten von Handelsbändern eher vom Markt als von den Annahmen des Analysten bestimmt werden sollte.

Seine Theorie besagt, dass die Breite eines Bandes, das heißt seine Entfernung vom Mittelwert, eine Funktion der Volatilität des Marktes ist. Dies ist sinnvoll, weil ein volatiler Markt größere Abweichungen von seinem Durchschnittswert zeigt, selbst wenn es einen klaren Trend gibt. Die Breite der Bänder sollte dies berücksichtigen, anstatt falsche Umkehrsignale zu geben.

Im Gegensatz dazu sollten die Bänder enger liegen, wenn der Kurs nur geringe Ausschläge zeigt, sodass ein Ausbruch früher signalisiert werden kann.

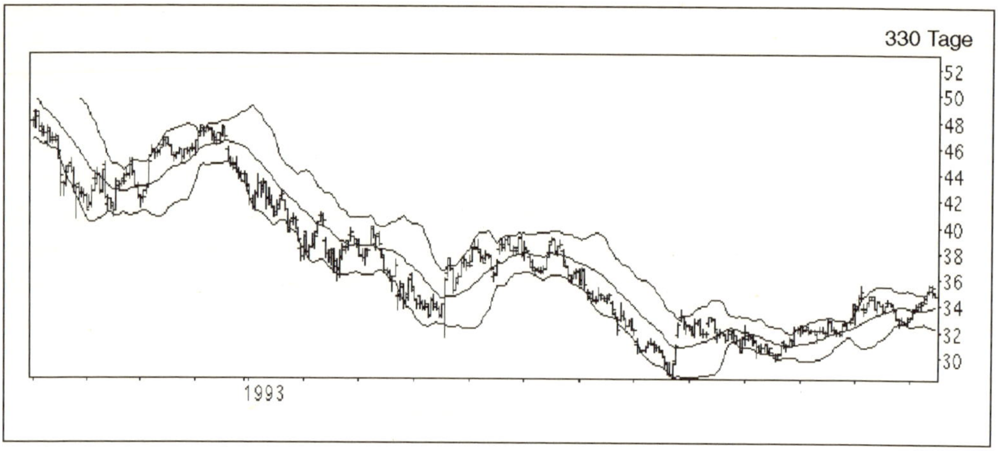

Abb. 30.1: Merck-Kurschart mit 20-Tage-Linie und Bollinger-Bändern

Abbildung 30.1 zeigt den Kursverlauf von Merck Inc. mit Bollinger-Bändern. Bollinger empfiehlt, dass jedes Band zwei Standardabweichungen vom (gleitenden) Durchschnitt entfernt sein sollte, sodass 95 Prozent der Kurse innerhalb der Bänder liegen. Als Durchschnitt wird zumeist die 20-Tage-Linie verwendet. Wenn der Kurs die Bandbreite verlässt, kann die folgende Analyse durchgeführt werden.

Nach relativ ruhiger Kursentwicklung treten im Allgemeinen starke Kursveränderungen auf, wenn die Bänder enger werden (die Volatilität also abnimmt). Im November 1993 verengte sich die Bandbreite stark, und es folgte eine schnelle Kurssteigerung um drei Punkte.

Die Begründung lag darin, dass die Marktteilnehmer sich zunehmend zurückhielten und auf ein Signal des Marktes hinsichtlich seiner Richtung warteten. Tritt in einer solchen Situation eine klare Kursänderung ein, versucht jeder, sich daran zu beteiligen.

Eine Bewegung außerhalb der Bänder weist auf eine Fortsetzung des Trends hin. Oft trägt der Beginn einer stärkeren Veränderung die Kurse außerhalb der Bänder. Dies ist ein Zeichen von Stärke bei einem Aufwärtstrend und von Schwäche bei einem Abwärtstrend. Eine solche Bewegung ist auf dem Chart deutlich zu erkennen.

Der Ausbruch entsteht dadurch, dass sich die Volatilität noch nicht durch den neuen Trend erhöht hat. Andere Indikatoren wie zum Beispiel der RSI können zur Bestätigung dieses Signals herangezogen werden.

Tiefs (Hochs) außerhalb der Bänder, denen Tiefs (Hochs) innerhalb der Bänder folgen, weisen auf eine bevorstehende Trendumkehr hin. Beachten Sie, wie Merck im Dezember 1992 ein neues Hoch außerhalb der Bänder erreichte, während das nächste Kurshoch innerhalb der Bänder lag.

Dies geschah, weil die Marktteilnehmer die zunehmende Volatilität nicht akzeptierten und daher auf größere Kursschwankungen warteten, um Gewinne mitzunehmen.

Wie bereits erwähnt, wird im Allgemeinen ein 20-Tage-Durchschnitt mit zwei Standardabweichungen verwendet. Bollinger weist jedoch darauf hin, dass je nach zeitlichem Analysehorizont vielleicht ein längerer oder kürzerer Durchschnitt und eine andere Standardabweichung erforderlich ist. Analysten, die zum Beispiel längere Perioden analysieren möchten, stellen vielleicht fest, dass ein 50-Tage-Durchschnitt mit einer Bandbreite von 2,5 Standardabweichungen optimal ist. Im Gegensatz dazu ist für kürzere Zeiträume vielleicht ein 10-Tage-Durchschnitt mit 1,5 oder 1,0 Standardabweichungen aussagefähiger.

Index der relativen Stärke (RSI)

Der RSI (Relative Strength Index) wurde von J. Welles Wilder junior entwickelt. Als Momentum-Indikator misst der RSI die Schnelligkeit von Kursänderungen. In diesem Modell werden die Kurse im Allgemeinen insofern als elastisch betrachtet, dass sie nur bis zu einem bestimmten Punkt von einem Durchschnittskurs abweichen können, bis sie reagieren oder in Richtung des Durchschnittswertes zurückgehen. Schnelle Kurssteigerungen führen zu einer Überkauft-Situation und der Markt wird anfällig für eine Kurskorrektur im Sinne eines Kursrückgangs. Entsprechend führen schnelle Kursrückgänge zu einer überverkauften Situation, mit der Folge, dass der Markt anfällig für eine Kurskorrektur im Sinne einer Kurssteigerung wird. Die Steigung und die Werte des RSI sind direkt proportional zur Geschwindigkeit und Größe der Kursänderung und somit äußerst hilfreich bei der Identifizierung von überkauften und überverkauften Situationen.

Die Formel zur Berechnung des RSI berücksichtigt die letzten »n« Perioden und dividiert die positiven Änderungen pro Periode durch die negativen Änderungen.

Das bedeutet, dass, je häufiger die Kurse in diesem Zeitraum steigen und je größer diese Kurssteigerungen sind, desto höher der RSI-Wert ausfällt. Durch Abhängigkeit sowohl von der Anzahl von Perioden mit Kursanstiegen als auch vom Ausmaß dieser Anstiege filtert der RSI normale Volatilitätsunterschiede zwischen den Märkten heraus, während er die Bedeutung von einzelnen großen Kursänderungen weiter anzeigt. Durch Reduzierung der Anzahl der Perioden in der Berechnung kann der RSI sensibler (das heißt schneller) gemacht werden.

Der RSI-Wert selbst reicht von 0 bis 100, und für die RSI-Linie kann man eine Unterstützungs- und Widerstandslinie und einen Trend ermitteln. Ein RSI-Wert über 75 zeigt eine überkaufte Situation an und ein RSI-Wert unter 25 lässt auf eine überverkaufte Situation schließen. Dies bedeutet jedoch nicht, dass sofort eine Trendumkehr eintritt, wenn einer dieser Werte erreicht wird. Es ist wahrscheinlicher, dass die Kursentwicklung zunächst pausiert, um sich zu konsolidieren, was zu einem neutraleren RSI-Wert führt. Die RSI-Darstellung wird zumeist in Verbindung mit einem Balkenchart verwendet. Relativ hohe RSI-Werte (55–75) begleiten normalerweise einen Aufwärtstrend und relativ niedrige RSI-Werte (25–45) sind typisch für Abwärtstrends. Divergenzen zwischen Kursentwicklung und RSI-Linie können eine Trendumkehr signalisieren (siehe Abbildung 30.2).

Stochastik-Indikator

Der Stochastik-Indikator wurde von George Lane entwickelt. Er kann ein wertvolles Instrument sein, um bevorstehende Hochs oder Tiefs zu erkennen und das Verhalten in der Nähe von Trendumkehrpunkten zeitlich zu planen. Der Stochastik-Indikator misst die Lage eines Kurses innerhalb der Kursbandbreite. Die Theorie besagt, dass bei einem Aufwärtstrend die Schlusskurse im Allgemeinen näher am oberen Ende der Kursbandbreite liegen. Wenn die Schlusskurse in einem Aufwärtstrend innerhalb der Kursbandbreite sinken, signalisiert dies eine Marktschwäche.

Der Stochastik-Indikator ist einer der wenigen Indikatoren, die zwei Linien verwenden. Diese werden als K- und D-Linie (manchmal auch als % K und % D) bezeichnet. Die D-Linie ist einfach eine geglättete Version der K-Linie. Beide Linien werden wie der RSI zur Erkennung sowohl von Überkauft- als auch von Überverkauft-Situationen verwendet. Wenn sich die beiden Linien schneiden, ist die Signalwirkung ähnlich, als wenn die Kurslinie die Linie des gleitenden Durchschnitts schneidet. Der Stochastik-Indikator wird häufig ein zweites Mal geglättet. Die D-Linie wird dann als Slow K bezeichnet und zur Linie Slow D geglättet (siehe Abbildung 30.3).

RSI versus Stochastik-Indikator

Einfach ausgedrückt kann man den Anwendungsbereich dieser Momentum-Indikatoren wie folgt beschreiben: Der RSI liefert die aussagefähigsten Ergebnisse bei Trendeinfluss, während der Stochastik-Indikator in flachen oder volatilen Märkten am besten funktioniert.

Obgleich beide Indikatoren ähnliche Ziele verfolgen, werden sie in unterschiedlichen Marktsituationen angewendet. Mithilfe des RSI kann man feststellen, ob sich ein Kurs zu stark und zu schnell verändert hat. Dies unterstellt einen Trend.

Der Stochastik-Indikator verrät, ob sich ein Kurs zur Spitze oder zum Boden einer Kursbandbreite entwickelt hat, was einen flachen oder volatilen Markt unterstellt.

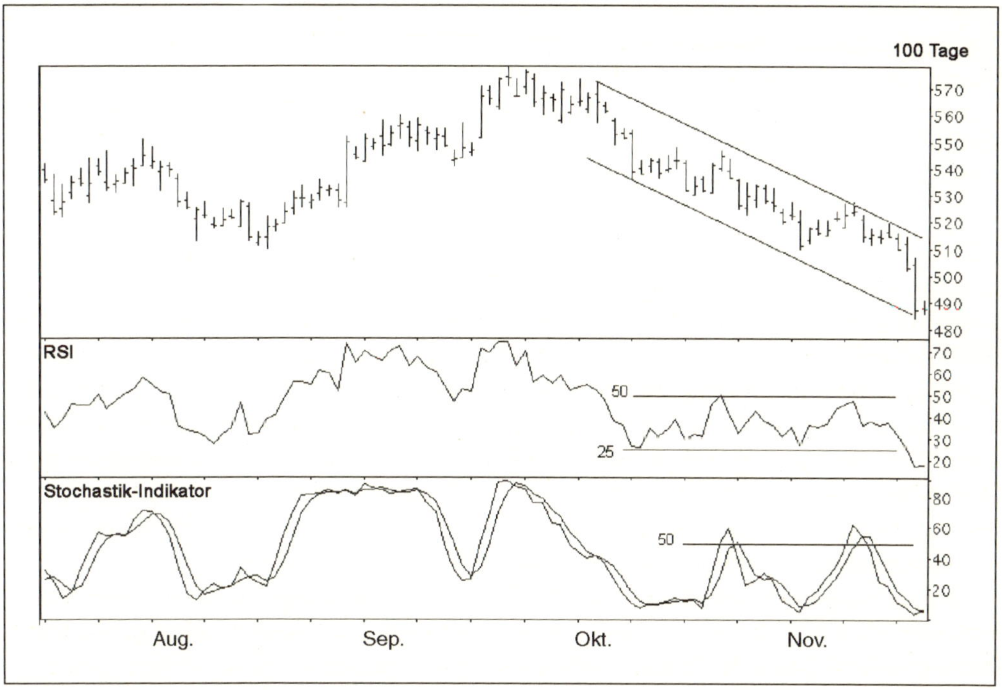

Abb. 30.2: Silber

Abbildung 30.2 zeigt die Preisentwicklung für Silber mit einem 9-Tage-RSI und einem 9-Tage-Slow-Stochastik-Indikator.

Im Preisverfall während des vierten Quartals lag der RSI überwiegend zwischen 25 und 40 und erreichte nur einmal die neutrale Marke von 50. Der Stochastik-Indikator schwankte von einem Hausse-Wert von 60 zu einem Überverkauft-Wert von 5 und deutete damit fälschlicherweise auf eine Trendumkehr hin. Der RSI war aussagefähiger, weil ein Trendmarkt vorlag.

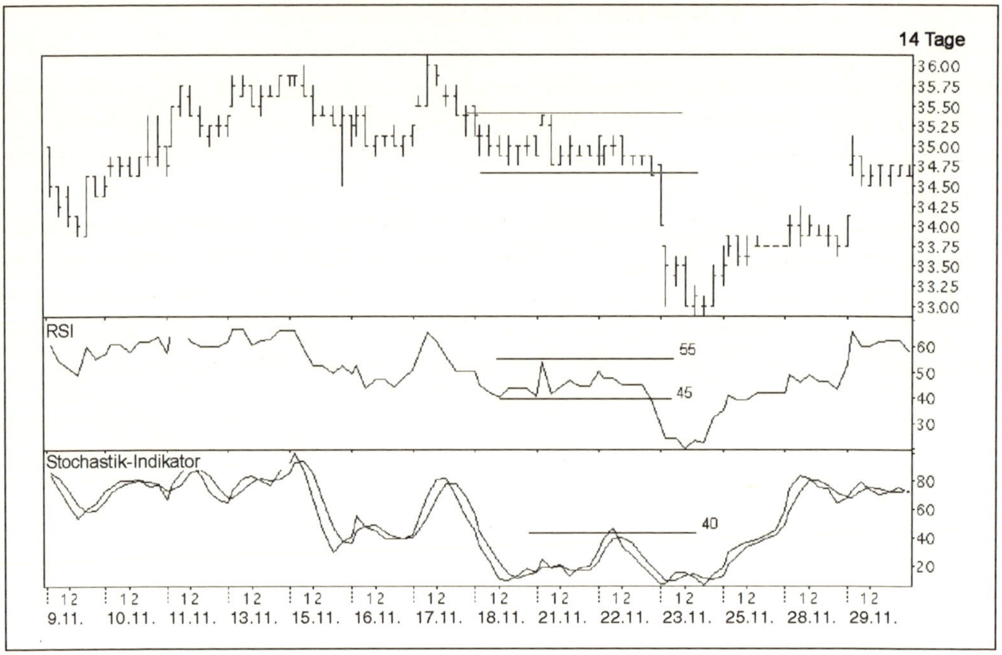

Abb. 30.3: Time Warner Inc.

Abbildung 30.3 zeigt stündliche Kursnotierungen für Time Warner mit 14-Tage-RSI und 14-Tage-Slow Stochastics. Diese Aktie wurde drei Tage lang in einer Bandbreite von einem halben Punkt gehandelt. Der RSI konvergierte zur neutralen Marke 50, was weder eine Stärke noch eine Schwäche andeutete. Obgleich der Stochastik-Indikator in den ersten zwei Tagen dieses Zeitraums stieg, blieb er gleichzeitig in dem Baisse-Bereich unter 40 und zeigte am dritten Tag einen Schnittpunkt der Linien. Der RSI zeigte nicht an, dass die Kursbandbreite zusammenbrechen würde, bis es tatsächlich geschah. Der Stochastik-Indikator war aussagefähiger.

Während sowohl der RSI als auch der Stochastik-Indikator in den meisten Märkten nützlich sind, hat jeder seine eigenen Spezialgebiete. Wie bei allen Indikatoren der technischen Analyse liefern mehrere Indikatoren gemeinsam stichhaltigere Signale als ein einziger Indikator.

Fibonacci-Zahlenreihen

Vor vielen Jahren entdeckten Mathematiker, dass eine bestimmte Zahl immer wieder in der Natur auftrat. Es war die Kennzahl, die beschrieb, wie Blumen-Blütenblätter um ihren Stängel wachsen, wie sich das Schneckenhaus einer Schnecke um seinen

Ursprung dreht oder wie sich eine Galaxie von ihrem Kern ausbreitet. Für die Finanzwelt beschreibt diese Verhältniskennzahl, in welchem Zusammenhang fortlaufende Zahlen stehen. Das Verhältnis von 34 / 55 = 0,618, das als »goldener Schnitt« bekannt ist, wurde im 13. Jahrhundert von dem Mathematiker Leonardo Fibonacci auf Zahlen angewendet.

Die Fibonacci-Zahlenreihe beginnt so: 1, 1, 2, 3, 5, 8, 13, 21, 34, 55, 89, 144, ... Dabei ist jede Zahl in der Zahlenreihe gleich der Summe der beiden vorhergehenden Zahlen. Das Verhältnis von zwei aufeinander folgenden Zahlen nähert sich schließlich dem Wert 0,618 an.

1/1	1/2	2/3	3/5	5/8	8/13	13/21	21/34	34/55	55/89	89/144
1,0	0,50	0,667	0,60	0,625	0,615	0,619	0,618	0,618	0,618	0,618

Was hat dies nun mit dem Börsenhandel zu tun? Wie Sie wissen, zeigen Kurse einen Aufwärts- oder Abwärtstrend, pausieren dabei immer wieder zur Konsolidierung und Korrektur und setzen dann ihren Trend fort. Das Ausmaß dieser Korrekturen entspricht häufig konstanten Prozentsätzen der ursprünglichen Kursänderung und kann mit guter Genauigkeit mithilfe von Fibonacci-Zahlenreihen prognostiziert werden.

Das Verhältnis der aufeinander folgenden Zahlen am Anfang der Zahlenreihe beträgt 1,00, 0,50 und 0,67. Anhänger der technischen Analyse wussten schon lange, dass Marktkorrekturen im Allgemeinen entweder bei 50 Prozent oder bei einem oder zwei Dritteln der vorhergehenden Kursbewegung enden und eine Korrektur von 100 Prozent der Kursbewegung eine sehr starke Unterstützungs- beziehungsweise Widerstandslinie darstellt. Alles dies sind Beispiele der Fibonacci-Niveaus (*Fibonacci-Retracements*). Das Ein-Drittel-Niveau ist tatsächlich ein Näherungswert der Fibonacci-Zahl 61,8 Prozent, deren Kehrwert von 38,2 Prozent durch das Zwei-Drittel-Niveau annähernd dargestellt wird. Wie Sie sehen können, sind Fibonacci-Zahlen einfach verbesserte Versionen dessen, was Händler bereits seit Jahren verwenden.

Abbildung 30.4 zeigt die Preisentwicklung bei Sojabohnen. Die Korrektur endete, nachdem ihr Ausmaß 61,8 Prozent der Preissteigerung erreicht hatte.

Abbildung 30.5 zeigt die Entwicklung des S&P 500 nach dem Börsencrash von 1987. Vor Ende des Jahres hatte der Aktienindex die Hälfte seiner Verluste seit dem August-Hoch zurückgewonnen. Dieses Kursniveau bot genügend Widerstand, um zwei weitere Ansätze zu einem Aufwärtstrend zunichte zu machen.

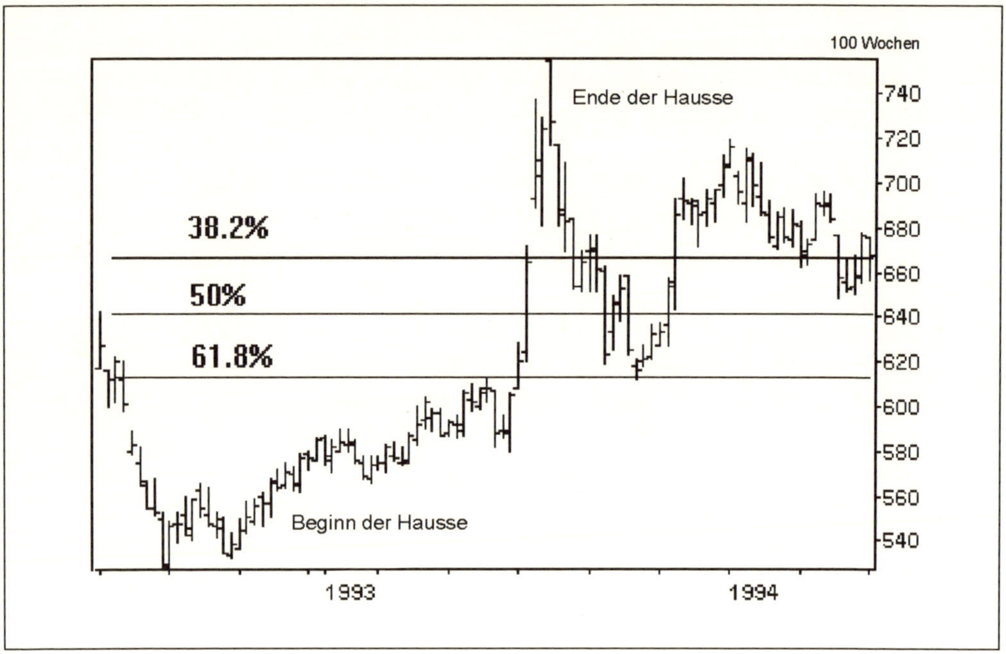

Abb. 30.4: Sojabohnen

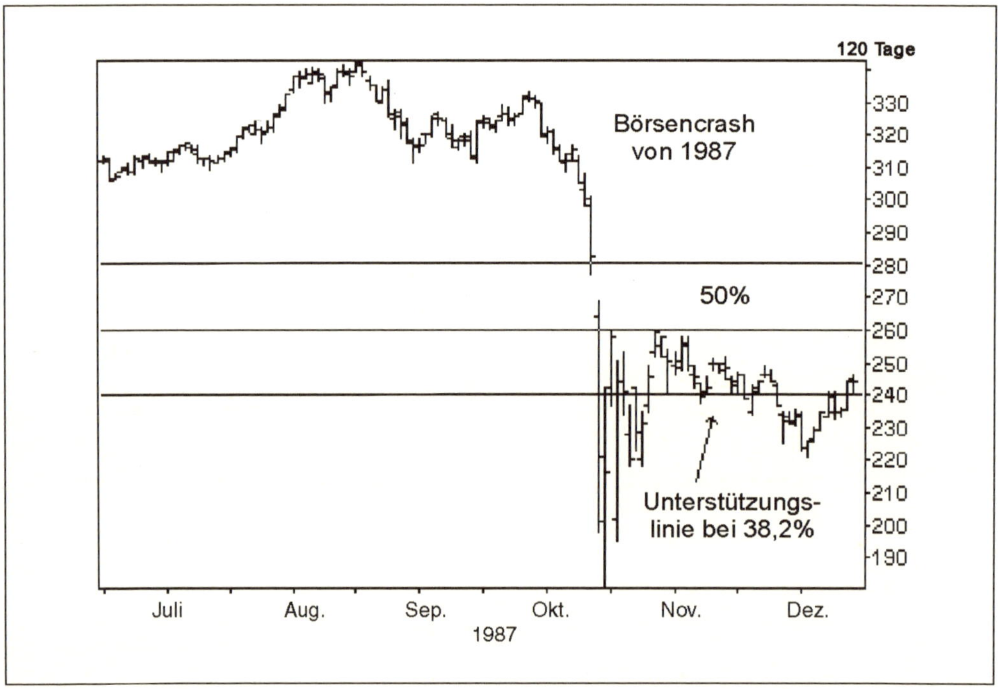

Abb. 30.5: S&P 500

MACD

In der technischen Analyse werden häufig die Ergebnisse anderer Analysen überprüft. So bildet man beispielsweise gleitende Durchschnitte von Kursdifferenzen und RSIs von RSIs. Gerald Appel verwendete ein einfaches Abweichungschart, das den Abstand zwischen zwei gleitenden Durchschnitten misst, und zeichnete einen gleitenden Durchschnitt des Ergebnisses ein. Diese Analyse wird als MACD (Moving Average Convergence-Divergence) bezeichnet, da sie misst, wie zwei gleitende Durchschnitte sich im Verhältnis zueinander entwickeln.

Die zugrunde liegende Theorie besagt, dass in einem Aufwärtstrend der kürzere von zwei gleitenden Durchschnitten über dem längeren Durchschnitt liegt. Dies ergibt sich aus der Tatsache, dass der kürzere Durchschnitt schneller auf Kursänderungen reagiert. Der längere Durchschnitt reagiert immer mit einer gewissen Verzögerung. Wenn der kürzere Durchschnitt den längeren von oben nach unten schneidet, ist das ein Signal für einen möglichen Trendwechsel. In einem Abweichungschart schneiden sich die beiden Durchschnitte, wenn sie den gleichen Wert annehmen und die Abweichung somit Null beträgt. Abbildung 30.6 zeigt den Kurs des US-Dollars gegenüber dem Yen mit einem exponentiell geglätteten 26-Tage-Durchschnitt und einem entsprechenden Zwölf-Tage-Durchschnitt. Während des Kursrückgangs lag der Zwölf-Tage-Durchschnitt zumeist unter dem 26-Tage-Durchschnitt. Im Mai, als der Zwölf-Tage-Durchschnitt den 26-Tage-Durchschnitt nach oben und etwas später

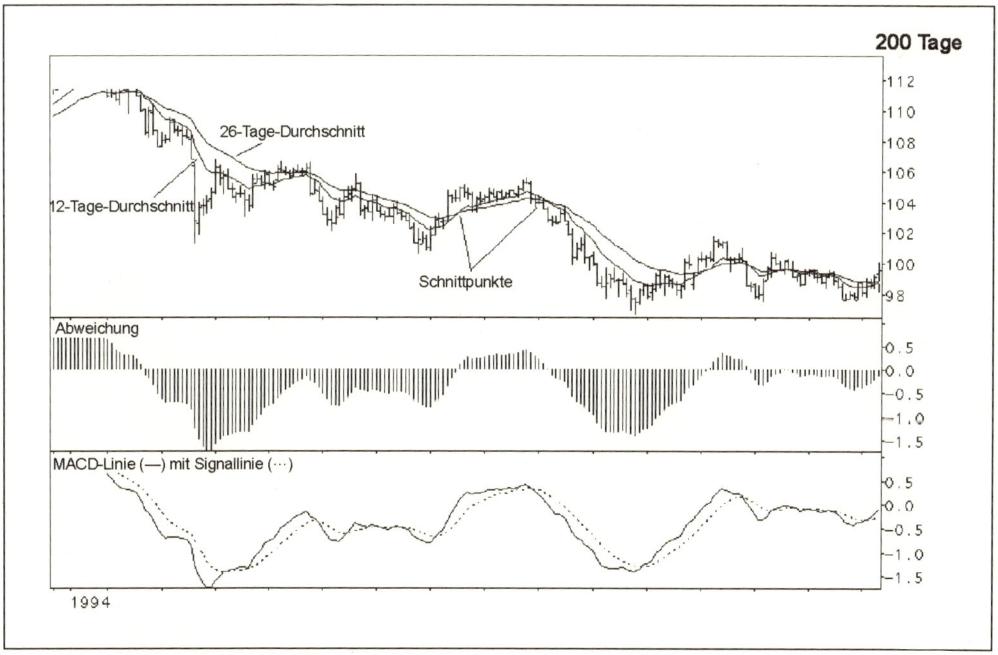

Abb. 30.6: US-Dollar in Yen

wieder nach unten schnitt, betrug die Abweichung jeweils Null. Die Abweichungsanalyse zeigt den Abstand zwischen den beiden Durchschnittslinien.

Die MACD-Linie (durchgezogene Linie) hat die gleiche Form wie das Histogramm der Abweichungen. Die gepunktete Linie wird Signallinie genannt und ist ein gleitender Durchschnitt der MACD-Linie.

Anwendung der MACD-Analyse

Die typische MACD-Analyse verwendet exponentiell gewichtete gleitende Durchschnitte.

Wie andere Momentum-Indikatoren funktioniert der MACD am besten in einem Trendmarkt oder in einem volatilen Handelskorridor. Bei flachen und ruhigen Märkten kann der MACD unzuverlässige Ergebnisse liefern.

Das erste Anzeichen eines Trendwechsels ist das Auftreten einer *Divergenz*, das heißt einer Situation, in der der Markt steigende Hochs und der MACD sinkende Hochs erzielt. Das Umgekehrte gilt für fallende Märkte, wo in einer Divergenz die Preise sinkende Tiefs und der MACD steigende Tiefs erzielt.

Abbildung 30.7 zeigt die Kursentwicklung für Kakao-Terminkontrakte. Die Divergenz Mitte 1994 ist klar erkennbar und der Trendwechsel erfolgte im dritten Quartal.

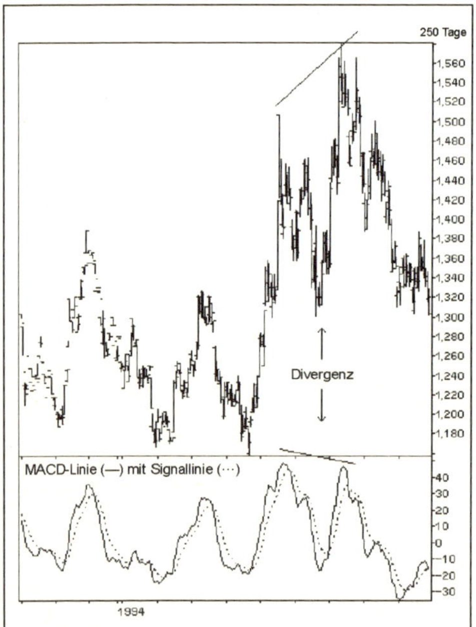

Abb. 30.7: Kakao-Terminkontrakte

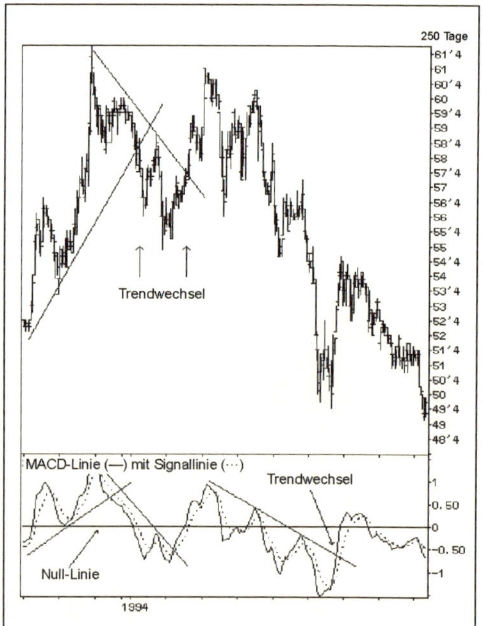

Abb. 30.8: Knight-Ridder

Das zweite Anzeichen kann entweder ein Schnittpunkt der MACD-Linie und der Signallinie sein, was ein wichtiges Signal in einem Trendmarkt ist, oder ein Trendwechsel in der MACD-Linie, was besonders in volatilen Märkten als guter Indikator anzusehen ist. Der Kakao-Markt war in dem Zeitraum, in dem eine Divergenz vorlag, relativ volatil. Das Chart generierte immer wieder Kauf- und Verkaufssignale, die entstanden, wenn die Signallinie die MACD-Linie schnitt. Wie bei gleitenden Durchschnitten und Abweichungscharts deuten diese Schnittpunkte mögliche Einstiegspunkte an. Beachten Sie, dass Schnittpunkte bei Überkauft- oder Überverkauft-Situationen des MACD eintreten sollten. Da der MACD kein Index ist (im Gegensatz zum RSI oder Stochastik-Indikator), sind die Definitionen von Überkauft- und Überverkauft-Situationen marktspezifisch. Hier nehmen wir an, dass es sich um ein Verkaufssignal handelt, wenn sich der MACD auf einem relativ hohen Niveau befindet und durch die Signallinie von oben geschnitten wird.

Die nächste Methode besteht darin, *Trendwechsel* in der MACD-Linie zu analysieren. Abbildung 30.8 zeigt die Kursentwicklung für Knight-Ridder. Jeder Trendwechsel in der MACD-Linie ereignete sich einige Tage früher als der Trendwechsel des Aktienkurses. So lieferte der MACD bei dem Trendwechsel von Juli 1994 ein kurzfristiges Signal, das das Balkendiagramm nicht gab.

Wenn die MACD- und die Signallinie *die Null-Linie schneiden*, ist dies ein Signal dafür, dass sich der Trendwechsel vollzogen hat. Ein Markt, der erst Divergenz zeigt, dann einen Schnittpunkt zwischen MACD- und Signallinie herausbildet und schließlich einen Schnittpunkt mit der Nulllinie, zeigt sehr deutlich an, dass ein Trendwechsel stattgefunden hat.

Elliott-Wellen

Die Theorie der Elliott-Wellen wurde Anfang der dreißiger Jahre von dem Börsenspekulanten R. N. Elliott entwickelt. Im Mittelpunkt dieser Theorie steht die Klassifizierung der Kursentwicklung durch Wellen und Kennzahlen für Kursbewegungen. Wie die Wellen auf dem Meer steigen und fallen die Kurse Elliott zufolge in Wellen, die sich wiederholen und die in kleinere Wellen untergliedert werden können.

Die Theorie vertritt die Auffassung, dass die sich Kurse nach folgendem Schema bewegen: Auf eine

- Kurssteigerung in fünf Wellen (Impulswellen, die von 1 bis 5 nummeriert werden) folgt ein
- Kursrückgang in drei Wellen (Korrekturwellen, die mit den Buchstaben a bis c bezeichnet werden).

Dieser Zyklus von acht Wellen kann in allen Zeithorizonten von Tageskursen bis zu über 200 Jahre (»großer Superzyklus«) beobachtet werden. Jede Welle eines Zyklus kann in kleinere Wellen aufgeteilt werden.

Abbildung 30.9 zeigt, wie ein Zyklus von acht Wellen in fünf Wellen aufsteigt und in drei Wellen sinkt. Die letzte der Wachstums-Inpulswellen (Nr. 5) wurde in fünf kleine Wellen aufgeteilt.

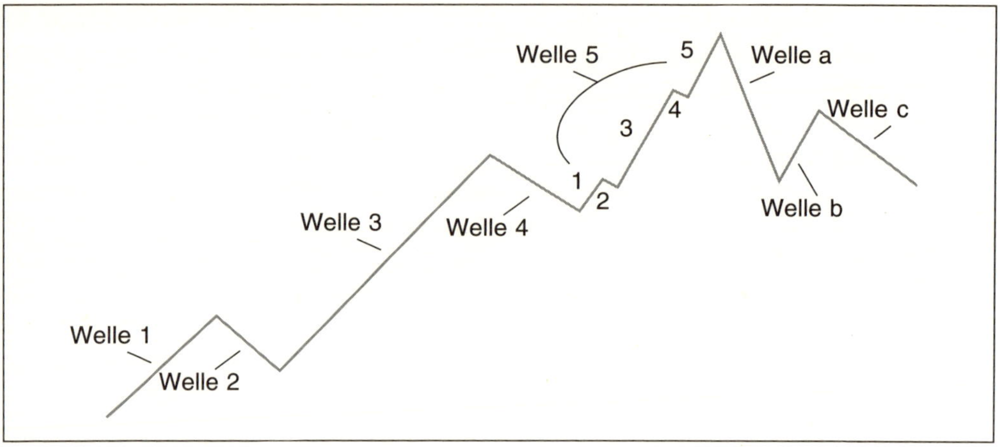

Abb. 30.9: Elliott-Wellen

Um die Elliott-Wellen zu verstehen, sind nicht nur die Wellentheorie und Fibonacci-Zahlenreihen von Bedeutung, sondern auch das menschliche Verhalten, das den Wellenbewegungen zugrunde liegt. Die Charakteristik von Wellen, die zuerst von Robert Prechter vorgestellt wurde, beschreibt, warum die Wellen steigen und fallen.

- *Welle 1:* Sie entsteht aus einer Änderung der Markterwartungen in Richtung auf wieder steigende Kurse. Sie wird oft durch eine Aufwärtskorrektur der stark gedrückten Kurse ausgelöst und ist die kürzeste der steigenden Impulswellen. Die Börsenaktivität nimmt zwar zu, aber die Mehrzahl der Marktteilnehmer ist noch pessimistisch. Sie glaubt einfach noch nicht an einen Wandel der Situation.
- *Welle 2:* Sie stellt eine Gegenbewegung zu Welle 1 dar. Die meisten, wenn nicht alle Kursgewinne der Welle 1 werden wieder abgegeben, weil die Marktteilnehmer diese Kurssteigerungen genutzt haben, um ihre Verlustpositionen zu besseren Kursen zu verkaufen. Diese Welle präsentiert sich oft als die rechte Schulter einer umgekehrten Kopf-Schulter-Formation.
- *Welle 3:* Sie repräsentiert den neuen Aufwärtstrend. Dies ist die längste und stärkste Impulswelle, zumindest auf den Finanzmärkten, da die meisten Chartformationen den neuen Trend signalisiert haben und die Marktteilnehmer sich ihm nun anschließen. Jetzt glaubt die Menge an den Aufschwung.
- *Welle 4:* Dies ist die Konsolidierungsphase der Kurssteigerung. Ihre Struktur ist recht komplex. Hier können sich übliche Fortsetzungsformationen wie Dreiecke herausbilden. Diese Welle fällt nie unter die Spitze von Welle 1.

- *Welle 5:* Sie stellt die Endphase des Aufwärtstrends dar und zeigt oft eine Divergenz zu Indikatoren wie zum Beispiel dem kumulierten Umsatz und dem RSI. Die Nachzügler springen noch auf.
- *Welle a:* Sie scheint zunächst eine normale Korrektur innerhalb des Aufwärtstrends zu sein. Die Wellentheorie von Elliott besagt, dass Welle a in fünf – nicht drei – abwärts gerichtete Unterwellen aufgegliedert werden kann.
- *Welle b:* Sie ist die Kurskorrektur, die Anlegern eine zweite Chance gibt zu verkaufen.
- *Welle c:* Sie durchbricht die Unterstützungslinie und die Spitze von Welle 3. Hier bestätigen viele Indikatoren, dass der ursprüngliche Aufwärtstrend beendet ist.

Es ist oft schwierig, Wellen zu erkennen, weil es zahlreiche Ausnahmen und Variationen gibt.

So erkennen Sie klare Wellenstrukturen

Das »Rauschen« auf einem Chart zu reduzieren kann helfen, die Wellenstruktur zu erkennen. Die Analyse von Wellen dient dazu, Trends und Gegentrends zu erkennen, sodass Sie eine Bewegung als Impuls oder Korrektur klassifizieren können. Vorübergehende Kursspitzen sowie volatile Märkte können diese Trends und ihre Wendepunkte verbergen.

Wie man in Abbildung 30.10 erkennen kann, begann der Anstieg des Wechselkurses des australischen Dollar gegenüber dem US-Dollar Ende 1993. Die Zählung der Wellen vom Ansatzpunkt des Kursanstiegs an ist wichtig, um zu erkennen, ob er impulsiv (in der Richtung des Trends) oder korrektiv war. Das wöchentliche Balkenchart macht diese Bestimmung zu einem schwierigen Unterfangen.

Ein Linienchart mit einem zweiwöchigen Intervall zwischen den Messpunkten glättet den Kursverlauf ausreichend, um die Wellenstruktur deutlich sichtbar zu machen (siehe Abbildung 30.11). Es zeigt sich eine klare Struktur von 5–3–5 Wellen.

Bereits eine grobe Betrachtung zeigt, dass es sich bei diesem Chartbild nur um eine von zwei möglichen Formationen handeln kann: um eine vollständige Korrektur oder um die ersten drei von insgesamt fünf Wellen eines größeren Aufwärtstrends. Weitere Elliott-Regeln müssen angewendet werden, um eine Prognose zu erstellen, und das Ergebnis ist hier nicht von Bedeutung.

Entscheidend für unsere Zwecke ist die Erkenntnis, dass die wechselnden Trends bei Betrachtung von weniger Daten leichter erkannt werden konnten.

Trotz aller Vorteile dieser Technik sollte sie nicht ausschließlich verwendet werden. Nicht alle Kursspitzen oder andere Abweichungen sollten ignoriert werden. Die Mehrzahl repräsentiert tatsächlich Wendepunkte im Markt, aber ein wenig Abstand von den Daten einzunehmen kann helfen, Chartformationen zu erkennen. Wenn diese Formationen jedoch erkannt wurden, werden alle Daten benötigt, um die Anlageentscheidung zu treffen.

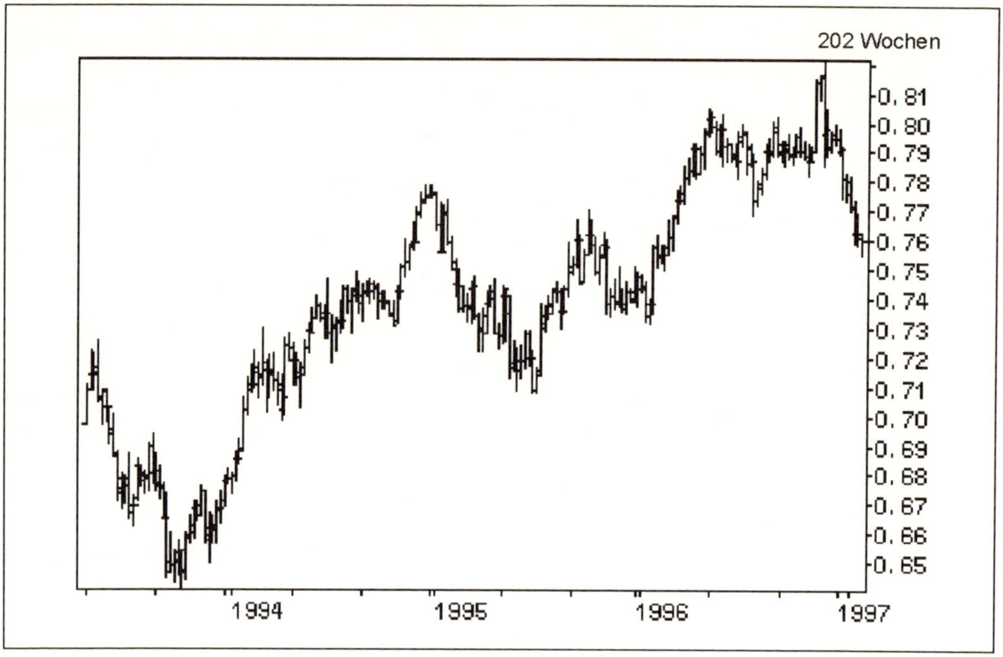

Abb. 30.10: Australischer Dollar in US-Dollar

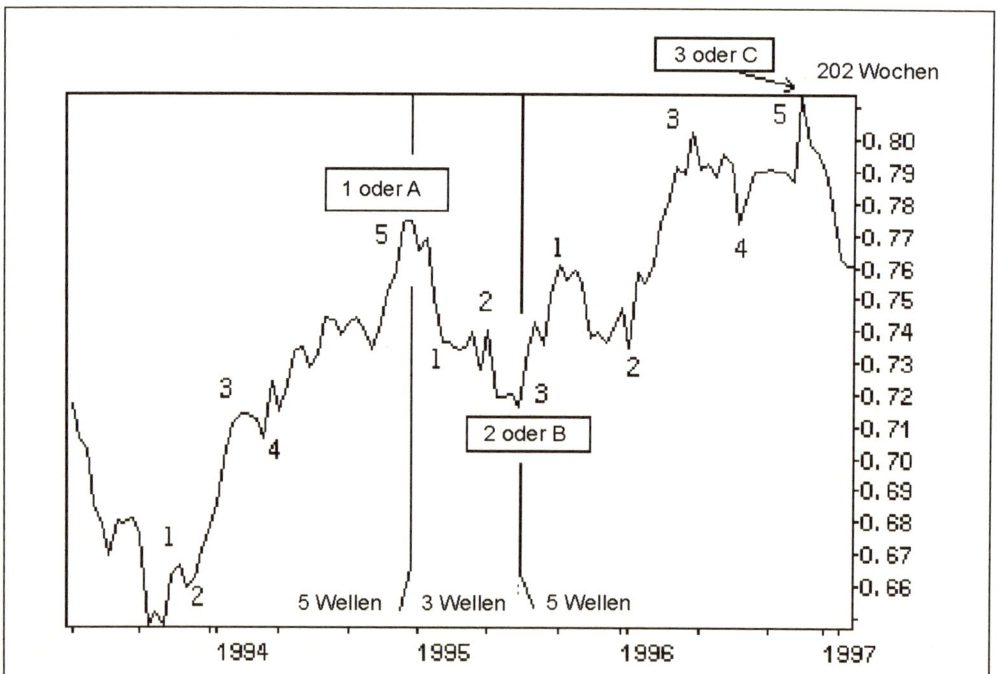

Abb. 30.11: Australischer Dollar in US-Dollar

Eine ausführliche Behandlung der Elliott-Wellen würde den Rahmen dieses Buches sprengen. Anfänger sollten diese Analyse nicht zur Grundlage ihres Handelns machen.

Tick

Der Begriff »Tick« wird hier verwendet, um sowohl die Mindesteinheit einer Kursänderung (in den USA 1/8 bei Aktien und 1/32 bei Anleihen, an den Börsen der Euro-Länder meist 0,01 Euro) als auch einzelne Börsengeschäfte zu beschreiben.

So bedeutet zum Beispiel die Formulierung »5-Tick-Limit«, dass das Limit bei Stop-Loss/Buy-Orders auf fünf Ticks oder Handelseinheiten unter/über dem Kaufkurs festgelegt wurde. Auf dem amerikanischen Aktienmarkt bedeutet das etwa 5/8 Punkte. Der Begriff »Tick« findet sich oft in Märkten, auf denen in sehr kleinen Einheiten gehandelt wird, wie zum Beispiel bei US-Anleihen, die in Einheiten von 1/32, oder bei Devisen, die in Einheiten von 0,0001 gehandelt werden.

Eine andere Bedeutung für »Tick« bezieht sich auf die Verwendung als Breitenindikator für den Aktienmarkt (Tick Volume Chart). In diesem Zusammenhang ist Tick die Realtime-Summe aller Aktien, deren letzter laufender Kurs höher als der vorhergehende Kurs war, abzüglich der Summe aller Aktien, deren letzter laufender Kurs niedriger war als der vorhergehende. Dies ist ein Handels-, kein Anlagebegriff.

Trading Index (Trin)

Der Trading Index (Trin) wird landläufig auch als »Arms-Index« bezeichnet, weil er von Richard Arms als Maßstab für den Umsatz auf dem amerikanischen Aktienmarkt entwickelt wurde. Er kann aber für jeden Aktienmarkt ermittelt werden, solange Zahlen über die Kurse und Anzahl der gehandelten Aktien verfügbar sind. Die Berechnungsformel lautet:

$$\text{Trin} = \frac{\text{Anzahl steigender Aktien} - \text{Anzahl fallender Aktien}}{\text{Umsatz steigender Aktien} - \text{Umsatz fallender Aktien}}$$

Der Trading Index beschreibt, ob die Aktien mit Kurssteigerungen einen angemessenen Umsatzanteil besitzen. Wenn zahlenmäßig mehr Aktien mit Kurssteigerungen gehandelt wurden, aber der Umsatzanteil von Aktien mit Kursverlusten höher ist, dann ist der Markt durch eine interne Marktschwäche charakterisiert. In diesem Fall wäre der Wert des Index größer als Eins. Ein Wert des Index unter Eins wäre insofern ein Haussezeichen, als Aktien mit Kurssteigerungen einen größeren Umsatzanteil besitzen. Ein Wert von Eins bedeutet, dass für Aktien mit Kurssteigerungen ein Gleichgewicht zwischen zahlenmäßigem Anteil und Umsatzanteil besteht.

Point-and-Figure-Charts

Point-and-Figure-Charts gehören zu den älteren Charttechniken, sind aber immer noch weit verbreitet. Auf eine detaillierte Beschreibung dieser Technik muss hier verzichtet werden; wir wollen sie im Folgenden nur kurz skizzieren.

Von den bekannten Charttechniken wie zum Beispiel Balken-, Linien- und Kerzencharts heben sich Point-and-Figure-Charts insoweit ab, als sie ganz anders konstruiert, aber mit den gleichen Techniken analysiert werden. In Point-and-Figure-Charts werden nach einem vom Anwender definierten Filter nur Kurs- beziehungsweise Preisänderungen ohne Berücksichtigung des Zeithorizonts dargestellt. Dieser Filter reduziert die Kurs- / Preisschwankungen und kann auf maximale oder minimale Empfindlichkeit eingestellt werden.

Bevor Computer eingesetzt wurden, zeichneten Börsenhändler und Analysten täglich Point-and-Figure-Charts, weil sie nicht jeden einzelnen Börsenhandel registrieren und gleichzeitig aktiv handeln konnten. Durch Anwendung des Filters mussten sie ausschließlich signifikante Trend- und Kursänderungen aufzeichnen.

Erstellung von Point-and-Figure-Charts

Die Hauptelemente des Point-and-Figure-Charts sind das *Kästchen (Box)* und das *Umkehrminimum (Reversal-Size)*. Eine Box enthält eine vom Anwender festgelegte Zahl von *Änderungseinheiten (Change-Units)*. Diese beträgt zum Beispiel für Aktien mit einem Kurs über 20 US-Dollar 1 Punkt, für Aktien unter 20 US-Dollar 1 / 2 Punkt beziehungsweise 1 / 8 Punkt, für amerikanische Schatzanweisungen 1 / 32 Punkt und für Devisen 0,0001.

Nehmen wir beispielsweise an, die Aktie von Knight-Ridder (mit einer Änderungseinheit von 1 / 8) würde nacheinander zu 58 und zu 58 1 / 8 Dollar gehandelt. Dann würden bei einer *Box-Size* (Box-Größe) von 1 auf dem Chart zwei Kästchen gezeichnet. Bei einer Box-Size von 2 würde nur ein Kästchen gezeichnet, das beide Kurse beinhaltete. Bei einer Box-Size von 2 würde für die Aktie von Knight-Ridder der Kurs von 58 mit einem X dargestellt. Wenn der Kurs auf 58 ¼ (2 Einheiten höher) stiege, würde ein X darüber gezeichnet.

Das Umkehrminimum (Reversal-Size) besagt, wann eine Richtungsänderung durch eine neue Spalte festgehalten wird. Bei steigenden Kursen werden die Kästchen durch den Buchstaben »X« dargestellt, fallende Kurse durch den Buchstaben »O«. Steigende beziehungsweise fallende Kurse werden also durch Säulen von X- beziehungsweise O-Buchstaben dargestellt.

Eine Trendumkehr tritt ein, wenn der Kurs um eine vom Anwender festgelegte Anzahl von Kästchen fällt (siehe Abbildung 30.12). Wenn die Box-Size als 3 und die

Reversal-Size als 4 definiert ist, bedeutet das, dass der Kurs von Knight-Ridder von der Spitze der X-Säule um einen vollen Punkt fallen muss. Dies errechnet sich aus der Änderungseinheit von 1/8 mal der Box-Size von 2 mal der Reversal-Size von 4. Bei einer Trendumkehr beginnt eine neue Säule von Buchstaben rechts von der letzten Säule. In diesem Beispiel wird eine neue Säule mit O-Buchstaben gezeichnet.

Je größer das Kästchen und je höher das Umkehrminimum, desto größer ist der Filter für Kursänderungen. Mit der Festlegung des Umkehrminimums (Reversal-Size) kann die Empfindlichkeit der Analyse den individuellen Anforderungen der Analyse angepasst werden. Je größer die Reversal-Size, desto weniger wird die Analyse durch kleinere Kursschwankungen beeinflusst. Je kleiner die Reversal-Size, desto detaillierter ist die Zeichnung.

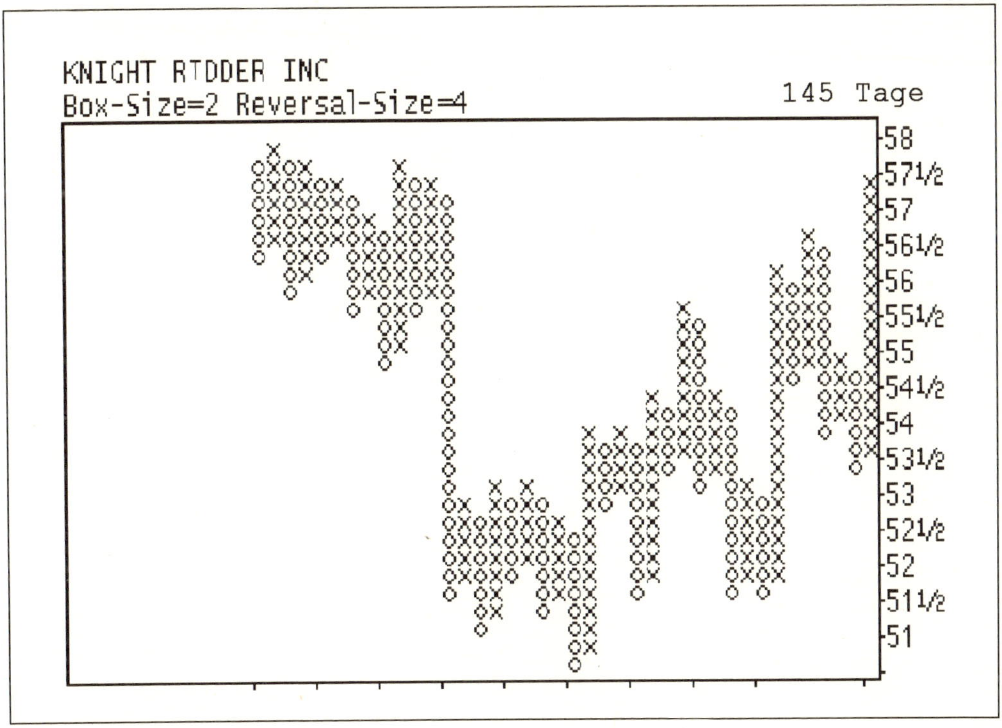

Abb. 30.12: Knight-Ridder

Interpretation von Point-and-Figure-Charts

Point-and-Figure-Charts werden ebenso wie Barcharts mithilfe von Trendlinien und Chartformationen analysiert. Es können zwar keine Kurslücken auftreten, aber dafür enthüllen Point-and-Figure-Charts andere Marktzustände, die in Balkencharts nicht ohne weiteres zu erkennen sind. Abbildung 30.13 zeigt den COMEX-Goldpreis im Februar 1994 in einem Tick-Chart. Abbildung 30.14 zeigt die gleichen Daten in einem Point-and-Figure-Chart (Box-Size = 1; Reversal-Size = 5; Änderungseinheit = 0,1). Die allgemeine Form des Kurvenverlaufs ist gleich, aber in dem Point-and-Figure-Chart treten zwei flache und breite Zonen bei 375 (Zone A) und 377 (Zone B) auf. In dem Tick-Chart konnte man nicht erkennen, dass die Preise in diesen beiden Zonen sehr stark schwankten. Je breiter die Point-and-Figure-Formation, desto aussagekräftiger ist sie. In diesem Fall stellte der Preis von 375 eine starke Unterstützungslinie und der Preis von 377 eine starke Widerstandslinie für die Preissteigerung dar.

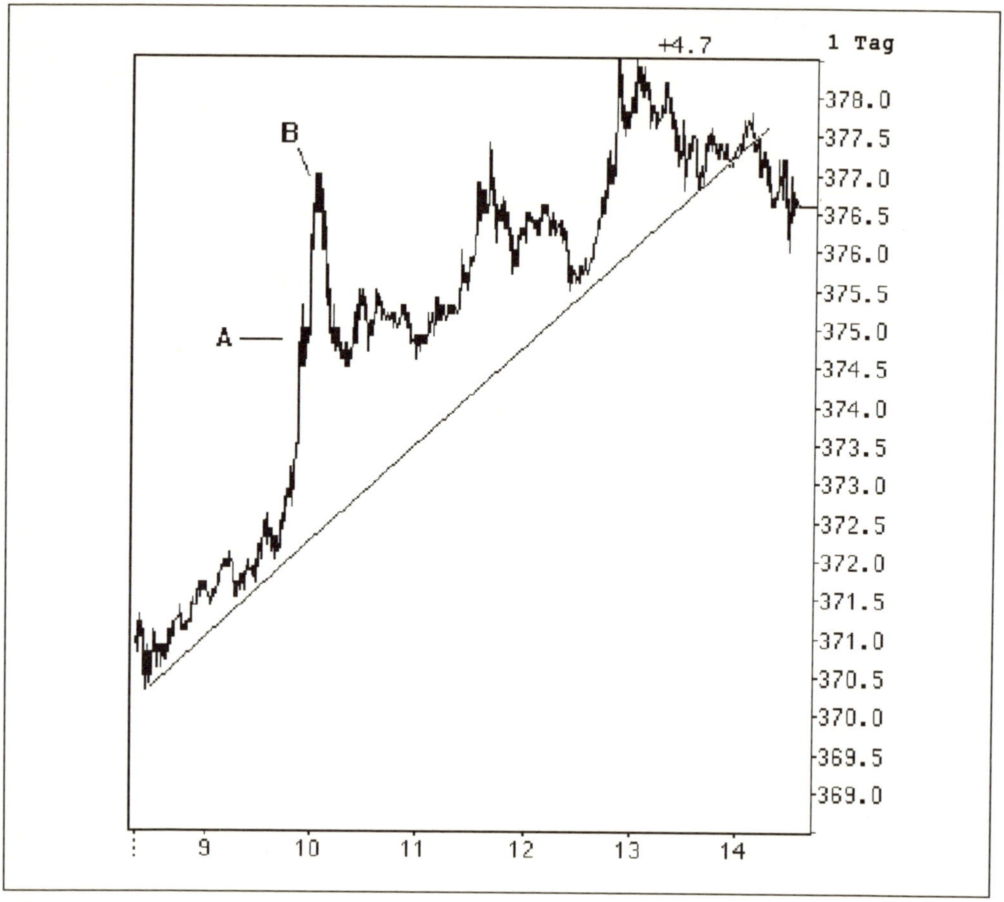

Abb. 30.13: Gold – Tick-Chart

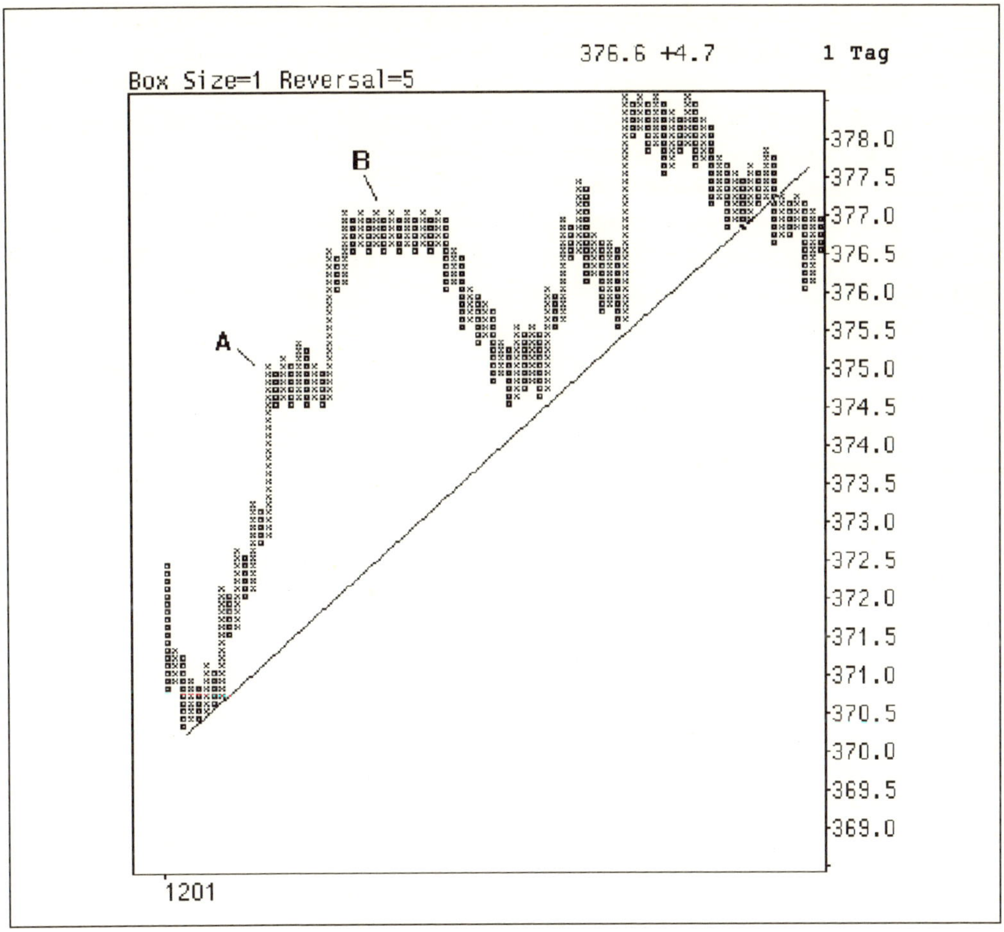

Abb. 30.14: Gold – Point-and-Figure-Chart

Bärenfalle

Nun wollen wir uns noch einigen der fantasievollen Namen zuwenden, die der technische Analyst verwendet, um bestimmte Chartbilder und Börsensituationen zu beschreiben.

Oft handelt es sich dabei um Metaphern aus den Bereichen Jagd, Krieg und Tod. Das Jagdthema passt gut zur Macho-Sprache, die von Börsenanalysten verwendet wird.

Als *Bärenfalle* bezeichnen wir die Situation, wenn Kapitalanleger aufgrund des aktuellen Chartbildes mit fallenden Kursen rechnen, die Kurse tatsächlich jedoch steigen, oder wenn die Anleger nach einem Seitwärtstrend ein Signal für eine Baisse erkennen, stattdessen aber eine Hausse einsetzt.

Eine Bärenfalle ist ein unechter Ausbruch aus einer Chartformation (siehe Abbildung 30.15). Der Kurs durchbricht eine Unterstützungslinie, wird aber nicht durch andere Indikatoren wie Börsenumsatz oder Momentum bestätigt. Vielleicht war die Unterstützungslinie nicht klar definiert oder der Kurs überquerte die Unterstützungslinie in einer kleinen, nicht signifikanten Bewegung.

Erinnern Sie sich: Der Begriff »Ausbruch« bedeutet, dass eine Chartformation tatsächlich durchbrochen wurde. Ein Knacks in der Chartformation, ohne dass der Kurs wirklich ausbricht, zieht Baissespekulanten an und fängt sie in einer Verlustposition. Wenn sich der Kurs in die Chartformation zurückbewegt, erkennt der Analyst, was geschehen ist, und verlässt umgehend seine Baisse-Position.

Als *Bullenfalle* bezeichnet man die umgekehrte Situation, wenn Anleger aufgrund eines unechten Ausbruchs nach oben mit einem Kursanstieg rechnen, der Kurs dann aber dreht und die alte Widerstandslinie nach unten durchbricht. Das Fehlsignal zieht Haussespekulanten an und fängt sie in einer Verlustposition. In beiden Fällen war der Ausbruch so schwach, dass er schnell korrigiert wurde.

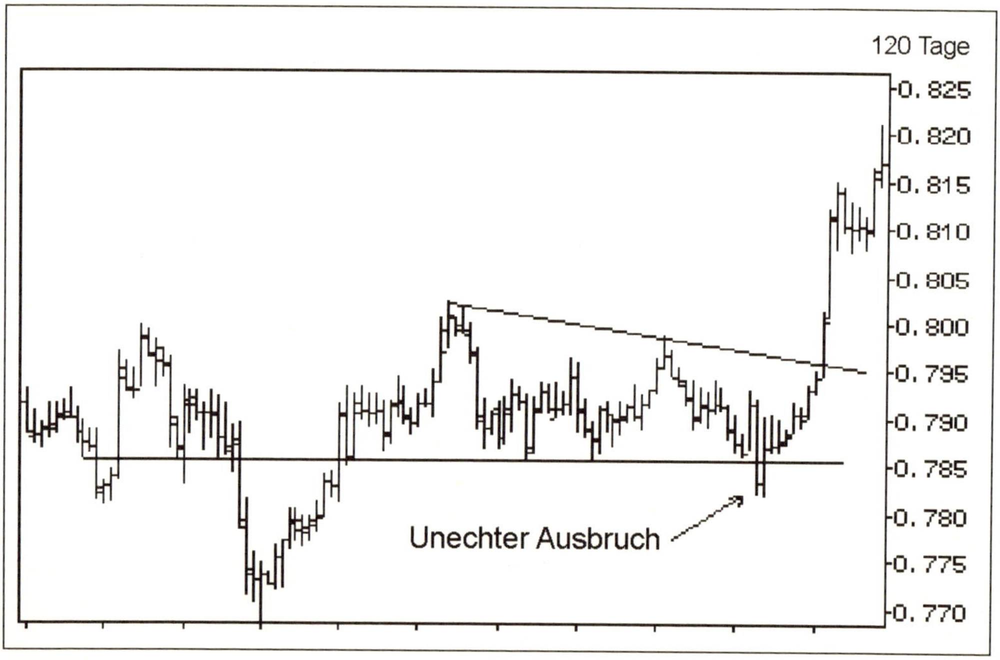

Abb. 30.15: Australischer Dollar in US-Dollar

Dead-Cat-Bounce (»Abprall einer toten Katze«)

Im Verlauf jeder Baisse kommt ein Zeitpunkt, zu dem sogar die eifrigsten Baissespekulanten ihre Position überprüfen. Fundamental orientierte Investoren nehmen vielleicht an, dass der Boden erreicht ist. Anleger, die auf das Momentum setzen, betrachten ihre Indikatoren und stellen fest, dass eine überverkaufte Situation besteht. Daher entsteht ein zwar nur kurzfristiger, aber doch wirksamer Kaufdruck, der die Kurse nach oben treibt.

Man sagt, dass selbst eine tote Katze abprallen wird, wenn sie aus großer Höhe herunterfällt. Wie Abbildung 30.16 zeigt, lässt sich dies überraschend gut auf Finanz- und Warenmärkte übertragen. Der Goldpreis erreichte im Januar 1996 seinen Höchststand, bevor ein anhaltender Abwärtstrend einsetzte. Eine Widerstandslinie begrenzte alle zwischenzeitlichen Preissteigerungen. Die parallele Unterstützungslinie wurde im Januar und Februar 1997 nach unten durchbrochen und trübte die Marktaussichten.

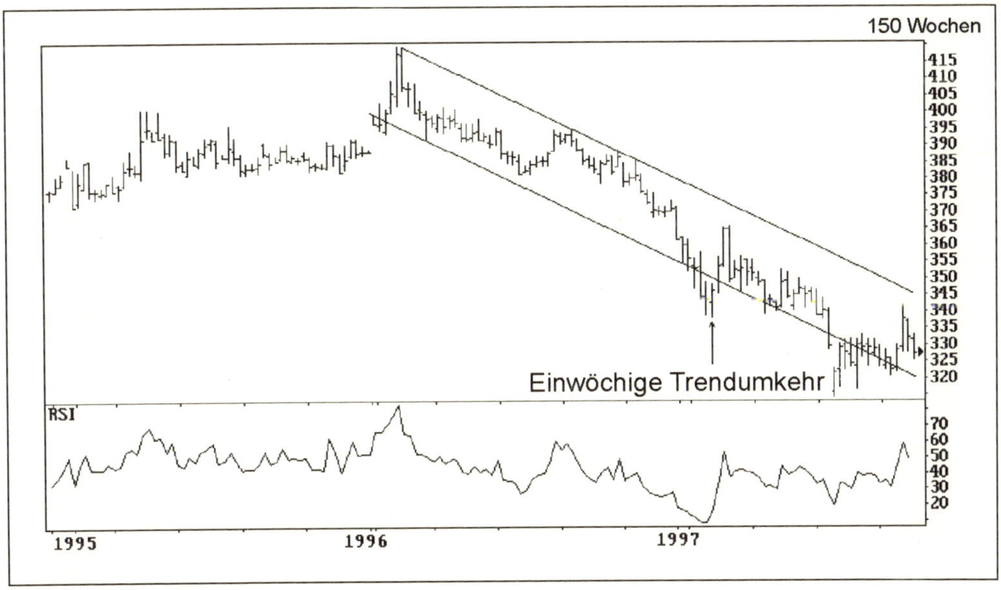

Abb. 30.16: Goldpreis

Es gab jedoch mehrere technische Faktoren, die dieser Auffassung widersprachen. Erstens befand sich der RSI auf einem mehrjährigen Tiefstand. Zweitens trat in der Woche vom 10. Februar eine einwöchige Trendumkehr ein. Und schließlich war der fünf- bis sechsmonatige Zyklus, der im Chart zu erkennen ist, an seinem Ende angelangt. Die Kombination dieser Faktoren führte dazu, dass der Goldpreis kräftig anstieg. Die Preissteigerungen der folgenden beiden Wochen wurden jedoch durch einen noch stärkeren Abwärtstrend sofort halbiert, der erneut unter die Widerstandslinie führte. In diesem Fall fiel die tote Katze zwar in Bezug auf Preis und Zeit aus einer aureichenden Höhe, um abzuprallen, aber es reichte nicht, um den Trend zu ändern.

Abpraller oder Trendumkehr?

Bei Gold gab es den »Abprall einer toten Katze«. Der Nikkei-Index in Abbildung 30.17 zeigte 1995 eine ähnliche Kursentwicklung, wies aber eine Hausse-Divergenz seines RSI-Indikators auf: Der Aktienindex erreichte ein neues Tief, nicht aber der RSI. Die Abweichung zwischen dem Kurs und dem 52-Wochen-Durchschnitt war ebenfalls relativ groß. Mit anderen Worten, der Kurs war weit unter einen vernünftigen Stand gefallen und es war Zeit für eine Änderung des kurzfristigen Trends.

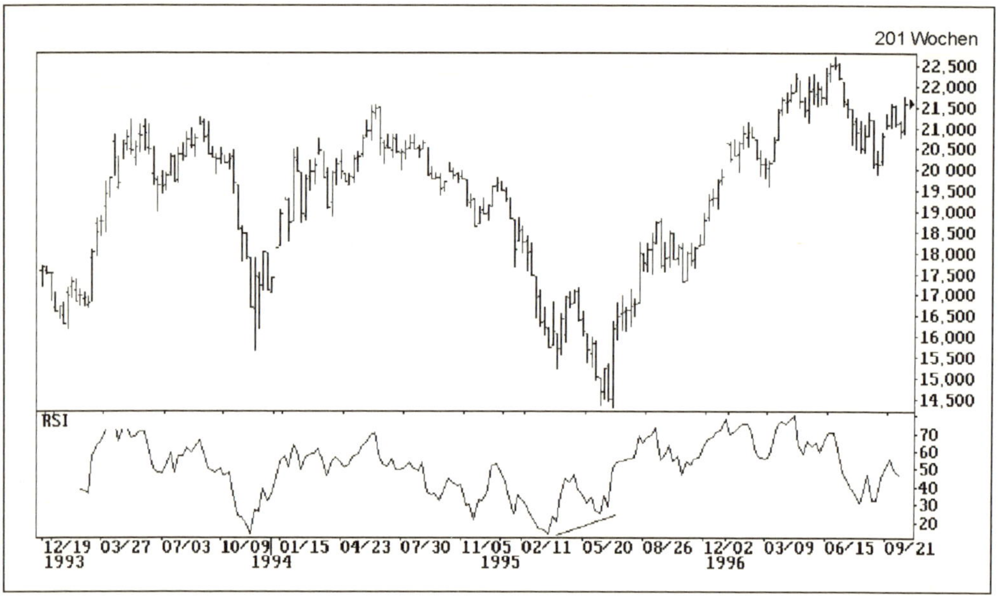

Abb. 30.17: Nikkei-Index

Der entsprechende Chart mit Tageskursen (hier nicht abgebildet) zeigte einen doppelten Boden und eine Hausse-Divergenz des RSI, und auch weitere Indikatoren waren positiv. Diese Übereinstimmung von Hausse-Indikatoren signalisierte eine Trendumkehr, nicht einen Abpraller innerhalb einer Baisse. Hier begann eine langfristige Kurssteigerung.

Schlussfolgerung

Über die Bewertung einer Kursbewegung als Abpraller oder Trendänderung entscheidet die Marktsituation.

Abpraller beruhen in der Regel auf einer Überverkauft-Situation. Eine Trendumkehr lässt sich auf eine Änderung der Markterwartungen zurückführen. Diese Änderung kann durch eine Analyse traditioneller Chartformationen, der Börsenstimmung und des Verhältnisses zwischen Angebot und Nachfrage erkannt werden.

Whipsaw (Fuchsschwanz)

Als Whipsaw (Fuchsschwanz oder Säge) wird ein Handelssignal bezeichnet, das sich sofort umkehrt. Im Rahmen der technischen Analyse sollten Signale eigentlich verlässliche Hinweise geben. Doch das ist in der Praxis nicht immer der Fall.

Als Anwender der technischen Analyse muss man immer einen Kompromiss zwischen Genauigkeit und Signalhäufigkeit schließen: Die Indikatoren sollen Handlungshinweise geben, aber nicht ständig. Wenn Sie die Empfindlichkeit der Analyse reduzieren, erhalten Sie weniger Hinweise – und verpassen vielleicht günstige Gelegenheiten. Wenn die Analyse zu empfindlich ist, liefert sie ständig Signale – auch falsche.

Es gibt eine Vielzahl an Indikatoren, und manche funktionieren in bestimmten Marktsituationen besser als in anderen. Ein Trendfolgeindikator wie zum Beispiel ein gleitender Durchschnitt benötigt einen Trend, dem er folgen kann. In einem Seitwärtsmarkt gibt er viele falsche Signale.

Abbildung 30.18 zeigt die Kursentwicklung von Bethlehem Steel. Nach einem mehrmonatigen Abwärtstrend stabilisierte sich der Kurs im Bereich zwischen 8 und 10 Dollar. Sowohl der 40-Tage- als auch der 100-Tage-Durchschnitt flachten ab und zeigten an, dass es keinen klaren Trend mehr gab. Wie Sie erkennen können, schnitten die Kurse die Durchschnittslinien mehrfach und produzierten so eine Vielzahl von falschen Ausbruchsignalen.

Vergessen Sie nicht die Transaktionskosten. Whipsaws erhöhen den Betrag, den man einsetzen muss, um den gleichen Bruttoertrag zu erzielen.

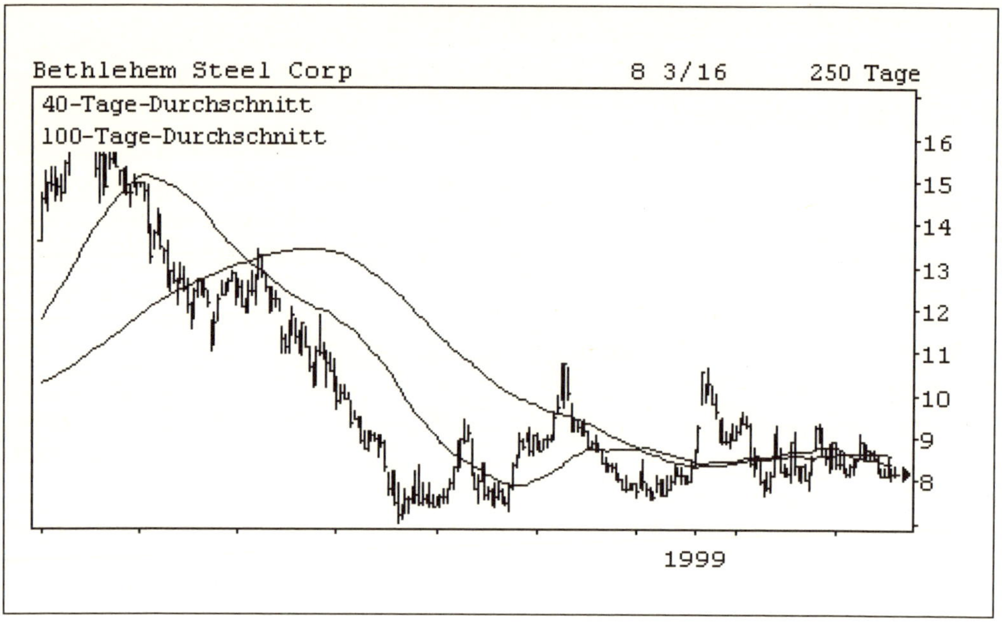

Abb. 30.18: Bethlehem Steel Corp.

Katapult

Ein Katapult ist eine Chartformation, die einen Ausbruch, einen Test und eine starke Fortsetzung des neuen Trends zeigt. Der Kurs bricht versuchsweise aus und fällt auf das alte Niveau zurück. Er bleibt jedoch nicht dort, sondern setzt anschließend den neuen Trend fort, der mit dem Ausbruch angedeutet wurde. Es ist fast so, als würde der Kurs auf einem Trampolin springen und durch den Rückstoß in eine höhere Bahn geschossen.

Der DAX konsolidierte sich Ende 1997, um einen Teil der vorhergehenden Steigerungen zu korrigieren. Eine Abwärtstrendlinie bildete in dieser Phase einen Widerstand, der bis zum Ende des Jahres hielt. Dann erfolgte ein Ausbruch nach oben, der Kurs fiel aber kurz danach zurück. Dieser Effekt wird als »Test« des Trendwechsels bezeichnet. Anschließend wurde der Kurs nach oben »katapultiert« und zeigte einen langen und starken Aufwärtstrend.

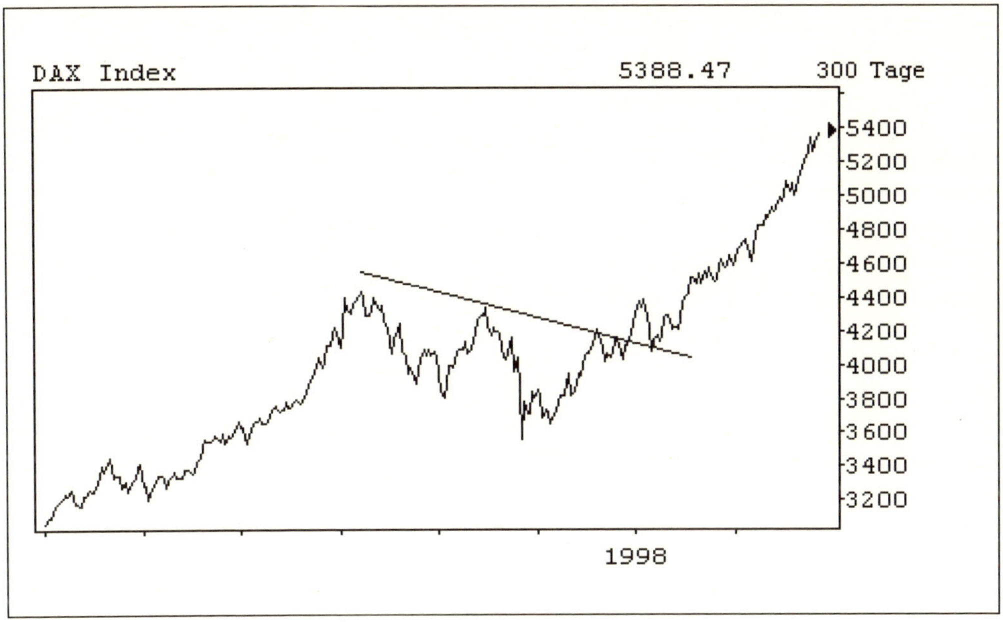

Abb. 30.19: DAX: Beispiel für ein Katapult

Untertassen

Am Ende eines Auf- oder Abwärtstrends zeigt sich häufig ein klarer Trendwechsel. Doch nicht alle Auf- oder Abwärtstrends enden auf diese Weise. Manchmal tritt die Trendänderung sehr allmählich ein.

Eine derartige Chartformation wird Untertasse oder auch abgerundetes Hoch oder Tief genannt. Sie ist recht schwer zu erkennen, weil kein deutlicher Trendwechsel stattfindet. Insbesondere ist es hier unmöglich, den höchsten oder tiefsten Punkt der Kursbewegung rechtzeitig zu erkennen. Diese Chartformation wird daher verwendet, um eine Änderung des langfristigen Trends zu bestätigen, aber nicht als Handelssignal.

31
Börsensendungen im Fernsehen

Wenn man sich eine Meinung über Börsensendungen im Fernsehen bilden will, muss man den Analysten und die Analyse getrennt beurteilen. Analysten, die in Börsensendungen im Fernsehen auftreten, um das Börsengeschehen zu kommentieren, sind im Allgemeinen erfahrene Anwender der technischen Analyse. Sie haben Erfahrungen in der Beurteilung von Aktien und haben vielleicht ein oder zwei Bücher geschrieben. Kurzum, die Börsenanalysten im Fernsehen sind wahrscheinlich gute Fachleute.

»Es war nett, Sie anzusehen, aber ich habe leider nichts verstanden.«

Zunächst sollten Sie berücksichtigen, dass es kein Beruf ist, als Börsenfachmann im Fernsehen interviewt zu werden. Weiterhin sollten Sie sich vor Augen halten, dass sich die Produzenten der Börsensendungen letzlich immer stärker für die Einschaltquote als für die Qualität der gebotenen Anlageberatung interessieren. Die Einschaltquote wird selbstverständlich fallen, wenn das Marktgeschehen in einer Börsensendung ständig falsch beurteilt wird. Doch Börsensendungen im Fernsehen müssen hauptsächlich unterhaltend sein. Das Thema ist das Börsengeschehen, aber langweilige Gäste werden nicht wieder eingeladen.

Börsenanalysten im Fernsehen verfolgen zwei Ziele, die sie oft nicht erreichen. Das erste Ziel besteht darin, interessant zu sein. Das zweite Ziel lautet, sich allgemein verständlich auszudrücken. Vielleicht gefallen Ihnen die geistreichen Kommentare eines Analysten über Deregulierung, aber welche Informationen erhalten Sie in dieser Sendung wirklich? Hat Ihnen der Börsenanalyst eine konkrete Anlageempfehlung gegeben oder zumindest einige harte Fakten vermittelt, an die Sie sich erinnern können?

»Ich setze langfristig auf Hausse.«

Großartig, aber was sollen Sie hier und heute unternehmen? Nehmen wir an, Sie haben eine Börsensendung im Fernsehen gesehen, in der ein Börsenanalyst klare Prognosen hinsichtlich der Entwicklung der Börsenkurse und Zinssätze in den nächsten Monaten sowie konkrete Anlageempfehlungen gab und diese mit Hinweisen auf die gesamtwirtschaftliche Lage und weltpolitische Ereignisse überzeugend begründete. Aus Sicht des Produzenten der Sendung und der Zuschauer ein idealer Fernsehgast.

Eine Woche später erfasst nun eine große Kältewelle Europa, vernichtet die Ernte und löst einen Sturm aus, der die Erdölförderanlagen in der Nordsee stark beschädigt. Die Rohstoffpreise steigen und die Produktion von Fertigwaren geht infolge von Lieferengpässen zurück. Der Börsenanalyst im Fernsehen hatte rosige Prognosen für die Aktien von Unternehmen verkündet, die jetzt unter den Folgen der Naturkatastrophe leiden.

Hatte der Analyst Unrecht? Absolut nicht. Sie als Fernsehzuschauer wissen jedoch nicht, dass der Analyst nach der Katastrophe in einem Börsenbrief seine früheren Ausführungen widerrufen und den Abonnenten des Briefes zum Verkauf einiger Branchen geraten hat.

Bedeutet dies einfach, dass der Analyst versucht hat, es sowohl Hausse- als auch Baissespekulanten Recht zu machen? Nein: Bei der ersten Prognose des Börsenanalysten im Fernsehen waren die technischen und fundamentalen Daten positiv. Plötzlich löste eine Naturkatastrophe eine Kettenreaktion aus und drehte alle Indikatoren in Richtung auf eine Baisse.

Da Anlageentscheidungen unter unsicheren Erwartungen getroffen werden, ermittelt die technische Analyse Wahrscheinlichkeiten für zukünftige Entwicklungen. Wenn sie steigende Kurse prognostiziert, dann sollten Sie kaufen. Wenn die Kursentwicklung anders verläuft, ermöglicht die technische Analyse dem Anleger, seinen Fehler schnell zu erkennen und zu korrigieren.

Wenn dieses Beispiel Sie nicht überzeugen kann, dann denken Sie zum Beispiel daran, wie sich die Lage auf den Finanzmärkte verändert, als der Irak im Jahre 1991 Kuwait angriff.

Börsenanalysten im Fernsehen hatten das in ihren Prognosen sicherlich nicht berücksichtigt. Als aber die technischen Indikatoren eine neue Marktsituation anzeigten, konnten die Kapitalanleger schnell reagieren. Leider erfolgte die Richtigstellung nicht im Fernsehen für all jene, die frühere Sendungen gesehen hatten, sondern nur für die Abonnenten von Anlagebriefen.

»Sie sagen Ihnen leider nicht, wann Sie verkaufen sollen.«

Zu den wertlosen Börsenkommentaren, die im Fernsehen, im Radio, in Zeitungen und Zeitschriften abgegeben werden, gehören zum Beispiel die folgenden:

- »Ich bin vorsichtig optimistisch.«
- »Die leichten Gewinne sind bereits eingefahren worden.«
- »Man sollte nur solide Werte kaufen.«

Das zuletzt genannte Zitat stammt aus dem Munde eines Experten für Selbstverständlichkeiten.

Gefährlich ist die inflationäre Verwendung des Begriffes »*outperform*«. Wenn einzelne Aktien oder Branchen als »Outperformer« bezeichnet werden, dann wird damit gesagt, dass sie sich über einen bestimmten Zeitraum hinweg besser als der Gesamtmarkt (gemessen am Aktienindex) entwickeln werden. Damit verbunden ist stets die Empfehlung, die betreffende Aktie oder Branche im Depot »überzugewichten«.

Daraufhin passiert vielleicht Folgendes: Die Anleger kaufen, doch der Gesamtmarkt fällt. Die empfohlenen Aktien entwickeln sich zwar günstiger als der Gesamtmarkt, weil ihre Kursverluste geringer ausfallen. Aber die Anleger verlieren dennoch bares Geld.

Wenn eine Aktie weniger stark fällt als der Gesamtmarkt, entwickelt sie sich besser als dieser. Der Analyst hat also Recht behalten – was Ihnen als Anleger jedoch wenig nützt. Wenn der Analyst also keine Kaufempfehlungen und keine Kursziele liefert und nicht erläutert, was geschehen muss, um ihn ins Unrecht zu setzen, hat er reinen Unterhaltungswert.

Zusammenfassung

- Der Börsenanalyst im Fernsehen muss interessant sein. Ob er auch zuverlässige Anlageempfehlungen liefert, ist für das Produktionsteam eine zweitrangige Überlegung.
- Die Ausführungen in Börsensendungen im Fernsehen müssen verständlich sein.
- Sie sollten Ihre Anlageentscheidungen nicht nur auf eine Fernsehshow stützen. Die zahlenden Kunden des Börsenanalysten haben Zugriff auf die neuesten Informationen und Korrekturen früherer Prognosen, Sie jedoch nicht.

Nachwort

Die technische Analyse ist wie die Psychologie oder Soziologie tief in menschlichen Gefühlen und in menschlichem Verhalten verwurzelt. Sie kann zwar wissenschaftlich gelehrt werden, vermag aber dennoch nicht zuverlässig vorherzusagen, wie sich Kapitalanleger in bestimmten Situationen verhalten werden. All diesen Disziplinen fehlt die Genauigkeit der Naturwissenschaften, sie können nur die Wahrscheinlichkeit verschiedenen Verhaltens in bestimmten Situationen beurteilen.

Die Prognose von Finanzmärkten gleicht der Quadratur des Kreises. Nichtlineare Ereignisse auf den Märkten können nur mithilfe von Wahrscheinlichkeiten analysiert werden. Die technische Analyse ermittelt die Wahrscheinlichkeit des zukünftigen Verhaltens der Marktteilnehmer auf Grundlage ihrer Reaktionen in der Vergangenheit. Sie teilt uns auch sehr schnell mit, ob wir den Markt falsch interpretiert haben, und hilft uns so, unsere Verluste zu begrenzen.

Ich bin fest davon überzeugt, dass der Markt »spricht« und uns Hinweise liefert, wie wir uns bei der Kapitalanlage verhalten sollten. Manchmal behaupten die Medien, dass ein Aktienindex »zu hoch« beziehungsweise der Markt »überbewertet« sei. Seit wann besitzen die Medien in Finanzfragen ein unbestechliches Urteil, während der Markt irrt? Der Markt hat immer Recht. Die technische Analyse hilft auch Ihnen, Ihre Anlageentscheidungen zu optimieren und Ihre Kursgewinne im Erfolgsfall auch auszureizen, anstatt zu früh zu verkaufen, weil wieder einmal jemand behauptet hat, die Kurse seien überhöht.

Register